Inhalt

Ein harter Job mit Spaßfaktor

Kinder zu erziehen scheint manchmal eine übermenschliche Aufgabe zu sein. Einerseits wollen wir natürlich, dass unsere Kinder glücklich sind und ihre Kindheit genießen – andererseits wollen und sollen wir dabei aber auch noch selbst leben ...
Die Kindheit ist keine Insel der Glückseligen, sondern eine Zeit des Reifeprozesses, die zwangsläufig auch mit manchen Unannehmlichkeiten verbunden ist. Kinder müssen sich die kulturellen Grundfähigkeiten wie Lesen, Schreiben, Rechnen und möglichst noch etwas mehr aneignen und selbstdiszipliniert Neues lernen können. Sie müssen lernen, sich an Regeln zu halten, sich angemessener Umgangsformen zu bedienen und mit ihren Mitmenschen klarzukommen.
Das ist ziemlich viel. Und da sind Vorbilder wichtig. Und die größten Vorbilder sind nun einmal die Eltern.
Vielleicht denken Sie: Also, wenn das kein Stress ist! Immer Vorbild sein zu müssen ... Und jetzt atmen Sie einmal tief durch und lehnen sich zurück. Denn vieles von dem, was so anstrengend aussieht, muss es nicht sein. Kinder können trotz allem ihre Kindheit genießen. Und Eltern trotz allem das Elternsein.

Alles, was Sie als Eltern tun können, ist, den natürlichen Prozess zu unterstützen. Ihre Kinder werden von selbst groß, sie reifen und werden schließlich zu selbstständigen, selbstbestimmten, im Großen und Ganzen glücklichen Erwachsenen, sofern es ihnen nicht ausgetrieben wird, ihr Potenzial zu entfalten. Kinder testen Regeln aus, versuchen Grenzen zu überschreiten und reiben sich an anderen Vorstellungen. Das muss auch so sein, denn nur so können sie starke Persönlichkeiten werden und ihre eigene Identität gewinnen.
Das Besondere an der Erziehung ist ihr Ziel: sich selbst abzuschaffen. Erziehung sollte immer eine Erziehung zur Selbsterziehung sein, Bildung sollte zur Selbstbildung führen, Führung zur Selbstbestimmung, Motivation zur Eigenmotivation, Organisation zur Selbstorganisation, Grenzen zur Selbstbeschränkung, Disziplin zur Selbstdisziplin. Wenn das erreicht ist, braucht es keine Erziehung mehr. Anders gesagt: Wenn das erreicht ist, war die Erziehung erfolgreich.

Wenn Sie Stress bei der Erziehung Ihres Kindes empfinden, sehen Sie noch einmal genau hin: Ist es wirklich die Erziehung, die stresst? Oder ist es eher der Erfolgsdruck? Vielleicht beschäftigen Sie häufig die folgenden Fragen: Mache ich alles richtig? Mein Kind hat manchmal Angst vor der Schule – heißt das, dass ich versagt habe? Ich habe mein Kind angebrüllt – bin ich ein schlechter Vater? Ich arbeite viel und habe nicht rund um die Uhr Zeit für meine Kinder – bin ich eine Rabenmutter? – Machen Sie es sich nicht schwer. Dadurch wird nichts leichter. Erst recht nicht für Ihr Kind.
Kinder brauchen vor allem authentische Eltern. Eltern, die wirklich sie selbst sind, und nicht Menschen, die sich völlig unnatürlich verhalten, nur weil sie Eltern sind. Sie brauchen Eltern, die sie auf dem Weg zum Erwachsenwerden begleiten und die sich (meistens) freuen, Eltern zu sein.

Damit dies gelingt und damit Sie Ihrem Kind entspannt und kompetent zur Seite stehen können, braucht es mehr als Ihre gute Absicht. Neben einer Haltung der Offenheit und des Mitgefühls brauchen Sie auch das nötige Handwerkszeug, um an schwierigen Situationen nicht zu verzweifeln. Mit diesem Buch wollen wir Sie dazu einladen, einige dieser Werkzeuge kennenzulernen. Die Techniken, die aufgrund ihrer Effektivität von vielen geradezu als „magisch" empfunden werden, stammen aus dem NLP. NLP (neurolinguistisches Programmieren) ist eine verhältnismäßig neue Methode, die dabei hilft, die Möglichkeiten, die in einem Menschen stecken, möglichst gut herauszubringen.
Es geht um Ihre Kinder, und es geht um Sie als Eltern. Wir haben versucht, das in diesem Buch ernst zu nehmen und Ihrer Situation gerecht zu werden. In den meisten Kapiteln werden Sie wahrscheinlich gar nicht merken, dass es um NLP geht – was immer das auch sein mag. Manchmal werden Sie nach dem Lesen eines Abschnittes „nur" feststellen, dass sich die eine oder andere neue Perspektive eröffnet hat.

Freuen Sie sich auf das, was Sie neu entdecken, und genießen Sie das Elternsein. Und wenn es Ihnen manchmal schwerfällt, atmen Sie tief durch und werden Sie sich bewusst, dass Sie und Ihre Kinder Menschen sind. Und Menschen sind nun einmal nicht absolut vollkommen. Und das ist ja auch gut so.

Das Geheimnis glücklicher Kinder und Eltern

Das Haus bauen – Ein Erziehungsbild

Ein Kind zu erziehen ist ein bisschen so, wie ein Haus zu bauen. Wenn man damit beginnt, braucht man erst einmal ein gutes, stabiles Fundament. Es muss tief genug reichen, damit es das Haus zuverlässig trägt und stützt. Die Fundamente der Erziehung sind Aufrichtigkeit, Liebe und Sicherheit. Wenn dieses Fundament nicht steht, wird alles, was darüber gebaut wird, wackelig und bei jeder starken Erschütterung in sich zusammenfallen. Das Haus, das auf einem stabilen Fundament steht, kann jede Form annehmen. Mit einem guten Fundament ist gesichert, dass das, was man baut, auch Bestand hat.
Der Architekt plant, wie das Haus aussehen soll. Er gibt den Plan vor. In der Erziehung sind Sie dieser Architekt, der einen Plan entwirft. Ein Architekt hat ein Ergebnis vor Augen. Das ist ja ganz gut. Wer einfach so drauflos baut, wird in der Regel wenig befriedigende Ergebnisse erzielen. Eher wird das Gebäude schief und den Bewohnern wenig Freude machen. Wenn der Plan des Architekten allerdings nicht den geringsten Spielraum für die Wünsche derjenigen lässt, die in dem Haus wohnen werden, führt das ebenso zu Enttäuschungen. Deshalb sollte der Architekt flexibel sein und seinen Plan jederzeit anpassen können. Auch in der Erziehung ist es problematisch, wenn die Eltern zu feste Vorstellungen davon haben, was aus ihrem Kind einmal werden soll und welche Erziehungsmethoden angewandt werden sollen. Dann wird es für Kind und Eltern eine harte Zeit.

Wichtiger noch als der Architekt, der bestimmte ästhetische Prinzipien hat und seine Fantasie spielen lässt, ist der Baumeister: Er ist es, der zusammenfügt und dabei auf die handwerklichen Geheimnisse seiner Zunft zurückgreift. Er weiß, wie man die Steine haltbar zusammenfügt, wie die Mauern tragfähig sind, wie der Plan des Architekten am besten verwirklicht werden kann. Und er weiß auch, wann der Plan aufgrund der Gesetze der Statik nicht zu verwirklichen ist. Wenn er mit einem Problem konfrontiert ist, kann er Kollegen um Rat fragen, nachlesen oder Neues probieren und dabei genau aufpassen, ob und wie es funktioniert. Das Wissen allein reicht natürlich nicht, es kommt vor allem auch auf die achtsame Ausführung an. In der Erziehung sind natürlich Sie dieser Baumeister. Und wenn Sie etwas nicht wissen, versuchen Sie es in Erfahrung zu bringen – beispielsweise mit diesem Buch. Probieren Sie aus, was Ihnen sinnvoll erscheint.

Sie sind also Architekt, Baumeister, Zimmermann ... Ganz schön viel auf einmal. Deshalb ist der Beruf Eltern auch einer der anspruchsvollsten, die man sich vorstellen kann. Aber auch einer der schönsten und wertvollsten.
Es ist befriedigend, seine Sache dabei gut zu machen. Perfektionismus ist dagegen eher schädlich; er verhindert Kreativität, Spontaneität und organisches Wachstum. Die richtige Mischung aus Kunst und Können ist ideal. Ebenso schädlich wie übertriebener Perfektionismus sind Selbstüberschätzung, das Ignorieren aller natürlichen Gesetzmäßigkeiten und Nachlässigkeit.
Tun Sie das, was Sie gelassen tun können. Erziehen Sie Ihre Kinder so gut Sie können. Und machen Sie sich dabei nie zu viel Stress: Besser als „so gut Sie können" geht sowieso nicht.
Die Hausbau-Analogie können Sie natürlich selbst noch weiterführen. Der Sinn einer solchen Analogie ist, ein sinnliches Bild von einer komplexen Situation vor Augen zu haben und damit zu spielen. Und was könnte komplexer sein als Erziehung? Mit dem Analogiespiel können Sie vielleicht schon ein paar ganz interessante Einsichten gewinnen. Wenn Sie möchten, spielen Sie also ein bisschen damit.

Übertragen Sie die Frage „Was wäre …" auf die Erziehung: Mit was können Sie die Umgebung, die Infrastruktur, die Nachbarn, den Garten, die Energieversorgung, das Grundstück in der Erziehung vergleichen? Was stellen die Möbel, die Heizung, die Fenster und Türen, das Dach in der Erziehung dar? Glätten Sie die Runzeln auf Ihrer Stirn und hören Sie auf, darüber nachzugrübeln. Spielen Sie!

Und das ist der erste „magische Erziehungstrick": Machen Sie es sich und Ihren Kindern leicht!

Tiger gegen Zauberer – Ein Duell

Die Harvard-Jura-Professorin Amy Chua schrieb 2010 ein Buch über Erziehung. Darin lobte sie die strenge Erziehung asiatischer „Tigermütter" in den USA. Diese „Erziehung" besteht in erster Linie aus konsequentem Drill und der Forderung nach immer höheren Leistungen. Natürlich wurde das Buch zum Bestseller. Es gibt klare Anweisungen, eigentlich sogar nur eine: Zwingen Sie Ihre Kinder, wenn nötig mit Drohungen, dazu, Leistung zu erbringen. Über ihre eigenen Kinder sagt die Autorin: „Meinetwegen sollen sie mich hassen." Und über sich selbst: „Ich beneide Leute, die in Ruhe einen Sonnenuntergang betrachten können ..."

Wir meinen, dass eine Methode, die Eltern so unzufrieden macht und in Kauf nimmt, dass die Kinder ihre Eltern hassen, nicht wirklich empfehlenswert ist. Dass diese Methode von den Eltern einen mehrstündigen täglichen Einsatz über Jahre hinweg und ständige Kontrolle verlangt, macht es auch nicht besser. Amy Chua hat natürlich mit manchem recht. Leistung ist wichtig. Herausforderungen sind wichtig. Ein gewisses Maß an Disziplin ist wichtig. All dies hilft, ein glückliches, selbstbestimmtes und erfülltes Leben zu führen. Ein Kind, das erfahren hat, dass es etwas sehr gut kann, und das gelernt hat, sich selbst zu motivieren und Disziplin aufzubringen, um seine Ziele zu erreichen, wird mehr Selbstbewusstsein entwickeln und mehr äußeren und inneren Erfolg haben. Und sie beklagt auch zu Recht: „Leute, die ihre Kinder täglich stundenlang fernsehen lassen, kritisieren mich jetzt dafür, dass ich meine Töchter zwinge, regelmäßig ein Instrument zu üben und gewissenhaft Hausaufgaben zu machen!"

Doch „strenge" Erziehung führt eben oft gerade nicht dazu, dass ein Kind selbst Disziplin lernt – wie denn auch, wenn die Disziplin nur als äußerer, eher unangenehmer Druck erlebt wird? Die Erfahrung, dass Liebe und Zuwendung der Eltern nur erreicht wird, wenn man Höchstleistungen bringt, führt manchmal zu Höchstleistungen – aber immer zu einer tiefen Unsicherheit und dem Gefühl des Getriebenseins.

Lassen wir einmal zur Veranschaulichung die Tigermutter gegen den NLP-Zauberer antreten ...

	Tigermutter	Zauberer
Zeitaufwand für die Eltern	Vollzeitjob	Achtsames, unterstützendes Eingreifen, das im Laufe der Zeit immer weniger nötig wird
Leistung	Hoch in isolierten Bereichen; instabil	Hoch durch gesteigerte Selbstmotivation; stabil
Disziplin	Von außen; bedarf äußerer Kontrolle	Verinnerlicht; Selbstkontrolle
Lebensfreude	Leistungsabhängig	Leistungsunabhängig; Leistung ist selbstverstärkend, bei Nichterfüllen Gelassenheit
Motivation	Extern, „weg von ...“-Motivation, instabil	Intern, „hin zu ...“-Motivation, stabil
Soziale Kompetenz	Vernachlässigt; Konkurrenzdenken	Intern; selbstbestimmt; teamfähig
Negative Aspekte	Hoher Zeitaufwand für die Eltern; instabil, kann Abneigung gegen Leistung erzeugen	Kein vorgegebener Handlungsablauf; komplexere Anforderungen an die Eltern: Empathie, Lernbereitschaft, strategisches Denken

Um es noch einmal klar zu sagen: Wir meinen, dass Leistung, Disziplin und Herausforderungen etwas Gutes sind. Aber wir sind auch fest davon überzeugt, dass der Tiger im Duell gegen den Zauberer immer den Kürzeren ziehen wird. Fördern Sie Ihre Kinder und wecken Sie ihr Potenzial. Stehen Sie Leistung positiv gegenüber, aber trennen Sie unbedingt die Leistungsbewertung von der Bewertung der Person! Bringen Sie Ihrem Kind Disziplin bei – aber so, dass es nicht zum Gefangenen der Disziplin wird, sondern Disziplin als wichtige Ressource selbst anstrebt! Seien Sie Ihren Kindern Hilfe, Anleitung und Vorbild anstatt Chef, General und Gefängniswärter in einer Person!

NLP – Was ist das? Und wie hilft es in der Erziehung?

NLP steht für neurolinguistisches Programmieren. Wir finden, dass das ein bisschen abschreckend klingt. Neuro...? Hat das nicht etwas mit Medizin zu tun? Linguistik? Die Wissenschaft von der Sprache? Programmieren? Sollen wir unsere Kinder nicht mehr erziehen, sondern programmieren? Das hört sich weniger verheißungsvoll als vielmehr nach düstersten Science-Fiction-Fantasien an ...

Nein, unsere Kinder sind keine Computer. Wir wollen sie nicht „programmieren", sondern zu glücklichen, auf ihrem Weg erfolgreichen, sozial und emotional kompetenten Menschen erziehen, soweit das in unseren Händen liegt. Wir wollen ihnen Werte mitgeben und ihre Fähigkeiten zur Entfaltung bringen. Und dann wollen wir, auch wenn das manchmal ein bisschen schwer zuzugeben ist, ja selbst auch noch Spaß haben und die Erziehung unserer Kinder nicht zum stressigsten Job der Welt machen.

Bei all dem kann NLP helfen. Beim neurolinguistischen Programmieren geht es darum, wie die Vorgänge im Gehirn (daher „neuro") über Sprache (daher „linguistisch") beeinflusst (daher „programmiert") werden können. Wenn man beim NLP vom „Programmieren" spricht, ist das nur eine Analogie. Das Gehirn ist kein Computer. Dennoch ist die Analogie manchmal hilfreich, denn wir können unser Gehirn in mancherlei Hinsicht mit einem Computer vergleichen. Zum Beispiel darin, dass es allein zu gar nichts fähig ist – erst durch unsere Erfahrungen, unsere Erziehung und unsere Lerngeschichte befähigt es uns, so erstaunliche Dinge zu tun, wie Musik zu komponieren, Liebe zu empfinden und sich Gedanken über uns selbst zu machen. In der Analogie zu einem Computer ist unser Körper, sind unsere Organe einschließlich unseres Gehirns die „Hardware", die gewisse Grenzen vorgeben. Unsere Gedanken, unsere Gefühle, unsere Fähigkeiten sind die „Software", die uns erst zu Menschen mit all ihren Möglichkeiten macht.

In dieser Analogie können wir neue Programme (Verhaltensmuster) installieren und damit die Fähigkeiten und Möglichkeiten unserer Kinder erweitern – aber wir können auch alte Programme verbessern, erweitern und neue Unterprogramme hinzufügen. Und nicht zuletzt – und das ist eine der wichtigsten An-

wendungen des NLP – können wir lernen, die bereits bestehenden Programme optimal zu nutzen.
NLP ist nicht so technisch, wie es klingt. Eine „Technik“ ist NLP nur insofern, als es nicht auf philosophische, religiöse oder spirituelle Vorstellungen zurückgreift, sondern ganz konkret, praktisch und nachvollziehbar Ergebnisse erzielt. Und wir glauben, dass das etwas ist, was gestresste und engagierte Eltern gut brauchen können.

Nur vom Feinsten

Für Ihre Kinder wollen Sie sicher nur das Beste. Und in gewisser Weise ist NLP auf seine Art das Beste, wenn es um effektive, verhältnismäßig schnelle und dauerhafte positive Veränderungen in automatisch ablaufenden Verhaltensweisen geht. Allein schon die Entstehungsgeschichte von NLP macht deutlich, wie sehr NLP am praktischen Erfolg orientiert ist und sich selbst daran misst.
Die Geschichte des NLP begann in den 1970er-Jahren, als sich ein Psychologe und ein Sprachwissenschaftler, Richard Bandler und John Grinder, die Frage stellten, weshalb die drei bekanntesten und erfolgreichsten Therapeuten der Vereinigten Staaten – Milton Erickson, Fritz Perls und Virginia Satir – so herausragende Erfolge erzielten und ihre Kollegen so haushoch übertrafen. Dabei fanden sie schnell heraus, dass der Erfolg dieser Therapeuten nicht etwa von den psychologischen Theorien abhing, die sie vertraten. Es waren vielmehr ganz bestimmte Kommunikations- und Verhaltensmuster, die sie bei ihren Klienten anwandten, die schnelle und dauerhafte Veränderungen bewirkten. Die Therapeuten selbst waren sich dessen interessanterweise gar nicht bewusst – sie gingen in ihrer Arbeit ganz intuitiv vor.
Die Intuition sagte den großen Therapeuten, was sie tun sollten – eine wunderbare Fähigkeit, die sie aber nicht besonders gut weitergeben konnten, weil ihnen selbst gar nicht klar war, wie sie genau vorgingen. Es gelang Bandler und Grinder jedoch, den Erfolg dieser Meister-Therapeuten nachvollziehbar zu machen und anderen zu vermitteln, indem sie die konkreten Erfolgsstrategien in einem klaren, nachvollziehbaren und erlernbaren System zusammenfassten. Dieses System nannten sie NLP (neurolinguistisches Programmieren).
Erziehung und Therapie sind sich in vielerlei Hinsicht ähnlich. Sie haben das Ziel,

dass ein Mensch sein Potenzial nutzt, dass er zufrieden, glücklich, erfolgreich und kompetent wird. Und genau das ist es, was Sie für Ihre Kinder wollen.

Die „Zauberformeln", die Sie in diesem Buch kennenlernen werden, sind meist ganz leicht umzusetzen. Doch wie jede Magie braucht es auch ein wenig Übung. Diese Übung bedeutet für Sie als Eltern aber nicht noch mehr Stress, sondern weniger. Die Zeit, die Sie darauf verwenden, sich mit den Strategien in diesem Buch vertraut zu machen, lohnt sich und wird Ihnen viel Stress und Zeit, die Sie mit Grübeln und weniger wirksamen Erziehungsstrategien verbringen, ersparen. Doch was vielleicht noch wichtiger ist: Sie werden sich Ihren Kindern näher fühlen, sie besser verstehen und sie erfolgreicher nach Ihren Werten erziehen können.

Vorannahmen statt Theorien

NLP basiert nicht auf Theorien, sondern auf Grundsätzen, die sich aus der Erfahrung heraus als richtig erwiesen haben und die aufgrund neuer Erfahrungen immer wieder abgeändert, verfeinert oder auch fallen gelassen werden können. Die NLP-Grundsätze, die wir Ihnen nun vorstellen werden, halten wir für besonders wichtig – gerade auch für die Erziehung. Sie bilden die Grundlage von allem, was später folgt. Diese Grundsätze sind keine Regeln, schon gar nicht Regeln, die Sie auswendig lernen müssten oder sollten. Es sind „Vorannahmen" – das heißt, wir gehen probeweise von diesen Grundsätzen aus und stellen fest, ob sie für uns funktionieren oder nicht, und wir können sie dabei immer unseren individuellen Bedürfnissen anpassen.
Wenn Sie die Bedeutung dieser Grundsätze erkennen, werden Sie bereits einen ersten wichtigen Schritt gemacht haben – Sie werden dann gewisse Aspekte der Erziehung aus einem anderen Blickwinkel betrachten und Sie werden auch für Ihr eigenes Leben Nutzen aus diesen Grundsätzen ziehen können.
Aber sehen Sie selbst.

Für jedes Problem gibt es eine Lösung

Schön wär's, denken Sie vielleicht. Es klingt doch etwas naiv. Aber im NLP gehen wir davon aus, dass es zu jedem, wirklich jedem Problem eine Lösung gibt.

Natürlich ist nicht jede Lösung, die wir uns für ein Problem vorstellen, auch realisierbar, und dass es eine Lösung gibt, heißt auch nicht immer, dass die Lösung einfach wäre. Doch manchmal gibt es auch nicht nur eine einzige Lösung, sondern es sind mehrere Möglichkeiten denkbar, wie man mit einem Problem umgehen und es bewältigen kann. Es ist immer gut, eine Angelegenheit von mehreren Seiten zu betrachten. Und je mehr Perspektiven Sie einnehmen können, desto mehr Lösungsmöglichkeiten werden Sie entdecken.

Probleme haben genauso wie Erfahrungen eine Struktur. Ein Problem steht oft wie eine Mauer vor uns auf unserem Weg; solange wir die Mauer als massives Hindernis sehen, können wir keine Lösung erkennen. Wenn wir uns aber diese Mauer genau betrachten, können wir ihre Höhe, ihre Breite, ihr Material, ihren Aufbau erkennen – und wir entdecken auch die Wege, auf denen wir das Hindernis überwinden können. Ist die Mauer wirklich so hoch, dass wir nicht hinüberklettern können? Ist es vielleicht ganz einfach, um die Mauer herumzugehen, einen Tunnel unter ihr zu graben, sie mit einem Fußtritt umzustoßen oder ein Loch in sie zu hauen? Oder ist vielleicht sogar eine Tür in der Mauer, die wir nur öffnen müssen, um unseren Weg fortzusetzen?

Fragen Sie sich: Was bringt es mir zu glauben, ein Problem wäre unlösbar? Was bringt es anzunehmen, jedes Problem hätte eine Lösung? Was bringt es, davon auszugehen, dass es gar kein Problem gibt, sondern dass es vielmehr darum geht, den besten Weg zum Ziel zu finden?

NLP besteht zu einem großen Teil darin, den Wechsel von einer Problemorientierung hin zu einer Zielorientierung zu vollziehen. Viele Menschen sind so sehr in ihren Gedanken an ein Problem, der Problemorientierung, gefangen, dass ihnen schon die Vorstellung, jedes Problem könnte eine Lösung haben, Unbehagen bereitet – ohne Problem als Leitfaden verlieren sie die Orientierung. Eine solche Problemorientierung führt zur aktiven Suche nach Problemen; die Zielorientierung jedoch führt zur Suche nach Zielen. Wir sind davon überzeugt,

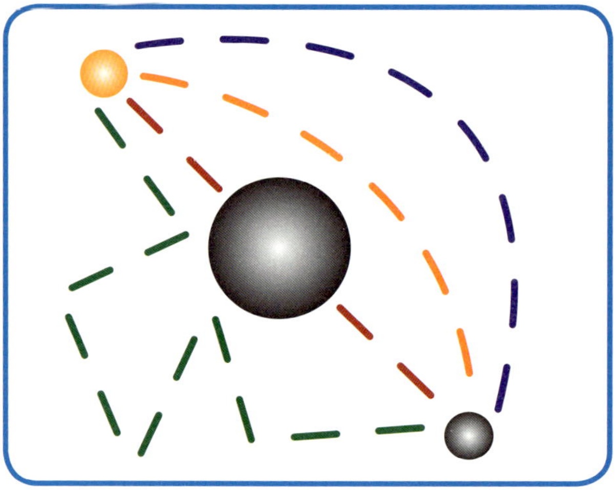

Viele Wege führen von einem Ausgangspunkt (grau) zum Ziel (gelb). Über das Hindernis, hindurch, darunter hinweg oder darum herum – einen Weg, der zum Ziel führt, gibt es immer.

dass es Ihnen und Ihren Kindern mehr bringt, wenn Sie nach Zielen suchen, anstatt Probleme zu wälzen.

Jedem Verhalten liegt eine positive Absicht zugrunde

Dieser NLP-Grundsatz verändert die Herangehensweise an ein „Problem" grundlegend. Die Idee, dass jedem Verhalten eine positive Absicht zugrunde liegt, führt natürlich manchmal zu Missverständnissen. Es geht nicht darum, eine naive Heile-Welt-Sicht einzunehmen. Es ist selbstverständlich nicht positiv, wenn Ihr Kind aggressiv ist, wenn es sich nicht konzentrieren kann oder wenn es stiehlt. Die Frage ist aber doch, warum es sich so verhält – und wie sich das verändern lässt.

Die Überzeugung, dass jedem Verhalten eine positive Absicht zugrunde liegt, führt zu konkreten Ansätzen, wie das negative Verhalten verändert werden kann. Der erste Schritt ist die Suche nach der positiven Absicht hinter dem negativen Tun. Diese positive Absicht ist *immer* vorhanden; ein Verhalten, das keine positive Absicht hat, ist, wenn man einmal genau hinsieht, gar nicht vorstellbar. Überlegen Sie einmal: Könnten Sie etwas tun, das Sie für vollkommen sinnlos halten, etwas, bei dem Sie nicht den geringsten Vorteil erkennen oder fühlen? Und sei es nur, dass Sie die Befriedigung haben möchten, das Gegenteil zu beweisen? Das klappt nicht.

Um es noch einmal zu betonen: Dass eine positive *Absicht* hinter einem Verhalten steht, bedeutet nicht, dass das *Verhalten* positiv ist. Das Verhalten erfüllt nur ein Bedürfnis, und das oft ziemlich ineffektiv. Die Suche nach der positiven Absicht klärt dieses Bedürfnis – und wenn Ihnen dieses bewusst ist, wird es viel einfacher, Wege zu finden, wie diese positive Absicht auf eine andere, effektivere, positive Art und Weise erfüllt werden kann.

Ein Kind kann aggressiv sein, weil es Konkurrenz durch ein neues Geschwisterchen bekommen hat. (Die positive Absicht könnte sein, mehr Aufmerksamkeit zu erhalten.) Es kann aggressiv sein, weil es mit einer Situation nicht zurechtkommt. (Die positive Absicht könnte der Versuch sein, die Hilflosigkeit oder Überforderung zu durchbrechen.) Es kann aggressiv sein, weil seine Freunde dieses Verhalten belohnen. (Die positive Absicht ist die soziale Bestätigung.) Sie können natürlich ganz danebenliegen, wenn Sie erraten wollen, welche positive Absicht Ihr Kind bewegt. Das macht erst einmal gar nichts. Es geht ja nicht um Psychoanalyse; ganz im Gegenteil: Sie sollten sich hüten, alle möglichen Dinge in Ihr Kind hineinzuinterpretieren. Bleiben Sie achtsam mit Ihren Gefühlen und Gedanken bei Ihrem Kind, dann wird Ihnen die positive Absicht früher oder später deutlich. Wichtig ist nur der Ausgangspunkt: Die Perspektive allein verändert bereits das, was Sie sehen können.

Das Wissen, dass eine positive Absicht hinter einem unerwünschten Verhalten Ihres Kindes steht, führt Sie oft direkt zu Lösungsansätzen – und zwar zu solchen, die höchst effektiv sind, weil sie nicht gegen die Bedürfnisse Ihres Kindes arbeiten, sondern diese Bedürfnisse gerade nutzen!

Die Bedeutung jeder Kommunikation liegt in ihrem Ergebnis

Wenn Sie Ihrem Kind etwas mitteilen, wenn Sie es zu etwas auffordern, wenn Sie eine Warnung oder eine Anweisung geben oder eine Tatsache erklären, kommt es nicht darauf an, was Sie sagen, sondern darauf, ob es die gewünschte Wirkung hat. Es ist eines der großen Missverständnisse in der Kommunikation – und nicht nur der Kommunikation zwischen Eltern und Kindern, sondern überhaupt –, dass man annimmt, dass es einen „Sender" gäbe, der eine „Botschaft" übermittelt, die der „Empfänger" dann empfängt. Und wenn der Sender eine klare Botschaft gesendet hat, muss es am Empfänger liegen, wenn er diese Botschaft nicht versteht.

Versuchen Sie einmal, diese Vorstellung zu vergessen. Wenn etwas, was Sie sagen, nicht ankommt, liegt es nicht an Ihrem Kind. Es liegt auch nicht an Ihnen. Es ist nur nicht wirksam gewesen. Was glauben Sie, um wie viel besser es tausendmalige Wiederholungen oder die Suche nach einem Schuldigen machen? Genau: überhaupt nicht. Null.

Wenn Sie mit Ihrem Kind sprechen, werden Sie eher rüberbringen, was Sie wollen, wenn Sie das Ergebnis im Sinn haben, aber nicht vorgehen, als ob Sie eine Maschine bedienten, sondern so, als ob Sie ein Rätsel lösen würden.

Es gibt kein Scheitern, nur Rückmeldungen

Es ist wirklich schwer zu entscheiden, welcher der NLP-Grundsätze am wichtigsten ist. Ganz, ganz wichtig ist auf jeden Fall dieser: Es gibt kein Scheitern, sondern nur Rückmeldungen. Wenn Ihr Kind Schwierigkeiten hat und Sie diese nicht gleich lösen können, haben Sie nicht versagt. Auch Ihr Kind hat nicht versagt. Sie haben nur eine Rückmeldung darüber bekommen, wie es eben nicht klappt. Gut. Und schon haben Sie eine Erfahrung gemacht, die Ihnen weiterhilft. Thomas Alva Edison (1847–1931) sagte einmal: „Ich habe nie versagt. Ich habe mit Erfolg zehntausend Wege entdeckt, wie es nicht funktioniert." Und wenn Sie diese Einstellung auch Ihren Kindern vermitteln, haben Sie ihnen eines der stärksten Werkzeuge für ein gesundes Selbstvertrauen mitgegeben.
Solange man sich in Bewegung befindet – und Leben ist Bewegung –, befindet man sich auf dem Weg zum erwünschten Ziel! Alles, was als „Problem", „Hinder-

nis“ oder „Scheitern“ bezeichnet wird, kann jedoch viel sinnvoller als Rückmeldung betrachtet werden – also als Hinweis darauf, wie man effektiver vorgehen kann, um an sein Ziel zu gelangen. Menschen, die sich davor fürchten zu scheitern, erleben ständig innerliche Misserfolge. Daher tun sie nicht die Dinge, die zum Erfolg führen könnten. Die Angst zu versagen ist eines der größten Hindernisse auf dem Weg zum Erfolg. Versuchen Sie doch einmal, das anhand eigener Erlebnisse nachzuvollziehen. Jeder Mensch kennt Umstände, in denen er Schwierigkeiten als wertvolle Rückmeldungen angenommen hat. Denken Sie nur daran, wie Sie Lesen und Schreiben lernten! Stellen Sie sich nur vor, Sie hätten, nachdem Sie Ihr erstes Buch in die Hand nahmen und feststellen mussten, dass Ihnen die seltsamen Zeichen, die die Erwachsenen als „Buchstaben“ bezeichnen, nichts sagten, dies als Scheitern betrachtet und aufgegeben! Nur durch ständige Rückmeldungen, durch Neugier und Entdeckerfreude haben Sie schließlich das Lesen gelernt.

Schwierigkeiten als Scheitern anzusehen, bedeutet Stillstand. Schwierigkeiten als Rückmeldung zu betrachten, eröffnet neue Wege zum Ziel!

Wenn etwas nicht funktioniert, probiere etwas anderes

Finden Sie diesen Grundsatz eher komisch? Gut! Im Grunde könnte man tatsächlich glauben, er wäre völlig unnötig. Ist es nicht selbstverständlich, dass man etwas anderes versucht, wenn eine Strategie nicht funktioniert? Erstaunlicherweise sind jedoch viele Menschen äußerst beharrlich in dem, was sie tun – auch wenn es absolut und ganz offensichtlich nicht funktioniert. Sie tun etwas, was unangenehm ist und nicht die gewünschte Wirkung hat, immer auf dieselbe Art und Weise. Auch – und gerade – in der Erziehung. Kennen Sie den typischen Verzweiflungsschrei überforderter Eltern: „Das habe ich dir doch schon tausendmal gesagt!“ Eigentlich merkwürdig, finden Sie nicht? Denn wenn Sie es 20-mal gesagt hätten, müsste doch schon klar geworden sein, dass es so nicht funktioniert.

Es ist manchmal nicht ganz leicht, Automatismen zu durchbrechen. Wenn Ihnen aber klar wird, dass Sie automatisch handeln und dass es nicht funktioniert, wird es schon viel leichter, etwas einmal auf eine andere Art und Weise zu probieren. Dass Sie dem nicht abgeneigt sind, zeigt sich ja schon darin, dass Sie dieses Buch lesen, also etwas Neues ausprobieren wollen. Wenn Sie diesen Grundsatz auch Ihren Kindern vermitteln, geben Sie ihnen eine geistige Flexibilität und Offenheit mit auf ihren Lebensweg, die sie ihre Ziele leichter erreichen lässt.
Übrigens: Diese Grundannahme des NLP bezieht sich auch auf NLP selbst – ja sogar auf die Grundannahmen! Wenn sich bestimmte Methoden, Vorschläge oder Strategien als ineffektiv für Sie, Ihre Situation oder Ihr Kind erweisen – probieren Sie andere! Sollte sich eine Grundannahme als unpraktisch herausstellen– verändern Sie sie! Wenn etwas nicht funktioniert – versuchen Sie etwas anderes!

Bleiben Sie nicht stur bei dem, was Sie tun. Gehen Sie nicht mit dem Kopf durch die Wand, sondern sehen Sie nach, wo die Tür ist!

Meine Ziele, deine Ziele, unsere Ziele

Wenn jemand keine Ziele vor Augen hat, ist er orientierungslos. Das ist bei Kindern nicht anders als bei Erwachsenen. Natürlich sind die Ziele andere und sie haben andere Eigenschaften – beispielsweise können sie nicht so langfristig angelegt sein wie bei Erwachsenen, da Kinder erst allmählich eine Vorstellung von Zukunft bekommen. Doch ohne Ziele zerstreuen sich auch ihre Kräfte. Wichtig für eine gelungene Erziehung ist, dass Ziele gemeinsam entwickelt werden. Das hört sich vielleicht ein bisschen abstrakt und rational an, doch es ist etwas ganz Natürliches, sich Ziele zu setzen. Jeder Mensch tut das ganz von selbst. Nur oft nicht effizient und effektiv. Warum aber ist es wichtig, dass Eltern und Kinder gemeinsam Ziele (für die Kinder) entwickeln? Nun, ein paar

Dinge liegen ja auf der Hand: Kinder wissen noch nicht, was alles möglich ist, und es fehlen ihnen Erfahrungen. Manchmal wollen Eltern deshalb am liebsten voll und ganz in der Hand haben, welche Ziele sich ihr Kind setzt. Das ist ganz natürlich. Wenn Sie Kinder haben, wollen Sie das Beste für sie. Und Sie haben klare Vorstellungen davon, was das Beste ist. Sie wollen Ihren Kindern ja auch Ihre Werte vermitteln.

Autoritäre Erziehung – Wenn allein die Eltern die Ziele setzen

Wenn Eltern die Ziele für ihre Kinder im Alleingang setzen, tauchen früher oder später fast zwangsläufig Probleme auf. Ein fremdes Ziel ist nie ganz im Einklang mit der eigenen Persönlichkeit – und kein Kind ist ein unbeschriebenes, leeres Blatt, sondern trägt zumindest den Keim einer eigenen Persönlichkeit in sich. Eltern mögen beispielsweise eine musikalische Erziehung für wichtig halten – also soll das Kind Klavier spielen lernen. Was könnte man dagegen einwenden? Natürlich möchte das Kind vielleicht erst mal keine langweiligen oder anstrengenden Fingerübungen machen. Wahrscheinlich würde es lieber mit seinen Puppen oder mit Autos spielen. Doch der Erwachsene sieht, dass das Kind im Klavierunterricht etwas Wertvolles lernt, und denkt: Später wird es uns dafür dankbar sein, dass wir es konsequent zum Unterricht geschickt haben! Mag sein. Doch wenn Sie nun die Wahl hätten, ob Ihr Kind lustlos und genervt seine Fingerübungen abliefert oder ob es mit Freude am Klavier sitzt, dann würden Sie doch bestimmt Zweiteres wählen. „Ja schon", sagen Sie vielleicht. „Aber manchmal geht es nur mit Zwang." Wirklich? Wir sind davon überzeugt, dass Sie das, nachdem Sie dieses Buch gelesen haben, etwas anders sehen werden.

Sehen wir uns einmal an, was geschieht, wenn Eltern die Ziele für ihre Kinder ganz allein setzen. Das bedeutet zunächst einmal, dass sich der Wille des Kindes dem Willen seiner Eltern unterordnen muss. Das finden Eltern erst einmal oft gar nicht so übel. Ist doch besser als Herummaulen und Streiten, das zerrt doch nur an den Nerven! Stimmt. Das Problem ist nur, dass hier schon einmal ein Aspekt der Entwicklung behindert wird: Das Kind lernt, dass sein Wille wenig Bedeutung hat.

Nun gibt es natürlich einige wenige Eltern, die darauf bestehen, dass sich ihr

Kind völlig unterordnet. Aber diese Eltern wundern sich dann, wenn ihr Kind keine Eigeninitiative entwickelt, wenn es unselbstständig und duckmäuserisch wird, und sie verstehen oft gar nicht, warum ihr früher so „braves" Kind in der Pubertät zum Rebellen oder Drogenkonsumenten wird oder eine depressive Störung entwickelt. Noch schlimmere Konsequenzen kann es haben, wenn die Eltern nicht nur das äußere Verhalten bestimmen wollen, sondern eine innere Zustimmung einfordern. Solche Eltern sind sich gar nicht im Klaren darüber, dass sie etwas logisch Unmögliches fordern, wenn sie verlangen, dass das Kind nicht nur tut, was sie wollen, sondern will, was sie wollen. Es wäre freilich ideal, wenn Kindern und Eltern dasselbe wollten. Nur einfordern und erzwingen kann man es eben nicht.

Antiautoritäre Erziehung – Wenn Kinder allein Ziele setzen

In den 1960er- und 1970er-Jahren gab es eine Erziehungsbewegung, die diese Probleme klar erkannte. Und deshalb wurde „antiautoritär", und das hieß eben oft gar nicht oder willkürlich, erzogen. Das war in mehrfacher Hinsicht keine so gute Idee, denn Kinder sind nun einmal keine geschrumpften Erwachsenen. Sie haben andere Bedürfnisse. Wenn Eltern sich „heraushalten" und die Kinder ihre Ziele völlig frei setzen lassen, sind die Folgen oft ganz andere, als die Eltern sich vorstellen. Zunächst einmal geschieht in der Regel das, was man ohne ideologische Brille schon ahnt: Das Kind wird zum gnadenlosen Tyrannen und Egoisten. Dabei wird es aber nicht etwa, weil es seinen Weg selbst bestimmen kann, selbstsicher, energiegeladen und zielstrebig. Das klappt nicht: Denn auf was soll sich das Kind beziehen? Es lernt die Welt ja erst kennen – und diese Welt ist anfangs einfach zu groß. Wenn man einem Kind nicht hilft, seine Ziele zu setzen, wird es von der Fülle überwältigt und vollkommen orientierungslos.

So geschieht bei der antiautoritären Erziehung das, was die wohlmeinenden Eltern sicher nicht wollten: Sie vernachlässigen die Bedürfnisse ihres Kindes. Und was ist die Konsequenz? Das Kind versucht Orientierung zu bekommen und es wird aggressiv vorgehen, um Reaktionen der Eltern hervorzurufen, an denen es sich orientieren kann. Aggressive Reaktionen sind immer ein Zeichen von Vernachlässigung – Kinder werden, wie auch Erwachsene, aggressiv, wenn es keine Orientierung gibt und dadurch das Gefühl von Gefahr entsteht.

Das Ziel-Entdecker-Team

Eltern und Kinder sind im Idealfall ein Team, das sich gemeinsam Ziele setzt. Dabei sind die Eltern die „Manager", diejenigen, die aus der unüberschaubaren Vielfalt eine Vorauswahl treffen, die die Vorzüge des Zieles kennen, die motivieren, unterstützen und positive Rückmeldungen über Fortschritte geben. Und sie zeigen dem Kind noch etwas ganz Wichtiges: Wie Ziele strukturiert sein müssen, damit man sie leicht erreicht. Dann haben die Kinder eine Orientierung, die es viel leichter macht, sich auf ein Ziel zu konzentrieren.
Wir können es Ihnen nicht verdenken, wenn Ihnen das bisher noch zu abstrakt scheint. Wo bleibt die „Magie", welche „Tricks" gibt es und wie kommt NLP da ins Spiel? Natürlich muss das nun in die Tat umgesetzt werden.

Nun, bevor Sie den Zauberstab schwingen und Ihre Kinder zu lohnenden Zielen führen, sollten Sie wissen, dass es nicht darum gehen kann, Kindern etwas aufzudrängen. Nicht mit Überredung, schon gar nicht mit Zwang, aber auch nicht mit subtilen NLP-Tricks. Wozu sollte man Kindern auch etwas aufdrängen? Das ist völlig unnötig, denn Kinder sind erst einmal an allem interessiert. Das Wichtigste ist also, ein Angebot zu machen, das eine begrenzte Auswahl an wertvollen Zielen bietet. Tatsächlich ist die Hauptaufgabe der Eltern, das natürliche Interesse des Kindes nicht zu blockieren. Entdecken Sie gemeinsam mit Ihren Kindern wertvolle Ziele!
Sicher haben Sie schon ein paar vage Vorstellungen darüber, wie solche Ziele aussehen könnten. Doch wie klar sind Ihnen diese Ziele? Im NLP gibt es eine Methode, die dabei hilft, Ziele zu klären, für das Ziel zu motivieren und es im Unterbewusstsein so zu verankern, dass es Ihnen wirklich lohnend erscheint und anziehend ist. Wenn Sie möchten, können Sie das gleich einmal für eines Ihrer persönlichen Ziele ausprobieren. Danach sehen wir uns an, wie Sie das Ihren Kindern vermitteln können.

Das wohlgeformte Ziel (WFO)

Sind Sie über die Überschrift gestolpert? Wie kann ein Ziel eine „Form" haben? Die Erklärung ist ganz einfach. Im NLP verknüpfen wir oft unterschied-

liche sinnliche Wahrnehmungen. Das hat den Sinn, dass es „gehirngerechter" und damit leichter umzusetzen ist. Deshalb sollten wir, wann immer es möglich ist, abstrakte Ideen in sinnliche Vorstellungen übersetzen. Dann wird alles deutlicher. Im NLP-Jargon heißt die Strategie der Suche nach einem wohlgeformten Ziel „Wellformed Outcome" oder kurz WFO-Strategie.
Ein Ziel sollte also „wohlgeformt" sein. Wir lehnen uns wohl nicht zu weit aus dem Fenster, wenn wir vermuten, dass Sie absolut keine Ahnung haben, was das denn heißen soll. Nun, dann fangen wir einmal an, der Sache auf den Grund zu gehen. Gehen Sie die folgenden fünf Schritte durch, erst einmal ganz intuitiv. Am besten ist es, wenn Sie sich Ihre Antworten aufschreiben.

1. Wie sieht mein Ziel genau aus?
2. Wie erkenne ich, dass ich am Ziel bin?
3. Was hat sich in meinem Leben geändert, weil ich mein Ziel erreicht habe?
4. Was für Nachteile hat es, dieses Ziel zu erreichen?
5. Was fehlt mir noch, um mein Ziel zu erreichen?

Und jetzt sollten Sie eigentlich beantworten können: Was ist der Grund dafür, sich nicht jetzt, sofort, auf den Weg zu diesem Ziel zu machen?
Sehen wir uns die Schritte mal im Einzelnen an und schauen wir, was wir vielleicht besser machen könnten.

1. Wie sieht mein Ziel genau aus?

Es ist ja nicht schwer, irgendwelche Träume auszusprechen. Doch ein wohlgeformtes Ziel hat bestimmte Eigenschaften.
Es ist konkret: „Ich will erfolgreich sein" ist kein konkretes Ziel. „Ich will in meiner Firma Abteilungsleiter sein" ist konkret.
Es kommt ohne Vergleiche aus: „Ich will besser Klavier spielen" sagt gar nichts. Besser als wer? Wie viel besser?
Es enthält keine negativen Aussagen: „Ich will mich nicht mehr aufregen." Was wollen Sie dann?
Es hat einen Zeitrahmen: „Ich will den Halbmarathon laufen." Ohne Zeitrahmen haben Sie keine Orientierung, ob Sie Ihrem Ziel näherkommen oder ob Sie Ihre

Strategie ändern sollten. Fragen Sie sich also: Wann soll Ihr Ziel erreicht werden? Es ist durch eigenes Handeln zu verwirklichen: Das ist eigentlich banal, aber wird oft vergessen. „Ich will im Lotto gewinnen“ ist beispielsweise überhaupt kein Ziel. Ein Ziel sollte immer direkt zu einer Handlung führen. Den neuesten Mercedes bestellen zählt nicht.

2. Wie erkenne ich, dass ich am Ziel bin?

Nichts ist leichter als das – glauben die meisten Menschen erst einmal. Es klingt wirklich banal. Und bei einem 100-Meter-Lauf mit Start- und Ziellinie ist es das auch. Doch was ist, wenn Ihr Ziel lautet: „Ich werde bis Ende des Jahres topfit sein“? Ist das der Fall, wenn Sie ohne zu keuchen bis in den dritten Stock gehen können? Oder wenn Sie einen Marathonlauf schaffen? Je klarer die Vorstellung von Ihrem Ziel ist, desto mehr zieht es Sie an und motiviert Sie.

3. Was hat sich in meinem Leben geändert, weil ich mein Ziel erreicht habe?

Die Frage ist wichtiger, als Sie vielleicht denken. Denn ist ein Ziel, das nichts an Ihrem Leben verändert, es überhaupt wert, Zeit dafür aufzuwenden? Wohl kaum; dass sich nichts ändert, erleben wir ja die meiste Zeit. Wir setzen uns Ziele, damit sich etwas ändert.

4. Was für Nachteile hat es, dieses Ziel zu erreichen?

Ständig zwanghaft positiv denken ist gar nicht gesund. Negativ denken erst recht nicht. Doch es ist nur sehr kurzfristig sinnvoll, Probleme einfach zu leugnen. Wenn Sie vorhaben, Klavier spielen zu lernen, ist es wichtig, sich klarzumachen, dass das Zeit kostet, ein Steinway-Flügel ist nicht billig, manche Fingerübungen sind erst einmal langweilig und die Nachbarin meckert schon, wenn der Fernseher nach 22 Uhr läuft. Alle Probleme lassen sich lösen – und das kann Spaß machen. Doch dazu sollte man sie erst mal erkennen, denn erst dann kennt man sein Ziel.

5. Was fehlt mir noch, um mein Ziel zu erreichen?

Eigentlich könnten Sie nun, da Sie Ihr Ziel geklärt haben, motiviert loslegen. Doch vielleicht fehlt noch etwas? Geben Sie dieser Frage etwas Raum. Es kann etwas ganz Wichtiges sein, was sich aber leicht beheben lässt. Wenn Sie Klavier spielen lernen wollen, aber kein Klavier haben, dann fehlt schon etwas Wichtiges. Aber die Dinger kann man ja kaufen – wenn man Geld hat. Aber auch das Gegenteil ist möglich. Vielleicht fehlt nur eine Kleinigkeit, die jedoch schwer zu erreichen ist. Sie wollen sich beispielsweise mit einer Internet-Idee selbstständig machen und brauchen einen Internetanschluss – doch Sie wohnen in einer Gegend, in der noch keine schnellen Anschlüsse zur Verfügung stehen. Was machen Sie nun? Vielleicht wäre in dieser Situation das die Lösung: die Modifikation des Ziels. Wenn sich das Fehlende nicht ganz leicht ausgleichen lässt, dann machen Sie ein neues Ziel daraus!

Diese fünf Schritte sind also nötig, um sich ein „wohlgeformtes Ziel" zu setzen. Vielleicht haben Sie gemerkt, dass das alles nicht so schwierig ist, aber doch deutliche Auswirkungen hat: Sie haben Ihr Ziel nun klar vor Augen und haben eine gute Vorstellung davon, wie Sie es erreichen können. Und wahrscheinlich sind Sie nun auch (noch) mehr motiviert, Ihr Ziel anzugehen.
Diese Klärung des Ziels scheint uns sehr wichtig zu sein. Denn ohne Ziel irrt man ziellos umher. Und das ist nur dann schön, wenn man sich als Ziel gesetzt hat, ziellos umherzuirren ...
Wir sehen direkt, wie Sie die Stirn runzeln. Schön und gut – aber so kann man doch nicht mit Kindern vorgehen! Nein, natürlich nicht. Nicht so, wie wir es gerade gemacht haben. Aber dieser Schritt war nötig, damit das Folgende für Sie einen Sinn ergibt. Denn nun werden wir sehen, wie wir das für Kinder umsetzen können.

Ziele mit Kindern finden und strukturieren

Die Schritte, die zum Ziel führen, bilden eine Strategie, die dabei hilft, sein Leben sinnvoll und positiv zu gestalten. Wenn Sie Ihren Kindern diese Strategie vermitteln, geben Sie ihnen ein wertvolles Werkzeug mit auf ihren Weg.
Sie haben im vorigen Abschnitt gesehen, wie das rational mit der WFO-Strategie geht. So können Sie das Ihren Kindern natürlich nicht beibringen. Kinder können mit logischen Schritten wenig anfangen. Es ist aber auch gar nicht nötig, abstrakt die Schritte aufzuzählen. Vielleicht waren diese Schritte auch für Sie

als Erwachsenen schon zu abstrakt. Sicherlich konnten Sie sie gedanklich nachvollziehen – doch das dann in die Praxis umzusetzen fällt nicht jedem leicht. Wenn ein Erwachsener sich dafür dann Hilfe holen will, geht er zu einem Coach. (Ein Wort, für das es leider kein entsprechendes deutsches gibt – ein Coach ist kein Therapeut, aber er arbeitet mit den Mitteln eines Therapeuten; nicht um zu heilen, aber doch um dabei zu helfen, wichtige Schritte effektiv zu gehen.)
Kinder haben es leichter: Sie haben Eltern. Nun brauchen Sie als Eltern keine psychologische Fachausbildung, um Ihren Kindern zu helfen. Sprechen Sie einfach mit ihnen. Über ihre Vorstellungen, ihre Wünsche, ihre Träume, ihre Ziele. Um Ihren Kindern die NLP-Zielstrategie nahezubringen, müssen Sie nur ein wenig auf die Reihenfolge achten, die Sie im vorigen Abschnitt kennengelernt haben.

1. Wie sieht dein Ziel genau aus?

Wenn Sie mit Ihrem Kind über seine Wünsche sprechen, haken Sie einfach nach. Helfen Sie Ihrem Kind, eine genauere Vorstellung davon zu entwickeln, was es *genau* will. Achten Sie vor allem darauf, dass Ihr Kind zu einem konkreten Ziel findet, das durch *eigenes Handeln* zu erreichen ist und keine negativen Aussagen enthält. Helfen Sie ihm dabei, Handlungsschritte zu entwickeln. Beim *Zeitrahmen* ist es wichtig, im Auge zu behalten, dass Ihr Kind noch nicht die Zeitvorstellung eines Erwachsenen hat. Umso wichtiger sind die einzelnen Schritte, die es gehen muss, um sein Ziel zu erreichen. Manchmal sind zeitliche Anhaltspunkte wie Weihnachten, Geburtstag oder Sommerferien hilfreich.

2. Woran erkennst du, dass du dein Ziel erreicht hast?

Malen Sie gemeinsam mit Ihrem Kind den Zielzustand möglichst bunt aus. Je deutlicher Ihr Kind sein Ziel kennt, desto eher wird es sich darauf hinbewegen. Oft können Sie das „Malen" wörtlich nehmen: Lassen Sie Ihr Kind ein Bild von dem Zielzustand malen und sprechen Sie mit ihm darüber.

3. Was hat sich in deinem Leben geändert, weil du dein Ziel erreicht hast?

Das hört sich sehr erwachsen an, ist aber für ein Kind genauso wichtig – durch diesen Schritt lernt es, wertvolle von reinen Konsumzielen zu unterscheiden.

Dazu müssen Sie es nicht „belehren". Das sollten Sie sogar sowieso bleiben lassen! Aber regen Sie Ihr Kind an, darüber zu sprechen, was sich verändern wird, wenn es sein Ziel erreicht hat.

4. Was für Nachteile hat es, dieses Ziel zu erreichen?

Dieser Schritt ist für Kinder noch wichtiger als für Erwachsene. Erwachsenen ist meist, wenn auch schwammig, klar, dass ein Ziel anzustreben oft auch bedeutet, andere Dinge dafür aufzugeben. Bei Kindern ist das noch nicht so, da ihnen die Lebenserfahrung fehlt. Sehen Sie sich deshalb zusammen mit Ihrem Kind das Ziel genau an und helfen Sie ihm dabei, eine Vorstellung dafür zu entwickeln, was das Ziel „kostet".

5. Was fehlt dir noch, um dein Ziel zu erreichen?

Kinder haben ziemlich lange noch ein „magisches Denken". Ziele sind plötzlich, wie von Zauberhand da. Durch die vorigen Schritte lernt Ihr Kind bereits ein wenig die Bedeutung des Weges zum Ziel kennen. Hier wird es konkret: Planen Sie gemeinsam mit Ihrem Kind die konkreten Schritte zum Ziel. Ist das Ziel zu weit gesteckt, kann ein solcher Schritt zu einem neuen, näherliegenden Ziel werden.

In solchen Ziel-Gesprächen lernt Ihr Kind unglaublich viel über sich selbst, die Welt, Werte und Zusammenhänge. Und gleichzeitig machen solche Gespräche Spaß – sie *sollen* Spaß machen! Sich ein Ziel auszumalen, sich vorzustellen, wie es sein wird, ein Traumziel zu erreichen, das macht schon Erwachsenen meist Spaß. Für Kinder ist dieses Erlebnis aber noch viel intensiver. Sie können ganz neue Welten dabei entdecken. Um die Freude daran zu erhalten, achten Sie darauf, Ihr Kind nicht zu überfordern. Sie müssen nicht den ganzen Prozess in einer „Sitzung" durchziehen. Sie können immer wieder darauf zurückkommen, wenn Ihr Kind an einem Ziel interessiert ist, wird es von selbst davon sprechen wollen. Erzwingen Sie nichts. Spielen Sie!

Manchmal wollen Sie als Eltern Ihrem Kind bestimmte Ziele nahebringen. Doch wenn sich das Kind das Ziel nicht selbst gesetzt hat, können Sie nicht mit der Zielfindungsmethode vorgehen. Dann erzeugen Sie möglicherweise eher Widerstand und Abneigung gegen das Ziel. Doch Sie können Ihre Ziele auf eine für das Kind interessantere Weise vermitteln: nämlich durch Geschichten.

Geschichten, die einen Helden haben, der das angestrebte Ziel verfolgt, wirken bildhaft im Unterbewusstsein und werden dort viel stärker verankert als Argumente.

Solche Geschichten können Sie wahrscheinlich nicht ohne Weiteres improvisieren. Nutzen Sie die Gelegenheit, um Ihre Kreativität zu entfalten. Es macht Spaß, sich Geschichten auszudenken! Sie müssen dazu nicht Schriftsteller werden. Überlegen Sie nur in groben Zügen, wo es langgehen soll. Und beteiligen Sie Ihr Kind. Lassen Sie seine Ideen einfließen, dadurch werden die Wirkung und der Lerneffekt noch viel stärker.

Wenn Sie Ihrem Kind Ziele, die Sie setzen, vermitteln wollen, ist noch eines ganz wichtig, ja unverzichtbar: Sie müssen diese Ziele auch vorleben. Wenn Sie möchten, dass Ihr Kind ein Musikinstrument lernt, wird das viel schwieriger, wenn Sie nicht selbst ein Instrument spielen. Sie spielen aber keines, wollen das jedoch trotzdem für Ihr Kind? Natürlich – denn Musik ist nicht nur eine der größten Bereicherungen für das Leben, sondern schult Wahrnehmung, Konzentration und Kreativität. Wenn Sie selbst kein Instrument spielen, nutzen Sie doch die Gelegenheit und fangen Sie gemeinsam mit Ihrem Kind an!

Ein Ziel wird durch ein vorgelebtes Beispiel vertieft. Wenn das Handeln der Eltern im Widerspruch zum Ziel des Kindes steht, entsteht ein schädlicher innerer Konflikt.

Eigene Entscheidungen haben mehr Kraft

Probieren Sie doch einmal ein kleines Gedankenexperiment aus: Überlegen Sie sich etwas, was Sie selbst für wertvoll und sinnvoll halten und was Sie gerne machen. Beispielsweise einen Freund treffen, eine Bergtour machen, einen interessanten Film sehen ... Und nun stellen Sie sich vor, dass *Ihre* Eltern Ihnen genau das, an das Sie gerade gedacht haben, befehlen. Was passiert? Achten Sie auf Ihre Reaktionen. In der Regel werden Sie einen Widerstand in sich auftauchen spüren, denn indem von außen eine Sache an Sie herangetragen wird, produziert Ihre Vorstellung Bilder möglicher Alternativen. Meist sind das ziemlich viele und die Entscheidung wird schwer.

Das ist bei Kindern nicht anders. Wenn Sie Ihrem Kind also helfen wollen, sich auf ein sinnvolles Ziel zu konzentrieren, das Sie für wertvoll halten, schlagen Sie unbedingt Alternativen vor. Vielleicht bieten sich ja gleichwertige Möglichkeiten an. Welche das sind, ist gar nicht so wichtig. Wichtig ist in jedem Fall die Wahlmöglichkeit.

Um Ihrem Kind ein Ziel nahezubringen, sollte es dieses Ziel als selbstbestimmte Wahl erleben. Dann wird es automatisch attraktiver. Bieten Sie also Alternativen an. Um die Wahl zu lenken, sollten die Alternativen deutlich unattraktiver sein.

Dieser „magische Erziehungstrick" ist nicht nur bei langfristigen, „großen" Zielen, sondern auch bei ganz alltäglichen Dingen hilfreich. „Mach deine Hausaufgaben!" ist eine Zielvorgabe, die in der Regel nicht besonders attraktiv ist. Wenn Sie dagegen eine Alternative anbieten, entscheidet sich Ihr Kind für etwas – und Dinge, die es selbst entscheidet, wird es natürlich eher machen und als weniger belastend erleben. „Magst du jetzt deine Hausaufgaben machen oder die Garage aufräumen?" verlangt eine Entscheidung. Beide Alternativen sind auf jeden Fall nicht so toll. Aber eben die eine doch etwas mehr als die andere.

Das Wichtige dabei ist das *selbstbestimmte Handeln*. Denn auch wenn Sie die Entscheidung durch die Wahl der Alternativen lenken – und das ist für jüngere Kinder, die von echten Entscheidungen oft überfordert sind, wichtig –, so bleibt die Entscheidung doch beim Kind.

Kinder und Musik

Musik ist eines der wertvollsten Dinge, die Sie Ihrem Kind mitgeben können. Wenn Sie selbst nicht viel mit Musik am Hut haben, mag Ihnen das vielleicht nicht unmittelbar einleuchten. Doch durch Musik erweitern sich die kognitiven Fähigkeiten deutlich.

- Das Notenlesen und Vom-Blatt-Spielen verbessern Konzentration und Wahrnehmungsfähigkeit.
- Mathematische und musikalische Fähigkeiten verstärken sich; warum das so ist, ist noch nicht ganz geklärt – aber es ist so.
- Das gezielte Üben eines Instruments lehrt, dass Ausdauer und Geduld und das Ausrichten auf ein Ziel mit Erfolg und guten Gefühlen belohnt werden.
- Das Zusammenspiel mit anderen (beispielsweise im Schulorchester) verbessert die Teamfähigkeit.
- Die Komplexität von Musik fördert die Entwicklung des Gehirns.
- Musik ermöglicht emotionalen Ausdruck und ist ein Ventil für Stress.

Wenn Sie selbst kein Instrument spielen, sollten Sie die Chance nutzen, damit anzufangen. Nichts motiviert Ihr Kind mehr.

Ohne Grenzen gibt es kein Land

Wenn man gefangen ist, klingt „grenzenlos" gut. Doch eine Grenze schafft erst die Identität. Und Identität schafft Orientierung. Das beginnt ja schon bei der Sprache. Ein Begriff wird nur dadurch mit Sinn erfüllt, indem er eine Sache von einer anderen abgrenzt. Ein Apfel ist ein Apfel und keine Tischdecke. Grenzen können sich erweitern, doch dazu müssen sie erst einmal vorhanden sein. Ohne Grenzen kann ein Kind seine Grenzen nicht erkennen. Wenn es sie nicht kennt, kann es sie auch nicht erkunden und sinnvoll erweitern. Es macht keinen Unterschied mehr, ob in der Entwicklung Stillstand herrscht oder ob man sich mit Lichtgeschwindigkeit bewegt. Überhaupt keine Grenzen zu haben, ist das kleinste Gefängnis, das es gibt.

Auch wenn die Grenzen flexibel sind, sind sie nicht beliebig. Die Grenzen müssen verlässlich sein, damit sie nicht einengen, sondern Sicherheit geben. Es ist klar, dass Kinder Anleitung brauchen und wollen. Kinder und Eltern sind eben nicht gleichberechtigt, auch wenn Kinder die gleiche Würde haben und denselben Respekt verdienen wie Erwachsene. Kinder brauchen Eltern, die wissen, was sie wollen. Deshalb macht es nichts, wenn die Grenzen auch mal willkürlich sind, sofern sie authentisch und persönlich sind. Selbstverständlich haben auch Eltern das Recht, Nein zu sagen. „Nein, ich lese jetzt und kann nicht mit dir spielen."

Der Satz „Kinder brauchen Grenzen" ist also vollkommen richtig. Doch er wird oft missbraucht, um zu rechtfertigen, dass man Kindern seinen Willen aufzwingen will. In der Erziehung sollten Grenzen dazu dienen, soziale Regeln, Gefahren, emotionale Reaktionen anderer Menschen und Werte kennenzulernen. Es ist vielleicht die größte Kunst in der Erziehung, die Grenzen richtig zu ziehen. „Richtig" heißt:

- so weit, dass Bewegungsfreiheit besteht,
- so eng, dass das Kind nicht damit überfordert ist, sie zu erkunden,
- so, dass das Leben nicht zum Kampf gegen die Grenzen wird,
- so klar, dass das Kind jederzeit weiß, wo sie liegen, und nicht suchen muss,
- so flexibel, dass sie sich ausdehnen können,
- so stabil, dass sie Orientierung und Schutz bieten,
- so widerstandsfähig, dass es die Kräfte des Kindes stärkt, sie auszudehnen.

Grenzen sind wichtig. Aber nicht beliebig. Sie müssen vor allem Orientierung und Schutz bieten und genügend Bewegungsfreiheit lassen.

Eltern setzen die Grenzen. Das ist eine wichtige Aufgabe in der Erziehung. Dabei gibt es vor allem zwei Fallstricke: Der eine ist die Orientierung an eigenen, zu engen Grenzen. Das ist unter anderem dann der Fall, wenn Sie Ängste haben und dann aufgrund Ihrer Ängste Grenzen für Ihre Kinder ziehen. Wenn Eltern beispielsweise Angst haben, dass ihr Kind, das auf einen Baum klettert, herunterfallen und sich verletzen könnte, werden sie dazu neigen, eine willkürliche Grenze zu setzen: „Du darfst nicht auf Bäume klettern – das ist gefährlich!" Dieselben Eltern setzen sich aber jeden Tag ins Auto, was natürlich ungleich gefährlicher ist. Dieser Wunsch nach willkürlicher Grenzziehung ist verständlich. Tatsächlich *könnte* das Kind ja fallen und sich verletzen. Und selbstverständlich kann Eltern das nicht gleichgültig sein. Doch die Grenze ist zu eng, wenn das Kind überhaupt keine eigenen Erfahrungen machen kann: die Erfahrung seines Körpers, die Erfahrung, dass es wehtut, wenn man die körperlichen Grenzen überschreitet, die Erfahrung, dass man sich durch Bemühen verbessern kann. Das behindert natürlich auch die Entwicklung; die körperliche genauso wie die seelische.

Der zweite Fallstrick besteht darin, dass Festigkeit der Grenze mit Starrheit verwechselt wird. Stellen Sie sich das bildlich vor: Vergleichen Sie die Wirkung eines starken Gummibandes mit der eines starken Seiles. Bei einem Seil wird die Bewegung begrenzt – sie reicht so weit wie das Seil, kein bisschen weiter. Ganz gleich, wie viel Mühe man aufwendet – die Grenzen stehen fest und sind unverrückbar. Das Gefühl von Sinnlosigkeit und Hilflosigkeit entsteht. Jedes Bemühen, die Grenzen zu überwinden ist umsonst. Es gibt nur zwei Auswege: Zu resignieren und jede Initiative zu verlieren, oder das Seil ganz durchzuschneiden und damit vollkommene Freiheit zu gewinnen, aber auch die Sicherheit und Bindung an die Eltern völlig aufzugeben.

Das starke Gummiband wirkt anfangs ähnlich wie das Seil: Es setzt eine Grenze der Bewegung. Doch mit etwas Motivation und Bemühen kann sich der Spielraum etwas ausdehnen. Dieses Ausdehnen bringt auch einen Zuwachs an Kraft und Erfahrung mit sich. Die Grenze ist nicht starr, sondern abhängig von der Entwicklung. Es entsteht das Gefühl, dass durch eigenbestimmtes, motiviertes Handeln die eigenen Grenzen sinnvoll, angepasst an die eigenen Fähigkeiten, erweitert werden können.

Regeln und Grenzen machen es Eltern manchmal zu leicht: Es ist erst einmal einfacher, etwas zu verbieten, als aktiv zu werden. Vielleicht sind Sie ja beruflich ohnehin schon sehr im Stress. Doch glauben Sie uns: Es ist nur scheinbar leichter, die Grenzen festzulegen, denn Ihr Kind wird gegen die Grenze stoßen und je nach Veranlagung aggressiv oder hilflos reagieren. In beiden Fällen hat das mehr Konsequenzen für Sie, als wenn Sie mit Ihrem Kind die Grenze und deren Bedingungen erforscht hätten.

Die Kunst der Grenzziehung

Am besten funktionieren Grenzen, wenn es natürliche Grenzen sind. „Natürlich" bedeutet hier, dass sie klar zu erkennen sind – für Sie selbst und für Ihr Kind. Solche „natürlichen" Grenzen sind beispielsweise grundlegende gesellschaftliche Normen, wie Menschen und Tiere nicht zu verletzen, Dinge, vor allem solche, die anderen gehören, nicht willkürlich zu zerstören, und anderen nichts wegzunehmen. Doch Grenzen, die sich ausschließlich auf Konventionen berufen, werden schnell zu eng. „Natürlich" in unserem Sinn sind aber auch Grenzen, die Sie individuell ziehen, aber die Sie ganz spontan und immer gleich ziehen, weil sie für Sie selbstverständlich sind. Beispielsweise ist es nötig, bestimmte Grenzen zu ziehen, weil das Missachten der Grenze eine objektive Gefahr für Ihr Kind ist: So ist es selbstverständlich richtig, wenn es für Ihr Kind tabu ist, auf die Straße zu laufen, mit Streichhölzern oder Feuerzeugen, Steckdosen oder Messern zu spielen.

Schließlich sind auch solche Grenzen „natürlich", mit denen Sie Ihre Privatsphäre schützen. Es spricht nichts dagegen, aber sehr viel dafür, dass bestimmte Räume, beispielsweise Ihr Schlafzimmer oder Ihr Arbeitszimmer, Grenzen sind. Sie sind ja nicht ausschließlich Eltern; Ihr Kind sollte lernen, dass Sie zwar immer für seine Probleme da sind, dass Sie es immer lieben – aber auch, dass Sie nicht eine Erweiterung seines Ichs sind, sondern eigenständige Menschen mit eigenen Bedürfnissen.

Überprüfen Sie die Grenzen, die Sie setzen

Besteht noch Bewegungsfreiheit für Ihr Kind? Versetzen Sie sich in Ihr Kind. Setzen Sie die Grenzen so, dass Ihr Kind keinen eigenen Ermessensspielraum hat? Den braucht es, denn wie kann es sonst lernen, verantwortliche Entscheidungen zu treffen? Muss Ihr Kind ständig gegen diese Grenzen ankämpfen? Gibt es ständig Probleme mit den Grenzen, die Sie setzen? Das könnte ein Anzeichen dafür sein, dass die Grenzen nicht klar sind oder auch einfach dass sie zu eng sind. Wenn Ihr Kind höllisch aufpassen muss, eine Grenze nicht zu überschreiten, oder wenn es immer Widerstand gibt, wenn Sie die Grenze verdeutlichen, stimmt etwas mit dieser Grenze nicht. Denken Sie daran, dass eine Grenze auch für Ihr Kind sinnvoll sein muss.

Können Sie bezüglich der Grenze konsequent sein, sodass das Kind jederzeit weiß, wo sie liegt? Wenn Sie immer wieder „weich" werden, wenn Ihr Kind nörgelt, ist das ganz schlecht. Denn Ihr Kind lernt dann, dass es nur so lange quengeln muss, bis sich die Grenze verschiebt. Das heißt nicht nur, dass Sie ständig Stress haben, sondern dass Ihr Kind nicht die Sicherheit genießen kann, die eine sinnvolle Grenze auch bedeutet. Nun können Sie vielleicht nicht immer strikt sein; das wollen wir auch gar nicht empfehlen. Aber beachten Sie das bei der Grenzziehung. Achten Sie auch auf Ihre Grenzen. Es ist wichtig, dass Sie die Grenzen so setzen, dass Sie wirklich konsequent sind. Lieber die Grenze von Anfang an etwas weiter ziehen, als sie unklar werden zu lassen.

Wem nützt es?

Um eine Grenze durchzusetzen, ist eine Sache ganz wichtig, die oft übersehen wird: Was bringt diese Grenze Ihrem Kind?

Wenn Sie jetzt gedanklich etwas gestolpert sind, sehen Sie sich Ihre Grenzziehung noch einmal an und überlegen Sie: Warum sollte Ihr Kind eine Grenze achten, wenn es keinerlei Vorteile davon hat?

Die Vorteile könnten sein:

- **Schutz**: Wenn Sie Ihrem Kind verbieten, auf die Straße zu laufen, schützen Sie es.
- **Orientierung**: Wenn Sie Ihrem Kind deutlich machen, dass es anderen nichts wegnehmen darf, geben Sie ihm Orientierung.
- **Lernen**: Wenn Ihr Kind durch die Grenze eine Grenzerfahrung macht und dadurch etwas für sein Leben lernt.

Wenn Sie nicht auf Anhieb den Vorteil einer Grenze für Ihr Kind sehen können, denken Sie noch einmal darüber nach, ob diese Grenze wirklich nötig und sinnvoll ist. Es ist immer möglich, Gründe zu finden. Tappen Sie nicht in diese Falle. Seien Sie ehrlich mit sich selbst. Damit machen Sie es sich langfristig wesentlich leichter.

Eltern, nicht Freunde sein

Manche Eltern wären gern die besten Freunde ihrer Kinder. Das ist aber gar keine gute Idee. Es verkennt die Bedeutung von Freunden. Und auch die Bedeutung von Eltern. Eine Freundschaft ist eine gleichberechtigte Beziehung, eine Beziehung, in der sich das Kind selbst gespiegelt sieht und soziales Verhalten lernt. So lieb Sie Ihr Kind auch haben: Sie können als Eltern kein gleichberechtigter Freund Ihres Kindes sein. Sie können Ihrem Kind keine gleichaltrigen Freunde ersetzen. Wenn Sie das dennoch wollen, geben wir Ihnen den dringenden Rat: Werden Sie erwachsen! Es wird Zeit. Sie tun Ihrem Kind nichts Gutes damit, um seine Freundschaft zu werben. Es will Sie nicht als Freund, sondern als Mutter oder Vater!

Es ist wichtig, dass Sie genug Zeit für Ihr Kind haben. Doch ebenso wichtig ist es, dass Sie Zeit für sich selbst haben. Wenn Sie als Eltern darüber klagen, dass Sie keine Zeit mehr für sich selbst oder Sie beide für sich als Paar haben, dann sind Sie dabei, Ihre Kinder mit Aufmerksamkeit zu erdrücken.

Wenn Kinder mit Kindern zusammen sind, spielen sie und lernen, mit Gleichaltrigen und mit Konkurrenz umzugehen. In der Kinderkrippe, im Kindergarten, in der Schule entwickeln sie Beziehungen zu anderen Kindern und lernen, was es heißt, Kind zu sein. Doch Kinder brauchen aber auch eine Beziehung zu ihren Eltern – zu ihren erwachsenen Eltern! Dort lernen sie etwas über Erwachsene. Und Kinder wollen und brauchen das. Ohne diese Erfahrungen entwickeln sie keine richtige Lebenskompetenz. Die Folgen zeigen sich spätestens dann, wenn die Kinder sich auf das Erwachsenenalter zubewegen und dann nicht auf Referenzerfahrungen und auf Orientierung zurückgreifen können. Wenn sie erst in der Pubertät merken, dass sie auch mit Enttäuschungen klarkommen müssen, dass nicht jeder Erwachsene tut, was sie wollen, dann wird es schwierig, und deshalb sind mehr Jugendliche als nötig heute depressiv oder aggressiv.

Ihr Kind braucht also unbedingt Eltern, die wirklich Eltern sind. Die Eltern geben Halt und Orientierung im Meer der Welt. Sie müssen Inseln der Sicherheit sein. Freunde sind in diesem Meer Boote, mit denen Ihre Kinder eines Tages die Insel verlassen – und, wenn die Insel schön war, immer wieder zu ihr zurückkehren möchten. Doch eine Insel, die haltlos im Ozean treibt, macht Angst!

Der Respekt und die Achtung vor der Person und den Gefühlen Ihres Kindes sind sehr wichtig – aber das bedeutet gerade nicht, dass Eltern selbst zu Kindern werden. Das heißt auch, dass Sie nicht alles im Leben auf Ihr Kind ausrichten sollten. Wie soll es dann das Erwachsenwerden lernen? Für Ihr Kind da sein: ja! Sich Ihrem Kind unterordnen: nein!

Entspannen Sie sich: Sie sind erwachsen und dürfen es, trotz aller Verantwortung für Ihr Kind, auch bleiben. Ihr Kind will richtige Eltern und keine erwachsenen Freunde!

Wenn Kinder Nein sagen

Wenn Kinder so im Alter zwischen drei und fünf Jahren trotzig werden und immer „Nein!" sagen, ist das völlig normal. Sie sind in der Autonomiephase und entdecken, dass sie eigenständige, einmalige Persönlichkeiten sind. Das ist eigentlich ganz wunderbar. Aber es kann unglaublich nerven. Die eigentlichen Schwierigkeiten beginnen jedoch erst dann, wenn Eltern dieses „Nein" persönlich nehmen und als Ablehnung ihrer selbst auffassen und das dann ihrem Kind zurückspiegeln.

Das Einfachste ist, wenn Sie das „Nein" Ihres Kindes entspannt hinnehmen. Dann wird nichts weiter passieren. Sie müssen nicht kämpfen. Verstehen Sie, dass Ihr Kind mit seinem „Nein" nur sagen will, dass es eine eigene Persönlichkeit ist und sich von anderen abgrenzen kann. Das ist eine tolle, neu entdeckte Fähigkeit. Und mit einem „Nein" grenzt sich der kleine Mensch am einfachsten ab. Lassen Sie ein „Nein" zu, wenn es geht. Und es geht meistens. Erkennen Sie, dass nicht alles in der Welt nach Ihrem Willen gehen kann. Das tut es ja sonst auch nicht. Und wenn es gar nicht geht, dann geben Sie dem „Nein" wenigstens ein bisschen Raum. Auch hier funktioniert oft die Methode der gelenkten Entscheidung: Lassen Sie Ihrem Kind die Wahl zwischen zwei Dingen – von denen das eine kaum infrage kommt. So kann Ihr Kind entscheiden und das „Nein zum Nein“ annehmen.

Kinderwelten – Wie Kinder ticken

Kinder sind nicht jüngere Erwachsene. Das wissen Eltern natürlich in der Regel. Und dennoch fällt es ihnen nicht immer leicht, das auch im Alltag zu berücksichtigen. Verständlich ist das schon: Denn Sie sind nun einmal erwachsen und die Erinnerungen an Ihre eigene Kindheit sind meist wenig hilfreich. Entweder sind diese Erinnerungen kaum vorhanden oder die Erinnerungen haben die ganzen Erfahrungsfilter durchlaufen und sind völlig verzerrt. Um ein Kind wirklich als Kind zu behandeln, muss man sich schon etwas bemühen, so einfach ist das nicht. Aber man kann es lernen und üben.
Nun verändert sich Ihr Kind aber auch noch die ganze Zeit. Ein Kind zu verstehen, ist also nicht leicht. Machen Sie sich das klar – und dann: Lassen Sie los. Menschen zu verstehen ist nie leicht – egal ob sie nun Kinder oder Erwachsene sind. Ein bisschen Achtsamkeit, eine Portion Liebe und eine Prise Wissen sowie die nötige Gelassenheit machen es jedoch deutlich leichter.

Einfühlung ist Übungssache

„Einfühlen“ ist ein ziemlich schwammiger Begriff. Vielleicht glauben Sie ja, dass es eine Fähigkeit ist, die man entweder hat oder nicht. Oder Sie glauben sowieso genau zu wissen, was Ihr Kind fühlt. Dann versuchen Sie sich vorzustellen, dass Sie keine Sprache verstehen würden. Worte wären Ihnen noch nicht bekannt und Sie wüssten nicht einmal genau, wie Sie es anstellen sollten, einen bestimmten Laut zu formen. In dieser Situation ist Ihr Kind, wenn es ganz klein ist. Das kann sich niemand wirklich vorstellen. Dennoch hat es natürlich enorme Vorteile, wenn Sie die Gefühle Ihres Kindes genauer verstehen:

- Sie können auf seine Bedürfnisse angemessen reagieren, anstatt zu raten, zu schimpfen oder zu verzweifeln.

- Sie können gelassener bleiben, wenn Sie fühlen, was los ist.
- Sie können die positive Absicht Ihres Kindes leichter erkennen.
- Sie können effektiver erziehen und Ihre Werte vermitteln.
- Sie sparen sich Stress und Ängste.

Das ist ja schon mal einiges. Die Frage ist nur: Wie können Sie Ihr Einfühlungsvermögen – Psychologen sagen „Empathie" – entwickeln? Geht das überhaupt? Selbstverständlich geht das. Empathie ist nichts Übernatürliches. Es ist auch keine Eigenschaft, die man hat oder nicht, sondern eine Fähigkeit, die bis zu einem gewissen Grad angeboren ist, die man aber auch üben kann. Gefühle drücken sich nicht primär durch Gedanken aus. Das ist ja klar, sonst hätte Ihr Kind, bevor es sprechen lernt, keine Gefühle, da Denken und Sprache ganz eng zusammenhängen. Doch Gefühle haben immer mit dem Körper zu tun und zeigen sich in „Körpersprache". Und das führt uns zu dem Weg, wie Sie lernen können, Ihr Einfühlungsvermögen (nicht nur) in Ihr Kind zu verbessern. Es gibt einen verhältnismäßig einfachen Trick: Ahmen Sie Haltung und Körpersprache nach und versuchen Sie, sich möglichst weit in die körperliche Situation zu begeben. Sie können versuchen, das in Ihrer Vorstellung zu machen, aber viel besser ist es, wenn Sie es ganz realistisch und körperlich tun. Machen Sie, am besten gemeinsam mit Ihrem Partner, ein kleines Experiment, oder besser gesagt, ein Spiel: Spielen Sie Kind. Nehmen Sie soweit es geht die Sicht Ihres Kindes ein. Wie das genau aussieht, hängt natürlich vom Alter ab.

- **Die Körpergröße**: Betrachten Sie die Welt aus der Position Ihres Kindes. Vielleicht können Sie nicht auf den Tisch sehen, aber Sie sehen andere Dinge deutlicher. Manchmal ist das frustrierend, beispielsweise wenn etwas auf dem Tisch liegt, das Sie haben wollen.
- **Die Geschicklichkeit**: Sie können Ihre Hände nicht schrumpfen, aber Sie können dicke Handschuhe anziehen. Oder Sie benutzen Ihre Daumen nicht. Bauen Sie einen Turm mit Bausteinen oder versuchen Sie, so zu essen.
- **Die Kommunikation**: Versuchen Sie, sich mit 1-Wort-Sätzen verständlich zu machen. Versuchen Sie zu verstehen, was Ihr Partner sagt, während Sie mit den Fingern die Ohren in schnellem Wechsel verschließen und öffnen.

Das sind nur ein paar Beispiele. Je nach Alter Ihres Kindes werden die Übungen andere sein. Versuchen Sie, sich selbst ein paar solcher Übungen auszudenken. Nach dem Spiel werden Sie Ihr Kind garantiert besser verstehen – auch wenn Sie schon vorher sehr einfühlsam waren.

Der Verstand: Die kognitive Entwicklung

Vielleicht hilft es Ihnen zu wissen, dass nicht nur die körperliche Entwicklung, sondern auch die kognitive und die moralische Entwicklung bestimmte Stadien durchlaufen. Denn dann wird Ihnen eher einleuchten, warum Kinder in einem bestimmten Alter auf manche Erziehungsmaßnahmen einfach nicht ansprechen. Sehen wir uns das doch mal kurz an.
Ihr Kind soll seine geistigen Fähigkeiten möglichst gut entfalten. Und damit kann man ja gar nicht früh genug anfangen – möchte man glauben. Der Schweizer Entwicklungspsychologe Jean Piaget fand jedoch heraus, dass jeder Mensch verschiedene Stadien der kognitiven Entwicklung durchläuft. Das ist wichtig zu wissen, um das Kind nicht zu überfordern und um sich selbst Frustration zu ersparen. Es hat auch Auswirkungen darauf, wie und welche Erziehungsmethoden eingesetzt werden können. So ist es beispielsweise völlig sinnlos, wenn Sie Ihrem Kind einen Sachverhalt mit logischen Argumenten und abstrakten Erklärungen nahebringen wollen, bevor es das sogenannte „formaloperationale Stadium“ erreicht hat. Was es damit auf sich hat und welche Stadien es gibt, wollen wir Ihnen hier kurz erklären:

1. Das sensomotorische Stadium

Bis zum Alter von etwa 2 Jahren entwickelt sich bei Kindern die praktische Intelligenz. Für ganz kleine Kinder ist beispielsweise ein Objekt nur vorhanden, solange sie es sehen. Das Wissen darum, dass etwas auch da ist, wenn man es gerade nicht sieht, entsteht erst im Laufe der Zeit. Erst ab etwa eineinhalb Jahren können Kinder einfache Handlungen planen.

2. Das präoperationale Stadium

Bis zum Alter von etwa 6 Jahren denken Kinder, dass ihre Gefühle und ihr Wollen ein Teil der Welt sind. Sie können sich nicht in andere Menschen hineinversetzen und nicht die Ich-Perspektive verlassen. Dinge, die gemeinsam auftreten, scheinen für das Kind in Verbindung zu stehen. In diesem Stadium entwickeln sich abergläubische, magische Vorstellungen besonders leicht.

3. Das konkretoperationale Stadium

Erst ab dem Alter von etwa 6 Jahren beginnen Kinder, mit konkreten Handlungen und Dingen rein gedanklich umzugehen. Sie können aber noch keine abstrakten Begriffe (große Zahlen, Werte) erfassen. In diesem Stadium entwickelt sich die Fähigkeit, die unterschiedlichen Eigenschaften eines Objektes getrennt zu sehen, Dinge nach bestimmten Kriterien (z. B. Größe) anzuordnen und gedanklich Vorgänge in umgekehrter Reihenfolge zu betrachten.

4. Das formaloperationale Stadium

Erst ab diesem Stadium, das etwa mit dem 10. Lebensjahr beginnt, können Kinder wirklich etwas mit Logik anfangen. Nun können auch abstrakte Begriffe erfasst und Schlussfolgerungen gezogen werden.

Die Forschungen von Piaget beruhen auf der sehr intensiven Beobachtung weniger Kinder. Die Altersangaben sollten Sie nicht zu eng gefasst sehen. Doch die Reihenfolge dieser Stadien ist klar: Denken Sie daran, wenn Sie Ihrem Kind etwas beibringen wollen.

Der Wert der Werte: Die moralische Entwicklung

Ebenso wie die kognitive Entwicklung verläuft auch die moralische Entwicklung in Stufen, die unabhängig von Zeitalter oder Kultur sind. Der amerikanische Psychologe Lawrence Kohlberg hat sechs Stufen beschrieben. Die Stufen der moralischen Entwicklung sind allerdings weniger fest an das Alter geknüpft als die Stadien der kognitiven Entwicklung, obwohl sie auf die kognitive Entwicklung aufbauen. Manche Menschen kommen über Stufe 3 nicht hinaus und nur etwa ein Viertel aller Menschen entwickeln sich bis zur Stufe 5 und noch weniger zur Stufe 6. Stufe 4 wird im Durchschnitt gegen Ende der Pubertät erreicht – und viele Menschen entwickeln sich auch nicht weiter.
So theoretisch das auch klingt: Für die Erziehung ist es gut, wenn Sie eine grund-

legende Idee von diesen Stufen haben. Wenn Ihr Kind nicht in der Lage ist, sich in andere Menschen zu versetzen (vergleiche Die kognitive Entwicklung, S. 44), wird es natürlich keine Erklärungen verstehen können, die verlangen, die Perspektive des anderen einzunehmen. Um auf eine höhere Stufe zu gelangen, ist es nötig, sich mit moralischen Situationen auseinanderzusetzen; das heißt man muss die Erfahrung machen, dass sich bestimmte Probleme auf der höheren Stufe befriedigender lösen lassen.

1. Stufe:

Strafe und Gehorsam. Ob etwas gut oder böse ist, ist auf dieser Stufe nur von den direkten, körperlichen Konsequenzen abhängig. Das heißt, auf dieser Stufe kennt das Kind noch keine Moral. Eltern, die sich darauf beschränken, Gehorsam einzufordern, und diesen mit Belohnung und Strafe durchsetzen, behindern die Entwicklung – die moralische, aber auch die damit verbundene kognitive Entwicklung.

2. Stufe:

Nutzen und Gegenseitigkeit. Auch auf dieser Stufe geht es noch nicht um moralische Einsicht. Es entwickelt sich zwar der Sinn für Gerechtigkeit, doch immer auf das eigene Ich bezogen – eine Handlung ist gut, wenn sie Vorteile bringt; und das bedeutet eben mitunter auch Vorteile gewinnen, indem man die Bedürfnisse anderer befriedigt. Eine Gerechtigkeit, bei der das Kind selbst Nachteile hätte, kann es noch nicht verstehen. Diese Stufe sollte mit dem Beginn des Schuleintritts erreicht werden.

3. Stufe:

Konformität. Auf dieser Stufe orientieren sich Menschen an der Zustimmung anderer, zunächst auf der persönlichen Ebene. Es wird wichtig, von anderen Zustimmung zu bekommen. Wenn man „lieb" ist, erhält man diese Zustimmung. Das moralische Verhalten ist jedoch nicht das Ergebnis eines eigenen Urteils, sondern folgt fremdbestimmten Regeln. Dabei werden diese Regeln nicht nach ihrem Sinn hinterfragt. Normalerweise wird diese Stufe in der Vorpupertät erreicht.

4. Stufe:

Recht und Ordnung. Diese Stufe wird erreicht, wenn nicht mehr die persönlichen Kontakte als Richtschnur angesehen werden, sondern die Gesellschaft als Ganzes. Ab dieser Stufe werden echte moralische Entscheidungen getroffen, es werden auch Interessen anderer berücksichtigt. Ab der 4. Stufe gibt es auch politisches Denken und die Vorstellung von Pflichten. Das Aufrechterhalten der gegebenen sozialen Ordnung (um ihrer selbst willen) ist wichtig. Die 4. Stufe wird in der Regel in der Pubertät erreicht und von der Mehrzahl der Menschen auch nicht überschritten. Danach kommen noch die *5. Stufe*, bei der *allgemeingültige Standards* wichtig werden, und die *6. Stufe*, die auf *ethischen Prinzipien* aufbaut, für die man sich bewusst und abwägend entscheidet. Dabei kann man von seiner eigenen Person zurücktreten und sich von seinem eigenen Verhalten und Denken distanzieren.

Die moralische Entwicklung mindestens der ersten drei Stufen ist stark von den Eltern abhängig. In Gesprächen und Erzählungen mit anschließender Reflexion kann das Kind allmählich lernen, dass es sich auf einer höheren Stufe besser in der Welt orientieren kann. Wichtig ist dabei, dass Stufen nicht übersprungen werden können. Sie machen es auch sich selbst einfacher, wenn Sie wissen, dass es nicht Erfolg versprechend ist, Ihrem Kind, das sich auf Stufe 2 befindet, universelle Prinzipien wie Menschenrechte zu erklären.

Wie ein Kind Mutter, Vater und andere Erwachsene sieht

So wie Kinder keine kleinen Erwachsenen sind, so sind für Kinder Erwachsene auch nicht einfach große Menschen. Sie sind wie eine andere Spezies. Sie haben übernatürliche Kräfte, wissen alles und können Dinge geschehen lassen. Und die Eltern sind die höchsten Wesen in der geheimnisvollen Erwachsenenwelt. Vater und Mutter sind für Kinder, was Götter für Erwachsene sind. Sie sind praktisch allmächtig und allwissend. Sie werden verehrt, auch wenn man manchmal mit ihnen hadert. Selbst wenn es grausame Götter sind, werden sie verehrt. Wir hoffen, dass Sie sich nicht selbst als Götterwesen betrachten. Aber für Ihre Kinder sind Sie das erst einmal. Daraus entspringt eine Verantwortung. Vor allem: Sehen Sie zu, dass Sie gütige Götter sind, damit Ihre Kinder nicht einmal vom Glauben abfallen, ihre ehemaligen Götter mit Verachtung strafen und Ihnen dann nicht einmal mehr einen kleinen Altar in einer Kammer ihrer Seele zugestehen.

Auch wenn der Vergleich mit den Göttern übertrieben scheint – Sie können gar nicht überschätzen, was Sie in den ersten Jahren für Ihre Kinder bedeuten. Das, was Sie tun und sagen, formt die Persönlichkeit Ihres Kindes. Sie formen Ihre Kinder aber nicht, wie Sie eine Figur aus formlosem Ton schaffen würden, sondern eher wie eine Holzskulptur. Sie müssen immer auf die vorhandenen Strukturen achten und Ihre Vorstellung von der Form danach ausrichten – und je mehr Form die Skulptur annimmt, desto schwieriger wird es, später noch etwas daran zu ändern. Das gelingt dann vielleicht nur noch mit der Hilfe eines erfahrenen Restaurators.

Denken Sie jedoch nicht nur an die Verantwortung. Viel wichtiger ist die Freude daran, die Skulptur zu schaffen, also die Freude daran, Ihr Kind zu erziehen und zu einer reifen Persönlichkeit heranwachsen zu sehen.

Ihre Kinder vertrauen Ihnen anfangs bedingungslos. Werden Sie diesem Vertrauen gerecht und achten Sie darauf, es zu erhalten.

Wenn Eltern streiten

Für ein Kind ist es immer eine sehr unangenehme Erfahrung, wenn Eltern streiten. Die Eltern sind für das Kind erst einmal eine Einheit – bei Streitereien wird diese Einheit gestört. Das verunsichert Kinder sehr. Unterschiedliche Meinungen sind noch kein Streit. Wenn Sie diskutieren, sich gegenseitig zuhören und Meinungsverschiedenheit nicht zu emotionalen Attacken werden lassen, lernt Ihr Kind dabei eine gute Streitkultur. Es ist eine wichtige Erfahrung, dass unterschiedliche Ansichten möglich sind, ohne schlechte Gefühle zu erzeugen. Nun ist das natürlich

nicht immer möglich. Was aber möglich ist, ist, heftige, emotional aufgeladene Streitigkeiten nicht vor den Kindern auszutragen.
Auch die Trennung von Paaren ist ein Beispiel, an dem Streitkultur gezeigt werden kann. Wenn Eltern sich scheiden lassen, ist das für Kinder oft traumatisch. Und doch lässt es sich eben manchmal nicht vermeiden. Dann aber ist es wichtig, dass kein Elternteil abgewertet wird. Auch wenn Sie Ihren Partner noch so sehr hassen – das ist Ihre Sache, niemals die des Kindes. Wenn Sie vor dem Kind über Ihren Partner herziehen, zwingen Sie es, emotional Stellung zu beziehen. Und das heißt immer, dass Sie einen Teil der Kinderseele abtrennen. Denn jedes Kind hat eine Bindung zu beiden Elternteilen. Wenn Sie sich also trennen, versuchen Sie es Ihren Kindern möglichst zu erleichtern: Sprechen Sie offen und fangen Sie die Probleme Ihres Kindes auf. Scheidungskinder müssen keine seelischen Schwierigkeiten bekommen. Es kommt ganz darauf an, wie Eltern mit dem Problem umgehen.

Am Modell lernen – nichts geht besser

Da Eltern so wichtig sind, möchten Kinder so sein wie sie. Sie lernen an dem Modell, das ihnen die Eltern vorgeben. Sogar so komplizierte Dinge wie eine Sprache – ohne jede Vorkenntnis, ohne eine Referenzsprache! Einfach, indem sie nachahmen. Bei der Sprache ist das ganz offensichtlich. Aber das Modell-Lernen ist universell. Wie könnte es auch anders sein? Erst einmal sind ja nur die Eltern da – und sie haben eine gewaltige Bedeutung.

Das, was die Eltern tun, ist für das Kind das Richtige. Machen Sie sich das bewusst und versuchen Sie, das zu tun, was Sie wirklich für richtig halten.

Das bedeutet zwar eine gewisse Verantwortung, aber es muss keine Last sein. Im Gegenteil: Sie wollen ja im Grunde gern tun, was Sie für richtig halten. Versuchen Sie, es nun auch wirklich zu tun. Und wenn Sie einmal nicht das Richtige tun – dann ist auch das in Ordnung. Denn wenn Sie wirklich vollkommen perfekt wären: Wie schwierig wäre es dann für Ihr Kind, Ihnen nachzueifern!

Magisches Denken

Kinder denken bis etwa zum Alter von 6 Jahren „magisch". Alles hat Bedeutung. Alles ist mit Leben und Absicht ausgestattet. Ursache und Wirkung sind noch nicht wirklich getrennt. Worte, rituelle Handlungen, Gedanken und Gegenstände rufen auf magische Weise bestimmte Ereignisse hervor, schützen oder gefährden. Es ist sinnvoll, das in die richtigen Bahnen zu lenken. Aber das geschieht nicht, indem man dem Kind einfach sagt, dass seine Vorstellungen falsch sind. Rationale Argumente haben in diesem Alter keine Kraft. Und gegenüber Gefühlen bewirken sie ohnehin wenig. Achten Sie lediglich darauf, dass die magischen Vorstellungen …

1. ... positiv sind.

Wenn ein Kind die Vorstellung entwickelt, dass ein Wort, eine Handlung oder ein Gegenstand gefährlich werden können, lenken Sie das um – helfen Sie Ihrem Kind, eine positive „Gegenmagie" zu entwickeln. Am besten ist das Aufsagen eines „positiven Zauberspruchs" oder eine positive Vorstellung, beispielsweise die „Wunderblume", die alles Böse fernhält.

2. ... durch eigenes Handeln aktiviert werden.

Wenn es Gegenstände sind wie der Teddy, der vor bösen Träumen schützt, oder noch mehr, wenn es Ereignisse sind, die außerhalb des Einflussbereichs des Kindes stehen wie eine schwarze Katze, die einem über den Weg läuft, was ja angeblich Unglück bringen soll, dann ist das Kind diesen Ereignissen ausgeliefert. Beim Teddy ist das beispielsweise dann schlimm, wenn er verloren geht. Bei äußerlichen Ereignissen kann magisches Denken die Wurzel von Angst und Aberglauben werden.

Lehren Sie Ihr Kind „richtig zaubern“: Allem Negativen steht etwas Positives gegenüber, das es selbst hervorrufen kann!

Je älter Ihr Kind ist, desto mehr sollte es in der Lage sein zu erfassen, dass es selbst die Welt und seine Gefühle auf nichtmagische Weise beeinflusst. Positives Denken und Affirmationen sind ein guter Übergang vom magischen zum ganzheitlichen Denken. Der „positive Zauberspruch“ wird zur nichtmagischen Affirmation, die „Zauberblume“ zur Visualisierung.

Rituale

Rituale sind festgelegte Handlungen mit Symbolgehalt. Ein bisschen haben sie mit magischem Denken zu tun, aber sie sind nicht ganz dasselbe. Kinder fühlen sich, vor allem wenn sie klein sind, von Ritualen sehr angezogen. Sie vermitteln Sicherheit und Geborgenheit und geben Ihrem Kind das Gefühl, einen Teil dessen, was geschieht, selbst aktiv mitgestalten und kontrollieren zu können. Gerade wenn Ihr Kind noch klein ist, ist ein äußerer Rahmen, der durch Rituale gegeben ist, sehr hilfreich, da Kinder, zumindest bis zum Schulalter, den Sinn von Regeln noch nicht verstehen und verinnerlichen können. Rituale können den Tagesablauf im normalen Alltag strukturieren. In der Kinderkrippe, im Kindergarten, in der Vorschule und zum Teil auch noch in der Grundschule werden Rituale wie das Morgengebet oder ein nichtreligiöser Morgenspruch gezielt zum Einstimmen und Strukturieren erfolgreich eingesetzt.

Sie können Rituale auch sehr sinnvoll mit Ihrem Kind zu Hause einsetzen. Aus der Sicht des NLP sind Rituale „Anker“ (siehe S. 172), die bestimmte Gefühlszustände abrufen. Sinnvolle Rituale können beispielsweise sein:

- Das Tischgebet oder eine nichtreligiöse Danksagung. Es macht es dem Kind leichter, Regeln zu befolgen, beispielsweise die, erst mit dem Essen zu beginnen, wenn alle am Tisch sitzen. Und es fördert die Bewusstheit; das ist doch viel schöner, als das Essen einfach in sich hineinzustopfen!

- Das morgendliche und abendliche Waschen und Zähneputzen, das Händewaschen vor den Mahlzeiten und Ähnliches können als ritualisierte Handlungen eingesetzt werden und dafür sorgen, dass Ihr Kind Hygienemaßnahmen nicht vergisst.
- Das Vorlesen von Gutenachtgeschichten ist eine gute rituelle Einstimmung auf das Schlafengehen. Damit sorgen Sie auch dafür, dass Ihr Kind weniger dazu neigt, das Zubettgehen hinauszögern zu wollen – sonst verpasst es ja die Gutenachtgeschichte! Die Geschichten, die wir im Kapitel „Probleme, Lösungen und therapeutische Märchen" vorstellen, eignen sich gut als solche Geschichten; sie helfen sogar dabei, bestimmte Probleme zu lösen, indem sie im Unterbewusstsein Lösungsprozesse in Gang setzen.
- Ein „Segensspruch" und eine Abschiedsumarmung machen es Ihrem Kind leichter, sich auf die Schule einzustimmen.

Lassen Sie Ihrer Kreativität freien Lauf.

Mit Ritualen machen Sie es Ihrem Kind und sich selbst leichter, den Tag in eine geregelte Form zu bringen.

Wie Geschichten wirken – Mit dem Unterbewussten sprechen

Früher hat man Kindern Märchen erzählt. Das war mehr als eine Vorform des Abenteuerfilms. In Märchen kondensiert sich in Metaphern und archetypischen Figuren die Tradition, es zeigen sich moralische Dilemmata, es werden Werte und Weisheiten vermittelt. Die Frage ist, ob die alten Märchen heute angemessen sind. Wir glauben nicht. Die Moral und die Werte, die sich in alten Volksmärchen zeigen, sind in vielen Fällen nicht mit unseren aufgeklärten Vorstellungen von Menschenwürde, Toleranz und aufgeklärter Vernunft vereinbar. Doch das Prinzip, nach denen Märchen Wissen, Weisheit und Werte vermittelten, ist nach wie vor sehr effektiv. Eine Erziehung durch direkte Befehle, durch Anweisungen, Belehrungen und Appelle versucht, über das Bewusstsein zu wirken. Das funktioniert aber kaum. Nicht bei Erwachsenen und schon gar nicht bei Kindern.

Erklärungen und Belehrungen können gut sein – aber sie sind bestenfalls eine zusätzliche Hilfe, die Welt zu verstehen. Befehle sind auch nicht wirksam, wenn es um Erziehung geht; Befehle und Anweisungen sind „Notfallhilfen". „Halt! Lauf nicht auf die Straße!" ist ein sinnvoller Befehl, wenn Ihr Kind gerade im Begriff ist, auf die Straße zu laufen, ohne sich umzusehen, und Gefahr läuft, von einem Auto erfasst zu werden. Aber es geht keine Erziehungswirkung von einem solchen Appell aus.

Alle Maßnahmen, die ausschließlich über das Bewusstsein wirken, vernachlässigen den weitaus größeren und einflussreicheren Teil der Persönlichkeit. Und das gilt bei Kindern noch viel mehr. Im kindlichen Geist bilden sich ja Werte und Vorstellungen über die Welt erst heran. Wird nur das Bewusstsein angesprochen, bleibt nichts haften; es hat keine persönliche Relevanz. Geschichten, Märchen, Erzählungen und Anekdoten dagegen können viel effektiver mit dem Unterbewusstsein kommunizieren und dort Lösungsprozesse und proaktives Handeln in Gang bringen. Werte bilden sich genau dort aus, Keime der Weisheit werden genau dort gesät.

Die alten Märchen sind wie gesagt zumindest teilweise problematisch. Eltern sollten darauf achten, welche Werte, welche Problemlösungsstrategien, welche Sicht der Welt sie ihren Kindern vermitteln wollen. Sollen Probleme mit Gewalt gelöst und das „Böse" ausgelöscht werden? Muss die Hexe unbedingt qualvoll im Ofen verbrennen? Oder wollen Sie Ihren Kindern eher vermitteln, dass mit Klugheit und Mitgefühl, durch Mut und Geduld, durch Einsicht und Verständnis Schwierigkeiten aus eigenem Antrieb überwunden werden können? Wenn ja, dann erzählen Sie Ihren Kindern Geschichten, die das zum Ausdruck bringen, anstatt ihnen das abstrakt zu erklären. Solche Geschichten sollten nicht irgendwie irgendwas erzählen, sondern bestimmte Eigenschaften mit sich bringen:

- Ihr Kind sollte sich mit dem Helden der Geschichte identifizieren können.
- Die Figuren sollten „archetypisch" sein und nicht dazu verleiten, sie einem bestimmten Menschen zuzuordnen.
- Das Handeln sollte eine „Metastrategie" beinhalten, also nicht nur auf eine einzelne, fest umschriebene Situation anwendbar sein.
- Die handelnde Figur sollte ein Modell für Ihr Kind sein können.

- Innere Fähigkeiten wie Mut und Selbstbewusstsein sollten durch ein ritualartiges Verhalten, einen „Zauber", hervorgerufen werden.
- Das Lachen sollte eine Rolle spielen – und zwar nicht in Form von komischen Situationen, sondern als innere Kraft.
- Metaphern sind wirksamer als direkte Ansprache: Auf einen Berg steigen, einen Fluss überqueren, den Weg durch einen dunklen Wald finden – Hindernisse die überwunden werden. Ein Gipfel, der Ausgang einer Höhle, der Sonnenaufgang – ein befreiendes, positives Ziel. Ein Zauberspruch, ein Amulett, ein magischer Stein, das Aufrufen unbewusster Kräfte und Ähnliches sind wunderbare Bilder, die in solchen Geschichten und darüber hinaus wirksam werden können.

Das ist ganz schön viel. Lassen Sie sich dadurch nicht entmutigen. Sie müssen das natürlich auch nicht alles im Kopf behalten. Ob Sie nun selbst Geschichten erfinden oder ob Sie Geschichten für Ihr Kind aussuchen: Streben Sie nicht nach Perfektionismus. Die oben genannten Eigenschaften müssen ja nicht unbedingt alle in einer Geschichte untergebracht werden, doch wenn Sie um die wichtigen Eigenschaften wissen, werden Sie gute Geschichten leichter erkennen können.
In diesem Buch werden Sie auch ein paar „therapeutische Märchen" finden. Dort können Sie sehen, wie Geschichten aufgebaut sein können, die die oben genannten „Regeln" berücksichtigen. Aber es müssen ja gar nicht immer Märchen sein. Was auch gut ist: Geschichten aus der Familientradition. Das gibt Ihren Kindern eine greifbare Vorstellung von Geschichte – etwas, das der Opa erlebt hat, hat viel mehr Substanz und weckt größeres Interesse als ein trockenes Geschichtsbuch.

Indem Sie Geschichten erzählen, können Sie mit dem Unterbewusstsein Ihres Kindes direkter kommunizieren und dabei Werte, Strategien und Lösungswege vermitteln, ohne Widerstand hervorzurufen.

Das hochbegabte Kind

Es ist schon seit Längerem bekannt, dass hochintelligente Kinder seltsamerweise gar nicht so selten Schwierigkeiten haben. Das gilt auch für die Schule. Um es jedoch gleich klarzustellen: Der umgekehrte Schluss gilt nicht. Dass ein Kind schlechte Noten hat, ist kein Hinweis auf Hochbegabung, sondern meist eher ein Zeichen von Überforderung. Doch wie kann es überhaupt sein, dass Kinder, die einen besonders hohen „Intelligenzquotienten" haben, nicht selten schlechter in der Schule sind als Normalbegabte? In den meisten Fällen ist es tatsächlich Unterforderung.

Anfangs wird ein hochbegabtes Kind noch gut in der Schule sein. Doch die Anforderungen sind zu gering. Es muss sich nicht bemühen, um mithalten zu können. Das hat manchmal die fatale Folge, dass es nie lernt, konzentriert zu lernen. Das geht eine Weile gut – doch schließlich geht es nicht mehr ohne Grundkenntnisse. Auch das genialste Kind kann keine nicht gelernten Lateinvokabeln erraten.

Ob Ihr Kind hochbegabt ist oder nicht, können Sie bei einem Schulpsychologen klären. „Hochbegabt" heißt, dass es bei einem Intelligenztest auf einen Wert von mindestens 130 Punkten kommt und damit besser abschneidet als 98 Prozent aller Kinder. Wenn Ihr Kind schlecht in der Schule ist, können Sie aber auch ohne Test Anhaltspunkte dafür finden, ob es überfordert oder unterfordert ist. Ist Ihr Kind vielseitig interessiert, hat es Interessengebiete, denen es eigenständig nachgeht und über die es erstaunlich viel weiß? Wenn nicht, können Sie Probleme durch eine Hochbegabung schon fast ausschließen.

Aber macht es überhaupt einen Sinn, die Intelligenz von Kindern zu testen? Nun, das ist sehr fraglich. Erstens ist Intelligenz nur eine von vielen Fähigkeiten – und wohl die am meisten überschätzte. Zweitens aber hat das Ergebnis eines Tests Wirkungen, die ganz unabhängig von der Intelligenz sind. In einer Grundschulklasse beispielsweise wurde zu Beginn eines Schuljahres mit den Schülern ein Intelligenztest durchgeführt. Die Ergebnisse wurden den Lehrern mitgeteilt – allerdings nicht die richtigen, sondern völlig zufällig gewählte Punktezahlen! Am Ende des Schuljahres zeigte sich, dass die Noten zwar überhaupt nicht mit der tatsächlichen Intelligenz, dafür aber sehr deutlich mit den Intelligenzwerten, die man den Lehrern mitgeteilt hatte, zusammenhingen. Sollte einem das nicht zu denken geben?

Gehen Sie also ruhig davon aus, dass Ihr Kind intelligent ist. Sie werden wahrscheinlich feststellen, dass es Sie eher nach Lösungen für Probleme suchen lässt, wenn Sie vermuten, Ihr Kind sei besonders intelligent. Sie kümmern sich automatisch mehr um die geistige Entwicklung, wenn Sie vermuten, dass es „viel zu entwickeln gibt".

Und wenn Ihr Kind Schwierigkeiten mit der Schule hat, suchen Sie nach Lösungen. Nur festzustellen, dass ein Kind hochbegabt ist, ist keine Lösung. Eine Lösung für hochbegabte Kinder, die schlecht in der Schule sind, gibt es. Am besten nutzen Sie diese Methode schon, wenn Ihr Kind mit der Schule beginnt. Oder sogar noch etwas früher: Lassen Sie Ihr Kind ein Musikinstrument lernen. Das fördert bei jedem Kind kognitive Fähigkeiten – und bei Hochbegabten sorgt es dafür, dass sie die wichtigen Fähigkeiten Konzentration und Ausdauer lernen, die die Intelligenz erst zum Tragen bringen.

Wie die Erziehung gelassen gelingt – Der lösungsorientierte Ansatz

Die Erwartungen an die Erziehung sind oft überhöht. Eltern möchten natürlich gern, dass ihre Kinder erfolgreich sind, dass sie gehorchen und gute Manieren haben und glücklich, begeistert, kreativ und selbstbestimmt sind. Dass Sie das möchten, ist klar. Und das ist ja auch völlig in Ordnung – und zwar genau dann, wenn Ihnen klar ist, dass Sie auf all das nur einen begrenzten Einfluss haben. Auch die Biologie, der Charaktertyp, die Umwelt, andere Menschen und die Lebensumstände haben Einfluss auf Ihr Kind. Sie selbst wünschen sich vielleicht, perfekte Eltern zu sein – aber auch Sie sind ja all diesen Einflüssen unterworfen! Die Erziehung Ihrer Kinder ist etwas sehr Wichtiges und Wertvolles. Aber ebenso wenig, wie man mit Geld alles kaufen kann, kann man mit Erziehung alles erreichen. Natürlich haben Sie Vorstellungen davon, was aus Ihren Kindern werden soll. Machen Sie sich jedoch unbedingt klar, dass diese Vorstellungen nur Leitbilder sind, Orientierungshilfen, die Ihnen auf dem Weg helfen – aber sie sind weder der Weg noch das Ziel. Oft ist der Wunsch, seinen Kindern eine perfekte Mutter oder ein perfekter Vater zu sein, ein gemeiner Trick des Unterbewussten. Das lässt dann Ihre Kinder als eine Erweiterung der eigenen Person erscheinen. „Ich hätte gern Ballett tanzen gelernt – also lernt Kathrin Ballett!"

Es mag hart für Sie sein zu erkennen, dass Ihr Kind ein eigener Mensch ist und keine Erweiterung der eigenen Persönlichkeit – aber es kann auch unglaublich befreiend sein. Wenn Sie gern Ballett getanzt hätten, können Sie das nicht nachholen, indem Sie Ihr Kind irgendwie dazu bringen. Sie vermissen vielleicht schmerzlich, dass Sie etwas nie gelernt oder getan haben, und wollen Ihrem Kind diesen Schmerz ersparen. Doch Ihr Kind ist eben nicht Sie. Es wird später einmal andere Dinge vermissen, die es nicht getan hat. Das geht beinahe jedem Menschen so, denn alles können wir ja nicht machen.

Sie können Ihr Kind natürlich bei allem unterstützen, vielleicht können Sie sogar gerade für das, was Sie gern getan hätten, Begeisterung wecken. Gut! Vor allem aber: Tun Sie, was Sie selbst gern tun! Das zu lernen ist für Ihr Kind ganz besonders wichtig: Tu das, was du gern tust, mit ganzem Herzen. Seien Sie authentisch. Wenn Sie gerne tanzen – tun Sie's. Wenn Ihr Kind Ihre Begeisterung

Ihr Kind ist nicht Sie. Es hat seine eigenen Bedürfnisse. Befreien Sie sich von dem Wunsch, Verpasstes durch Ihr Kind nachholen zu wollen. Verfolgen Sie Ihre eigenen Ziele mit Begeisterung – dann wird Ihr Kind auch seine eigenen Ziele eher mit Begeisterung verfolgen können.

spürt, begeistert es sich vielleicht auch. Prima. Aber vielleicht hat es ganz andere Ziele, für die es sich begeistert. Auch das ist prima. Wenn Sie aber an Ihrer Begeisterung festhalten und darauf bestehen, dass das die Begeisterung Ihres Kindes sein muss – dann machen Sie es sich und Ihrem Kind schwer.

Es geht bei Erziehung natürlich immer auch um bestimmte Ziele. Diese Ziele orientieren sich an Ihren Werten. Doch der Weg dorthin sollte sich sinnvollerweise vor allem am Leben orientieren. Dann wird sich der Weg organisch an die Lebenslandschaft anpassen und wahrscheinlich nicht auf einem schnurgeraden Weg, aber auf dem angenehmsten und kürzesten zum Ziel führen. Der organische Weg ist der, der lösungsorientiert ist.

Die „Kunden" der Erziehung

Sehen wir uns das mal anhand einer Analogie an, die näher an der Erziehung ist, als Sie vielleicht auf den ersten Blick sehen. Stellen Sie sich vor, Sie haben ein ganz neuartiges Haushaltsgerät entwickelt, das Sie nun verkaufen wollen. Dabei stoßen Sie auf Probleme:

- Wenn Sie darüber sprechen, findet das kein Interesse.
- Der Preis, den man dafür bezahlen muss, ist zu hoch.
- Es ist mit einigen Nachteilen verbunden.
- Es funktioniert nicht wirklich gut.
- Es gibt bereits bessere.

Wenn Sie nun Ihre Kunden dazu bringen wollen, Ihr Gerät zu kaufen, würden Sie wohl kaum mehr Erfolg haben, wenn Sie Ihre Kunden anbrüllten, wenn Sie wütend würden oder wenn Sie sie mit Erpressung zwingen würden.
Weitaus sinnvoller wäre wohl, wenn

- Sie ein Bedürfnis ansprechen, das Interesse weckt;
- die Vorteile den Aufwand übersteigen;
- es keine oder nur unbedeutende Nachteile mit sich bringt;
- es besser ist als Vergleichbares.

Sehen Sie, wie viel sinnvoller der lösungsorientierte Ansatz ist? Und wie sehr das zur Erziehung passt? Und dass man mit Gelassenheit definitiv viel mehr erreicht?

NLP und die Kunst der Gelassenheit

Eltern haben es oft nicht leicht. Sie müssen ihren Kindern sinnvolle Grenzen setzen, aber auch sie selbst stoßen manchmal an ihre Grenzen. So sehr Sie Ihre Kinder auch lieben: Vergessen Sie darüber nicht sich selbst. Nehmen Sie Ihre Kinder und deren Bedürfnisse ernst, aber gestehen Sie sich selbst das Gleiche zu.

In manchen Situationen ist es verständlich, dass Kinder nerven und Sie dann ausrasten. Aber es ist niemals sinnvoll oder hilfreich. Machen Sie sich das bitte einmal klar. Sie tun sich selbst keinen Gefallen, wenn Sie herumschreien oder gar aggressiv reagieren. Sich aufregen ist kein Ventil, Sie sind kein Dampfdruckkochtopf, der Dampf ablässt und dann weniger Druck hat. Leider ist das Gegenteil der Fall, denn das Gehirn funktioniert anders: Das, was Sie häufiger aktivieren, wird auch in Zukunft leichter aktiviert. Je öfter eine neuronale Bahn im Gehirn gebraucht wird, desto leichter werden Signale geleitet. Reagieren Sie aggressiv, üben Sie Aggressivität ein. Reagieren Sie gelassen, trainieren Sie Gelassenheit.

Jedes Mal, wenn Sie sich aufregen, senden Sie Ihren Kindern ein falsches Signal: Es gibt natürlich Situationen, in denen man aus der Haut fahren muss. Sie sind, im Guten und im Schlechten, Ihren Kindern ein Modell. Das heißt, Sie sind immer ein Referenzbeispiel und Ihre Kinder erkennen und üben das Verhalten, das Sie an Ihnen sehen, unbewusst ein: Aha, so geht man mit Problemen um.

Da ist aber noch mehr. Wenn Ihr Kind sich danebenbenimmt und Sie stark darauf reagieren, geben Sie ihm damit einen Ansatzpunkt, wenn es Aufmerksamkeit haben will. Sie ermutigen es geradezu, Sie zu manipulieren. Und das sollten Sie auf jeden Fall vermeiden.

Wie bleibt man gelassen, wenn das Kind „Nein!“ sagt?

Sicher kennen Sie das: Sie haben einen wichtigen Termin und wollen, dass sich Ihr Kind anzieht. Aber das Kind will nicht. Es schreit, es sagt „Nein“.

Muss man sich da nicht aufregen? Nein, man muss nicht. Was Sie müssen, ist lediglich konsequent sein. Und dabei Ihrem Kind die Möglichkeit geben, Würde zu bewahren. In solch einer Situation ist es am besten, wenn Sie Ihrem Kind eine Zeitvorgabe machen. „In drei Minuten gehen wir. Bis dann bist du fertig." Und das sollten Sie dann auch konsequent durchziehen – aber gelassen. Sie geben Ihrem Kind und sich selbst eine Vorgabe. Und dann handeln Sie danach.
In diesen drei Minuten reden Sie dann aber bitte nicht auf Ihr Kind ein. Lassen Sie es in Ruhe. Sie haben gesagt, was zu geschehen hat – und das wird geschehen. Darauf muss sich Ihr Kind verlassen können. Aber die Zeit, die Sie ihm geben, muss es auch haben. Lassen Sie Ihr Kind zur Besinnung kommen. Wenn es nicht die Möglichkeit hat „Nein" zu sagen, kann es auch nicht aus freiem Willen „Ja" sagen. Dann kann es nur noch Befehle befolgen – und sich vehement dagegen wehren.

Gelassenheit ist nicht das Zurschaustellen von Überlegenheit.
Gelassenheit ist schon gar nicht Gleichgültigkeit.
Gelassenheit ist eine Tätigkeit: Ruhe, Verständnis und Festigkeit ausstrahlen.

Gelassenheit kann man leider nicht einfach ein- und ausschalten wie eine Tischlampe. Es ist eine Kunst, die geübt werden kann. Entweder indem man sich für ein paar Monate in ein Kloster zurückzieht, oder mit NLP. Wir empfehlen Ihnen NLP. Das geht schneller.

1. Reframing (siehe S. 174): Geben Sie der stressigen Situation einen neuen „Kontext-Rahmen". Wenn Sie spüren, dass Aufregung in Ihnen hochsteigt, lenken Sie sie um – stellen Sie sich vor, dass die Kraft, die in Ihnen aufsteigt, Energie ist, die Sie die Lage bewältigen lässt. Freuen Sie sich, dass Sie aktiver und wacher werden. Oder sagen Sie sich: „Aha, so sieht das aus, wenn ich mich ärgere. Toll, das ist eine hervorragende Gelegenheit, Gelassenheit zu üben!"

2. Die Körpersprache der Gelassenheit: Wenn Sie aus der Ruhe kommen, entstehen Spannungen in Ihrem Körper. Wenn Sie diese Spannungen lösen, ist es viel leichter, wieder Gelassenheit einkehren zu lassen. Dazu konzentrieren Sie sich am besten auf die „Leitmuskeln" in Schultern und Gesicht. Lassen Sie Ihre hochgezogenen Schultern sinken und entspannen Sie Kiefer und Stirn – Sie werden feststellen, dass sich dann auch der ganze Körper entspannt.

3. Das innere Lächeln: Lächeln und sich aufregen – das geht nicht beides gleichzeitig. Rufen Sie das innere Lächeln wach, indem Sie äußerlich ein Lächeln aufsetzen. Das ist nur im ersten Moment künstlich – die Mimik wirkt sich in einer Rückkopplung schnell auf den seelischen Zustand aus.

4. Gelassenheit atmen: Wenn Sie sich aufregen, atmen Sie dreimal tief durch. Konzentrieren Sie sich dabei vor allem auf das tiefe Ausatmen. Tiefes Ausatmen führt automatisch und fast reflexartig zu mehr Entspannung.

Wenn Sie diese vier Tricks kombinieren, dann wird Sie so leicht nichts mehr aus der Fassung bringen. Schon nachdem Sie diese kleinen Übungen ein paarmal praktiziert haben, werden Sie von deren Effekt profitieren. Sie werden spüren, dass es Ihnen jedes Mal leichter fällt, von Aufregung auf Gelassenheit umzuschalten, und Sie werden merken, wie befriedigend und befreiend das ist.

Sie können das noch weiter vertiefen, indem Sie den Entspannungsreflex „ankern" (siehe S. 172). Wenn Sie eine der obigen Übungen oder eine Kombination davon durchführen und merken, dass sich Entspannung einstellt, führen Sie Daumen und Ringfinger der rechten Hand zusammen. Machen Sie das jedes Mal, wenn Sie entspannen. Nach einer Weile wird diese Bewegung mit Entspannung assoziiert – und dann können Sie Entspannung blitzschnell einfach durch das Aufrufen dieses „Ankers" abrufen!

Die Kunst der Gelassenheit zu üben lohnt sich. Sie macht Ihr Leben leichter. Und dadurch, dass Sie Vorbild sind, gibt es auch eine Rückkopplung: Das gelassene Vorbild spielen macht auch tatsächlich gelassener. Und indem Sie gelassener werden, lehren Sie Ihr Kind die Kunst der Gelassenheit.

Grundlagen der Erziehungsmagie

Wärme und Respekt – Wie Eltern Vorbild sein und Geborgenheit geben können

Die Grundlage einer gelungenen Erziehung zu einem glücklichen, selbstbestimmten und erfolgreichen Menschen sind zwei Dinge: Liebe und Vorbild. „Liebe" heißt, dass die Eltern ihrem Kind durch Worte und Taten zeigen, dass es unabhängig von seinen Leistungen und seinem Verhalten geliebt wird. „Vorbild" heißt, dass die Eltern für das, was wichtig und positiv ist, ein Modell sind – und das bedeutet auch, authentisch zu sein. Doch beides, bedingungslose Liebe und Vorbildfunktion der Eltern, wird nicht selten missverstanden.

Ist es nicht eine „Weichspüler-Erziehung", wenn Eltern ihrem Kind, ganz gleich, was es tut, liebevolle Zuneigung zeigen? Nein, nur wenn Liebe missverstanden wird. Das Kind bedingungslos lieben bedeutet eben nicht, alles, was das Kind tut, gut zu finden, zu verteidigen, zu rechtfertigen und zu entschuldigen. Es heißt nur, dass man zwar Handlungen des Kindes lobt oder sanktioniert – aber niemals seine Persönlichkeit. Liebevolle Erziehung heißt, dass die emotionale Nähe zum Kind ein stabiler Faktor ist, der sich weder durch erwünschtes noch durch unerwünschtes Handeln verändert. Elterliche Liebe sollte weder Belohnung noch der Entzug Strafe sein.

Unterscheiden Sie immer zwischen Person und Handeln! Dann können Sie das Verhalten Ihres Kindes effektiv beeinflussen, weil es nicht seine Persönlichkeit verteidigen muss.

Es geht um die Grunderfahrungen des Kindes. Wenn ein Kind sicher sein kann, geliebt zu werden, kann sich seine Persönlichkeit festigen. Es ist nicht darauf angewiesen, Rollen zu spielen. Ohne die Grunderfahrung der unbedingten Liebe kann sich die Persönlichkeit nicht stabilisieren. Es werden Rollen ausprobiert – es herrscht ein ständiger innerer und äußerer Kampf um die emotionale Grundsicherheit, der nur dazu führt, dass schnell unangemessene Reaktionen entstehen: Angst, Aggression oder Depression.

Verantwortung statt Gehorsam

Peter hat beim Spielen das Fenster des Nachbarn kaputt gemacht. Soll er es seinen Eltern sagen? Er überlegt, denn er weiß aus Erfahrung, dass das Konsequenzen hat.
Wenn die Konsequenz darin besteht, dass die Eltern ihn mit Liebesentzug strafen, wird es schwierig. Er kann ja kaum zu seiner Tat stehen: Er müsste das Wichtigste in seinem Leben, die sichere Beziehung zu den Eltern, aufgeben. Was lernt er aus dieser Konsequenz? Etwas kaputt zu machen führt dazu, nicht mehr geliebt zu werden. Wichtig ist demnach vor allem, dass die Eltern nicht erfahren, wenn er etwas angestellt hat. Wenn Angst vor Liebesentzug zum Motiv wird, spielt die Tat selbst kaum noch eine Rolle.
Und die Alternative? Peter hat das Fenster kaputt gemacht, also muss er die Konsequenz der Tat tragen. Es muss ein neues Fenster eingesetzt werden, und das muss er nun von seinem Taschengeld zahlen. Das ist natürlich hart. Jetzt muss Peter sich damit auseinandersetzen, ob er die Konsequenzen tragen will. Dumm ist, dass das Taschengeld futsch ist. Auf der anderen Seite plagt ihn kein schlechtes Gewissen, wenn er es gleich eingesteht. Und wenn er weiß, dass die Eltern ihm helfen, das Missgeschick wieder in Ordnung zu bringen, und dass er in den Augen der Eltern Respekt gewinnt, weil er zu seiner Tat steht, wird es viel leichter. Er lernt, für sein Tun und das, was daraus resultiert, einzustehen.

Liebe ist das Fundament

Manchen Eltern erscheint eine Erziehung, die von unbedingter Liebe getragen ist, problematisch: Wird das Kind nicht „verzogen“, wenn es bei jeder Kleinigkeit zu den Eltern flüchten kann? „Der Junge muss lernen, sich Problemen zu stellen!“ – Ja, das muss er in der Tat. Doch für das Lernen sind gute Lernbedingungen wichtig. Können Sie sich vorstellen, beispielsweise eine Liste mit Wörtern auswendig zu lernen, während Ihr Chef hinter Ihnen steht und „Schneller, schneller!“ ruft? So wie Sie Ruhe und Sicherheit für das Wörterlernen benötigen, so braucht Ihr Kind emotionale Sicherheit und Rückendeckung für das soziale Lernen.
Natürlich ist es wichtig, auch unter Druck etwas leisten zu können. Auch das muss man irgendwann lernen – aber man kann es nicht unter Druck lernen,

sondern muss zunächst eine gefestigte Persönlichkeit ausbilden. Lernen, ob kognitiv oder sozial, funktioniert dann gut, wenn die Motivation gut ist und wenn Fehler keine Katastrophen, sondern Rückmeldungen sind, die helfen, sich zu verbessern.

Wenn Ihr Kind jederzeit mit Problemen zu Ihnen kommen und dabei sicher sein kann, dass das nicht weitere Probleme schafft, dann

- muss es auch nicht ständig zu Ihnen kommen, um sich zu versichern, dass Rückhalt da ist;
- kann es Mut, Unbeschwertheit, Selbstverantwortung und das Bewältigen von Problemen lernen;
- werden Sie als Eltern weitaus seltener mit den Problemen Ihres Kindes belastet werden, weil es in der Lage ist, sie selbst und selbstsicher zu lösen.

Und so setzen Sie das in Wort- und Körpersprache um:
„Du kannst mit jedem Problem zu mir kommen."
„Du bist wichtiger als Probleme."
„Du bist du und das ist gut so."
Nehmen Sie Ihr Kind in den Arm – auch wenn es etwas angestellt hat. Natürlich nicht nur dann, sondern vollkommen unabhängig von Problemen.

Augenblick und Namenszauber

Es gibt zwei kleine Tricks, die alles, was Sie Ihrem Kind sagen, besser ankommen lassen:
1. Blicken Sie Ihrem Kind in die Augen, wenn Sie mit ihm sprechen.
2. Nennen Sie Ihr Kind beim Namen.
Es sollte eigentlich selbstverständlich sein, dass man einen Menschen, mit dem man spricht, ansieht. Manche Eltern glauben aber, dass diese einfache Höflichkeitsregel für Kinder nicht gilt – und machen es sich dadurch selbst unnötig schwer.

Der eigene Name – der ist immer Magie. Haben Sie es nicht schon einmal auf einer Party erlebt, wie im Hintergrund Ihr Name fiel und Sie das bei allem Lärm und bei der Konzentration auf Ihr laufendes Gespräch dennoch sofort mitbekamen? Der eigene Name ist ein Zauberwort, das Aufmerksamkeit anzieht und dem Gesagten Bedeutung verleiht. Und auch das gilt nicht nur bei Erwachsenen, sondern mindestens ebenso für Kinder.
Probieren Sie es aus und machen Sie es sich leichter, Ihre Botschaften effektiv an Ihr Kind zu bringen!

Für Eltern, die es anders gewohnt sind, scheint es zunächst etwas schwierig, sich umzustellen. Die Aufgabe für die Eltern ist aber im Grunde leicht: Sie müssen nur darauf achten, bei Handlungen, die sie missbilligen, zuerst völlig klarzumachen, dass ihr Kind keine emotionale Konsequenz von ihnen zu befürchten hat, sondern dass sich die Konsequenzen voll und ganz auf sein Handeln beziehen. Sie können so etwas sagen wie: *„Ich hab dich lieb. Das, was du gemacht hast, finde ich nicht gut (furchtbar, schlimm, dumm)."* Nicht nur bei Kindern ist es wesentlich effektiver und fördert die eigene Gelassenheit, wenn man Beziehungs- und Handlungsebene immer klar voneinander trennt.

Modell stehen

Die emotionale Grundlage ist für eine gelungene Erziehung so wichtig wie das Fundament für den Hausbau. Doch ein Fundament ist noch kein Haus. Und auch wenn ein Fundament perfekt ist, entsteht nicht automatisch eine Traumvilla. Und damit kommen wir zum zweiten wichtigen Punkt jeder Erziehung: den Eltern als Vorbild. Ganz gleich, welche Werte Sie Ihrem Kind vermitteln möchten: Die einzige Art und Weise, wie Sie diese Werte wirklich weitergeben können, ist, die Inhalte dieser Werte vorzuleben.
Kinder lernen immer von einem Modell. Das ist die ursprüngliche Art zu lernen und diejenige, für die unser Gehirn am besten ausgerüstet ist. Wie groß der Un-

terschied zwischen dem Modell-Lernen und dem verstandesgeleiteten Lernen ist, sehen Sie beispielsweise beim Sprachenlernen. Jedes Kind lernt seine Muttersprache ohne Vorwissen, ohne Wörter- und Grammatikbücher, ohne eine Referenzsprache – und zwar in der Regel so gut, dass jemand, der diese Sprache später lernt und dabei seine überlegene Geisteskraft, schlaue Grammatikbücher und Multimediaanlagen nutzt, sie kaum so gut lernen und beherrschen wird wie jedes Kind.

Lernen am Modell ist immer effektiver als rein abstraktes Lernen. Kinder lernen immer und ausschließlich am Modell.

Zweisprachigkeit

Eltern, die zwei Sprachen sprechen, sind sich oft unsicher, ob es wirklich sinnvoll ist, ihr Kind von Anfang an zweisprachig aufwachsen zu lassen. Während manche Eltern sogar ein Kindermädchen anstellen, damit das Kind frühzeitig mit einer zweiten (oder dritten) Sprache in Kontakt kommt, bemühen sich andere Eltern, die aus zwei Kulturkreisen kommen, gezielt darum, mit ihrem Kind nur eine Sprache zu sprechen, um es nicht zu verwirren.

Heute ist die Antwort auf die Frage, welches Vorgehen sinnvoller ist, klar beantwortet: Das Aufwachsen mit zwei Sprachen hat große Vorteile für die geistige Entwicklung. Und das sogar bis ins Alter – bilingual aufgewachsene Menschen leiden deutlich weniger und wenn, dann später an Demenz, beispielsweise auch der Alzheimer-Krankheit. Offenbar entwickelt sich das neuronale Netzwerk, das für Sprache zuständig ist, bei zweisprachig aufgewachsenen Kindern deutlich effizienter: Es kann Laute nahezu in Echtzeit verarbeiten. Wenn man erst später eine Zweitsprache lernt, entwickelt sich ein zweites, unabhängiges, weit weniger effektives Netzwerk im Gehirn, dessen Leistungsfähigkeit auch bei höchster Anstrengung nie das eines zweisprachig Aufgewachsenen erreicht.

Kinder als Spiegel

Wenn Ihnen Verhaltensweisen Ihres Kindes verbesserungswürdig erscheinen, sehen Sie einmal nach, ob das Verhalten des Kindes nicht ein Spiegel dessen ist, was es sieht. Vielleicht sehen Sie sich selbst in diesem Spiegel ...

- Ist Ihr Kind von der Schule gestresst? Wenn ja, fragen Sie sich weiter: Stresst es Sie selbst vielleicht, wenn Ihr Kind in der Schule nicht die Leistungen bringt, die Sie gerne sähen? Machen Sie sich Sorgen, was aus Ihrem Kind wird, wenn es in der Schule nicht rund läuft?
- Ist Ihr Kind ängstlich? Wenn ja, dann überdenken Sie einmal Ihr eigenes Verhalten: Sprechen Sie oft darüber, wie schlimm es in der Welt zugeht? Haben Sie große Bedenken, wenn Sie sehen, wie sich die Welt entwickelt? Klimakatastrophe, Finanzkrisen, Tsunamis und Atomunfälle – machen Sie sich große Sorgen?
- Ist Ihr Kind aggressiv? Dann fragen Sie sich einmal selbst: Neigen Sie dazu, über Politiker, Nachbarn oder andere Menschen zu schimpfen? Regen Sie sich leicht auf? Streiten Sie mit Ihrem Partner? Schreien Sie Ihr Kind häufiger an, verlieren Sie schnell die Geduld oder rutscht Ihnen sogar einmal die Hand aus? Bedenken Sie – solch ein „Ausrutscher" ist keine Bagatelle! Stellen Sie sich vor, das würde Ihnen bei einem Arbeitskollegen passieren ...
- Ist Ihr Kind verschlossen? Sehen Sie sich einmal selbst an und überlegen Sie, wie Sie selbst mit Emotionen umgehen. Zeigen Sie Ihre Gefühle offen? Oder halten Sie sich mit Gefühlsäußerungen eher zurück? Lehnen Sie es ab, Ihren Gefühlen freien Lauf zu lassen? Oder neigen Sie dazu, die Privatsphäre anderer zu ignorieren?

Verstehen Sie uns richtig: Wenn das eine oder andere auf Sie zutrifft, heißt das nicht, dass Sie eine schlechte Mutter oder ein schlechter Vater sind. Sie sind ein Mensch – und wer von uns ist vollkommen? Richtig: Niemand. Es ist aber sehr hilfreich, wenn wir unsere Schwachstellen kennen. Wenn Sie über Ihre persönlichen Schwachstellen Bescheid wissen, wird es Ihnen leichter fallen, Ihr Kind zu verstehen. Und Sie können gemeinsam mit Ihrem Kind Schwierigkeiten überwinden.

Sie müssen nicht perfekt sein. Aber Sie sollten den Wunsch haben, es eben so gut zu machen, wie Sie können. Besser geht es sowieso nicht.

Humor ist, wenn man trotzdem gemeinsam lacht

Wenn etwas schiefläuft, kann man sich aufregen. Man kann grübeln. Man kann weinen und zetern und über die böse Welt im Allgemeinen und sein hartes Los im Besonderen jammern. Oder man kann versuchen, alles, was kommt, mit Humor zu nehmen. Nun ja, zumindest fast alles. Denn wenn Menschen leiden, ist Mitgefühl wichtiger.

Doch sonst? Was gibt es, das mit einem Lachen oder zumindest Lächeln nicht einfacher ginge? Sie haben ein Spiel verloren? Vielleicht ärgern Sie sich ein bisschen darüber – ist das nicht ulkig? Ihr Kind schreit. Das kann einen ganz schön stressen. Aber nur solange man sich auf das Schreien konzentriert. Lenken Sie die Aufmerksamkeit, und zwar sowohl die Ihre als auch die Ihres Kindes, auf etwas Lustiges in der Situation. Ihr Kind ist hingefallen und weint? Natürlich trösten Sie es. Vielleicht auch dadurch, dass Sie vorführen, wie komisch das Hinfallen ausgesehen hat. Und gleich wird es dann lachen können über sein Missgeschick. Ihr Kind hat im Spiel verloren? Nehmen Sie eine Spielfigur und schimpfen Sie sie aus – wahrscheinlich beginnt Ihr Kind zu lachen ...

Wenn einem anderen Menschen ein Unglück geschieht, Mitleid fühlen, wenn einem selbst etwas geschieht, den komischen Aspekt sehen – das ist das Ideal der Menschlichkeit.

Lachen Sie also gemeinsam mit Ihren Kindern, so oft es geht. Lachen Sie immer dann, wenn Sie anfangen sich zu ärgern. Dann spüren Sie am eigenen Leib, warum Lachen so wertvoll ist: Schmerz und ungute Gefühle schmelzen durch das Lachen; sie können nicht gleichzeitig bestehen. Und das hat eine neurophysiologische Grundlage. Die mimischen Muskeln, die für unseren Gesichtsausdruck verantwortlich sind, zeigen nicht nur unsere Gefühle, sondern geben auch Rückmeldungen an das Gehirn: Wir lächeln – und das Gehirn bekommt das Signal „Du fühlst dich gut!". Probieren Sie es aus. Auch mit Ihren Kindern. Es funktioniert selbst dann, wenn man erst einmal nur ein Lächeln aufsetzt – damit wird es einfach leichter, gute Gefühle wachzurufen. Und je mehr Sie und Ihre Kinder üben, in den ganzen Unannehmlichkeiten, die das Leben auch so mit sich bringt, das Witzige, das Komische, das Lächelnswerte zu sehen, desto leichter wird es. Nur eins sollten Sie nicht tun: über Ihre Kinder lachen oder sie gar auslachen. Lachen Sie *mit* Ihren Kindern – aber niemals *über* sie.

Lehren Sie Ihre Kinder zu lachen. Vor allem dann, wenn mal etwas danebengeht – und vor allem auch über eigene Missgeschicke.

Positive Glaubenssätze pflegen

Glaubenssätze verkündet nicht nur der Papst, sondern vor allem das Unterbewusstsein. Wenn wir hier über „Glaubenssätze" sprechen, geht es natürlich nicht um Religion – aber schon um das, was wir so glauben. Denn was wir über andere Menschen, die Welt und uns selbst glauben, bestimmt unser Denken, Fühlen und Handeln. Und jeder Glaubenssatz hat bestimmte Eigenschaften:

- Er ist eine Aussage über die eigene Person oder über das Verhältnis der eigenen Person zur Welt.
- Er ist durch Argumente und Tatsachen nicht zu erschüttern.

- Er ist mit Gefühlen tief im Unterbewussten verankert.
- Er lenkt Gedanken, Gefühle und Handlungen.
- Er ruft Erwartungen hervor, wie etwas in Zukunft ausgeht.
- Er wird als Resultat eigener Beobachtung wahrgenommen.

Wahrscheinlich sehen Sie auf den ersten Blick schon, wie wichtig diese Glaubenssätze sind. Sie entstehen meist in der Kindheit und bestimmen oft das ganze weitere Leben. So ein Glaubenssatz könnte beispielsweise lauten: „Wenn ich mir etwas vornehme, dann gelingt mir das auch." Das ist ein Beispiel für einen positiven Glaubenssatz. Doch leider tauchen positive Glaubenssätze seltener auf als negative. Ein negativer Glaubenssatz wäre beispielsweise: „Ich bin ein geborener Versager. Mir gelingt sowieso nie etwas." Stellen Sie einmal die beiden Sätze einander gegenüber, lesen Sie einen nach dem anderen und achten Sie auf Ihre Gefühle, wenn Sie sie lesen.
„Wenn ich mir etwas vornehme, dann gelingt mir das auch."
„Ich bin ein geborener Versager. Mir gelingt sowieso nie etwas."

Den meisten Menschen geht es so, dass der erste Satz beim Lesen eher angenehme Gefühle wachruft und dass der zweite Satz sich eher anfühlt, als saugte einem ein Energievampir Kraft aus dem Leib. Das Interessante ist nun unter anderem, dass so ein Glaubenssatz kaum etwas mit der Realität zu tun hat. Auch komplette Versager können davon überzeugt sein, dass ihnen – wenn nicht dummerweise immer irgendetwas dazwischenkäme – im Grunde alles gelingt, was sie sich vornehmen. Und umgekehrt kommt es auch vor: Es gibt Menschen, die im Großen und Ganzen erfolgreich mit ihren Unternehmungen sind, die aber dennoch glauben, dass sie eigentlich – wenn sie nicht ein paarmal unverdientes Glück gehabt hätten – völlige Versager sind.

Glaubenssätze haben mit der äußeren Realität nichts zu tun. Nur mit der inneren.

Mit Glaubenssätzen müssen wir uns beschäftigen, wenn wir von Erziehung sprechen. Schließlich werden die meisten Glaubenssätze in der Kindheit, von den Eltern angelegt. Und viele dieser Glaubenssätze sind negativ. In der Regel geschieht das natürlich völlig unbewusst. Genauso gut können Sie als Eltern aber auch dafür sorgen, dass Ihre Kinder mit positiven Glaubenssätzen, also mit einem positiven Selbstbild und weniger inneren Hindernissen durchs Leben gehen.

Wenn das Unterbewusstsein ein Computer wäre ...

... wer wäre dann der Programmierer?

Das „Betriebssystem" stellt die Natur zu Verfügung. Doch Sie als Eltern fügen die wichtigsten Grundprogramme hinzu, auf denen später andere aufbauen. Sie zeigen dem „selbstlernenden Computer" Kind, wie es mit eingehenden Informationen umgeht: Was mache ich, wenn ich Angst spüre? Weinen, mich zurückziehen, flüchten oder mich der Angst stellen? Was mache ich, wenn ich wütend werde? Schreien, aggressiv gegen Gegenstände, gegen andere Menschen oder mich selbst werden? Oder meine Gefühle äußern und auf effektive Art und Weise versuchen, meine Bedürfnisse zu befriedigen? Was mache ich, wenn ich nicht weiterweiß? Mich zurückziehen, aggressiv werden oder interne und externe Ressourcen anzapfen, nach Lösungsmöglichkeiten suchen und die Eltern um Hilfe bitten?

Alle „Programmierung" sollte daraufhin ausgerichtet sein, die „Eigenprogrammierung" zu erleichtern. Und das Schöne dabei ist: Sie müssen keine Programmiersprache lernen. Ihre eigene Sprache mit Worten, Gefühlen und Körpersprache reicht völlig aus.

Wie sich Glaubenssätze weitervererben

Glaubenssätze sind Sätze, die uns leiten. Sätze, die wir uns selbst vorsagen, die uns unsere innere Stimme vorsagt. Das können Aussagen darüber sein, wie die Welt funktioniert, wie andere Menschen ticken oder was wir können und nicht können, was wir sind und was wir nicht sind. Fast jeder Mensch hat ein paar einschränkende Glaubenssätze. Das können Vorurteile sein, abergläubische Vorstellungen oder negative Einstellungen gegenüber uns selbst. Die meisten

Menschen haben aber auch positive Glaubenssätze, die ihnen das Leben leichter machen. Ob diese Sätze „in Wirklichkeit" wahr sind oder nicht, ist zweitrangig. Viel wichtiger ist, was sie bewirken.
Einschränkende Glaubenssätze behindern unsere Entfaltung, positive Glaubenssätze fördern sie. Und Glaubenssätze sind erblich. Zwar nicht über die Gene, aber über die Erziehung. Sie werden in der Regel nicht bewusst an die Kinder weitergegeben – einfach deshalb, weil uns unsere Glaubenssätze ganz natürlich vorkommen. Denn auch wir haben sie meist von unseren Eltern geerbt. Während Sie die Gene Ihres Kindes nicht verändern können, können Sie aber durchaus in die Vererbung von Glaubenssätzen eingreifen. Dazu ist es wichtig, die eigenen Glaubenssätze zu erforschen. Fragen Sie sich immer wieder, wenn Sie etwas für selbstverständlich halten, wenn Sie meinen „so ist das eben", ob es wirklich so ist. Anhaltspunkte für einschränkende Glaubenssätze sind:

- Aussagen, die die Wörter „immer" oder „nie" enthalten. Fragen Sie sich: Wirklich immer? Wirklich nie?
- Aussagen, die die Wörter „alle", „niemand" oder „keiner" enthalten. Wirklich alle? Wirklich niemand? Wirklich kein einziger Mensch?
- Verabsolutierende Aussagen, die keine Flexibilität zulassen. „Das ist vollkommen falsch/richtig/unsinnig/schlecht." Wirklich immer, in jeder Hinsicht, in jeder Situation?
- Aussagen, die bei näherem Hinsehen nicht den geringsten Vorteil bringen, die Ihnen in Ihrem Leben nicht wirklich helfen: „Kommunisten sind böse", „Kapitalisten sind böse", „Ich bin ein Versager", „Diese Menschen sind alle Versager" ... Wirklich?

Sehen Sie sich Ihre Glaubenssätze an und wählen Sie aus, welche davon Sie wirklich an Ihre Kinder weitervererben wollen. Und wenn Sie merken, dass ein einschränkender Glaubenssatz eine Barriere in Ihrem Leben darstellt, sollten Sie zunächst einmal mit den NLP-Techniken ABC (S. 197) oder Swish (S. 186) versuchen, diese Barriere selbst zu überwinden. Erst wenn Sie selbst von positiven Glaubenssätzen erfüllt sind, können Sie solche auch weitervermitteln.

Die Kraft des Jasagens

Immer dann, wenn man zu etwas „Ja" sagen kann, ist das ein gutes Gefühl. Hören Sie sich nur mal einen Politiker Ihrer Präferenz an und vergleichen Sie das mit einem, den Sie nicht mögen. So harte Wahrheiten der „gute" Politiker auch ausspricht: Solange Sie „Ja" zu dem sagen können, was er sagt, so lange fühlen Sie sich einigermaßen wohl – auch wenn die Wahrheiten nicht angenehm sind. Und umgekehrt: Wenn der Ihnen weniger angenehme Politiker auch schöne Dinge sagt – solange Sie dem nicht zustimmen und „Nein" sagen, werden Sie sich nicht wohlfühlen, selbst wenn er noch so wunderbare Dinge verspricht.

Machen Sie es Ihrem Kind deshalb möglichst leicht, „Ja" zu sagen. Das heißt nicht, dass Sie Ihr Kind verwöhnen müssen und es von allen Unannehmlichkeiten fernhalten sollen. Sehen Sie sich nur einmal das Beispiel mit den Politikern an. Sie können unangenehme Dinge sagen – solange Ihr Kind „Ja" dazu sagen kann.

Seien Sie authentisch und ehrlich. Sagen Sie Ihrem Kind, warum etwas nötig oder wichtig ist – dann wird es zumindest innerlich „Ja" sagen können und weniger Widerstand entwickeln, auch wenn es sich noch etwas sträubt.

„Das schaffst du leicht!"

Vermeiden Sie grundsätzlich, Ihrem Kind zu sagen: „Das kannst du nicht." Oder: „Dafür bist du noch zu klein." Oder: „Das ist zu schwierig für dich." Das ist in der Regel völlig unnötig. Wenn Ihr Kind etwas nicht kann, wird es das schon selbst merken. Dann können Sie ihm sagen: „Das wirst du mit etwas Übung/mit Geduld/wenn du größer bist ganz bestimmt hinbekommen!" Zweifeln Sie nicht an den Fähigkeiten Ihres Kindes. Fordern Sie es ruhig – solange Sie es nicht überfordern, ist Fordern und Fördern sehr eng verwandt.

„Das schaffst du leicht!" ist immer dann gut, wenn Ihr Kind es auch wirklich schaffen kann. Wenn es trotz seiner besten Bemühungen (und nur das subjektive Bemühen zählt!) nicht schafft, wandeln Sie den Satz wie oben ab: „Das wirst du mit etwas Übung/mit Geduld/wenn du größer bist ganz bestimmt hinbekommen!" Vertrauen Sie in die Fähigkeiten Ihres Kindes. Nichts fördert Ihr Kind mehr als Ihr Vertrauen. Denn das ist ein klares Signal an sein Bewusstsein und sein Unterbewusstsein: „Wenn die Eltern das sagen – dann muss es so sein.

Auch wenn mir das im Augenblick fast unglaublich scheint." Wenn diese Vorstellung in seinem Unterbewusstsein ihren Platz gefunden hat, werden Ihrem Kind zumindest schon einmal keine inneren Hindernisse im Weg stehen. Dann wird es alle Ziele, die es sich selbst steckt, schon etwas leichter erreichen.

Die Kunst zu loben

Leistung ist wichtig. Das zu leugnen hat keinen Sinn; um ein erfülltes Leben zu führen, muss man das Gefühl haben, etwas zu leisten. Natürlich nicht einseitig kognitiv: Was hilft es einem Menschen, hervorragend in Mathematik zu sein, gleichzeitig aber ohne einen Funken Kreativität und ein sozialer Außenseiter? Leistungen gibt es ja auf den unterschiedlichsten Ebenen. Damit Ihr Kind erfährt, dass seine Leistungen etwas wert sind, braucht es Rückmeldungen. Und diese Rückmeldungen geben Sie als Eltern in Form von Lob. Lob verstärkt das gelobte Verhalten, gibt Selbstsicherheit und löst gute Gefühle aus.
Im Gegensatz dazu sind Tadel und Strafen übrigens nicht einfach „negatives Loben". Ein Tadel ist das Signal, dass etwas nicht gut war – und das sollte nicht differenziert werden. Denn die Konsequenz ist dann, dass etwas Nicht-Gutes doch noch gut ist im Verhältnis zu etwas Gar-nicht-Gutem. Lassen Sie nicht zu, dass eine solche verquere Logik Fuß fassen kann. Tadeln Sie, wenn etwas nicht akzeptabel ist. Aber loben Sie, sooft es in die richtige Richtung geht!
Wichtig beim Loben ist:

- Differenzieren Sie. Ein Lob, das unabhängig von der Leistung immer gleich ist, ist vollkommen sinnlos. Die Leistung muss einen Unterschied machen. Eine außergewöhnliche Leistung sollte ein außergewöhnliches Lob nach sich ziehen!
- Veränderung zählt. Jede noch so kleine Leistung sollte verstärkt werden. Nicht das Absolute ist der Maßstab, sondern die Veränderung!

- Konkret sein. Wenn Sie Ihr Kind loben, sagen Sie klar, was Sie loben. Das zeigt Ihr echtes Interesse und macht das Lob viel wertvoller als ein „Standardlob".
- Keine Einschränkung. Wenn Sie Ihr Kind loben, loben Sie es und lassen Sie es das Lob genießen. Wörter wie „aber" haben dort keinen Platz.

„Du merkst ja, was du brauchst!"

Manche Eltern, insbesondere überfürsorgliche Mütter, geben ihren Kindern den Eindruck (oder sagen es direkt), dass die Kinder nicht wissen, was sie brauchen. Mal abgesehen davon, dass das in den allermeisten Fällen nicht stimmt: Die Konsequenz ist ein Stück weit der Verlust des eigenen Körpergefühls und ein Verlust des Vertrauens in die eigene Intuition. Beides sind aber wichtige Ressourcen für ein erfülltes, selbstbestimmtes Leben.
Viel besser ist, wenn Sie einen entgegengesetzten Impuls geben. Leiten Sie Ihr Kind dazu an, genau zu spüren, was es fühlt, was seine Bedürfnisse sind und was sein Körper ihm sagt. „Du merkst ja, was du brauchst" heißt, dem Kind und seinen naturgegebenen Fähigkeiten genauso wie denen, die es erworben hat, zu vertrauen. Dadurch lernt es, sich selbst zu vertrauen.

„Du darfst ‚Nein' sagen (musst aber nicht)!"

Ein Kind muss „Nein" sagen können, sonst kann es nicht „Ja" sagen, sondern sich nur einem Zwang fügen. Zwang beinhaltet aber immer das Gegenteil: Das, zu was ich gezwungen werde, kann ich nicht wollen. Und was ich nicht will, sondern tun muss, tue ich widerwillig – und damit niemals so gut, als wenn ich es tun will.
Ermöglichen Sie es Ihrem Kind also, „Nein" zu sagen. Das heißt jedoch nicht, dass Sie keine Grenzen setzen dürfen. Auch Sie dürfen und müssen „Nein" sagen können. Wenn Ihr Kind ins Bett soll und „Nein, ich will nicht" sagt, geben Sie Ihm den Raum, „Nein" zu sagen. „Okay, du willst jetzt nicht – also kannst

du noch eine Viertelstunde spielen. Dann geht's aber ins Bett!" Sie können sich ausrechnen, dass Ihr Kind auch nach einer Viertelstunde „Nein" sagen wird – doch dieses zweite „Nein" hat nicht die Kraft des ersten. Es hat diesen Teil seiner Persönlichkeit bereits verwirklicht und wird leichter nachgeben, wenn Sie nun Ihr Vorhaben durchsetzen: Und das müssen Sie dann auch tun. Sonst wird das Nein-sagen-Dürfen zum Nein-sagen-Müssen, zum Testwerkzeug für Grenzen, zum Werkzeug der Tyrannei.

Ihr Kind sollte erfahren, dass sein „Nein" respektiert wird, aber dass Respekt nicht Unterwerfung bedeutet. Es muss erfahren, dass „Nein" zu sagen nicht prinzipiell falsch ist, aber auf Grenzen stößt. Diese Erfahrung ist von größter Bedeutung, um ein selbstbestimmtes, aber im Einklang mit der Umwelt stehendes Leben zu führen.

Kommunikationsgeheimnisse

Kommunikation scheint so einfach. Was sollte schon so schwierig daran sein, mit unseren Kindern zu sprechen – muss man da eine Wissenschaft daraus machen? Schließlich sprechen wir doch dauernd mit Menschen. Die Frage ist nur, ob wir das auch effektiv tun. Erinnern Sie sich an den NLP-Grundsatz „Die Bedeutung jeder Kommunikation liegt in ihrem Ergebnis"? Um das Ergebnis einfacher zu erreichen, ist es ganz gut, sich einmal anzuschauen, was bei einer Kommunikation eigentlich abläuft. Die Vorstellung, dass wir eine Botschaft senden, und unser Gegenüber, beispielsweise unser Kind, eine Botschaft empfängt, ist nicht nur zu vereinfacht, sondern die Wurzel fast aller Missverständnisse zwischen Menschen. Kommunikation ist eine ungeheuer komplexe Angelegenheit.

Wir wollen Sie aber gleich beruhigen: Sie müssen das Folgende nicht etwa auswendig lernen oder völlig verinnerlichen. Sehen Sie sich nur einmal an, was alles bei der Kommunikation mit Ihrem Kind, aber auch mit anderen Menschen, zwischen Ihnen und Ihrem Gesprächspartner passiert. Mindestens genauso wichtig wie Ihre verbalen Äußerungen sind hier all die nonverbalen Botschaften, die das gesprochene Wort begleiten. Wenn Sie sich das erst einmal bewusst gemacht haben, wird Ihnen das helfen, effektiver zu kommunizieren.

Den Kommunikationsball spielen

Was wir sagen, ist nie so eindeutig, wie wir gerne glauben möchten. Immer gibt es verschiedene Botschaften, die mitschwingen – und es ist geradezu eine Kunst, die Botschaft, die man wirklich vermitteln will, im Geist eines anderen Menschen, beispielsweise Ihres Kindes, entstehen zu lassen. Das hat damit zu tun, dass wir zwar Botschaften aussenden wollen, es aber eigentlich nicht tun. Wir tun etwas – beispielsweise eine Folge von Wörtern produzieren, einen bestimmten Gesichtsausdruck hervorrufen, eine Geste formen. Doch was dann geschieht, ist keine Übertragung einer Botschaft. Wir lösen Reaktionen aus. Und umgekehrt: Wir hören Worte, sehen Gesten und Ausdrücke – und *konstruieren* daraus eine Botschaft. Diese Position heißt deshalb auch „Konstruktivismus".

Die Bedeutung jeder Kommunikation liegt in ihrem Ergebnis!

Wenn wir kommunizieren, ist es deshalb von allergrößter Bedeutung, auf die Reaktionen zu achten und gegebenenfalls seine „Botschaft" zu modifizieren, anstatt sie zu wiederholen, wenn das Ergebnis nicht eintritt – beispielsweise dass Ihr Kind gehorcht. Um es einmal systematisch anzugehen, betrachten Sie einmal die folgende Abbildung, den sogenannten Kommunikationsball.

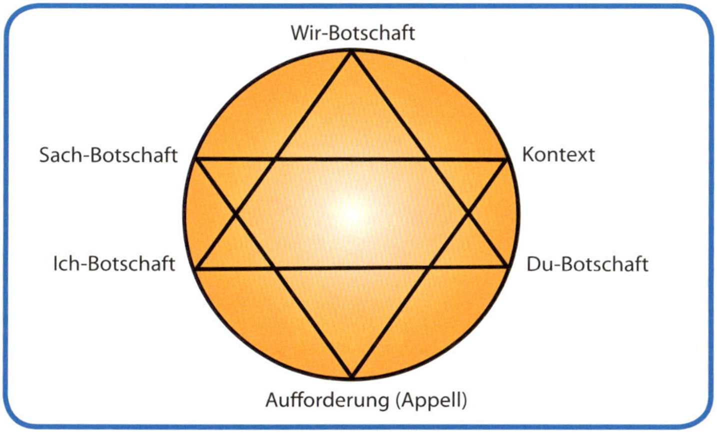

Da gibt es schon einmal drei personale Botschaften:

- Die Ich-Botschaft: Das empfinde ich.
- Die Du-Botschaft: So sehe ich dich.
- Die Wir-Botschaft: So sehe ich unsere Beziehung.

Und dann gibt es auch noch drei überpersönliche Botschaften:

- Die Sach-Botschaft: Ich sehe es so.
- Der Kontext: Die Situation.
- Der Appell: Ich möchte, dass du das tust.

Stellen Sie sich vor, es wird Abend und bald Zeit für Ihr Kind, ins Bett zu gehen. Sie gehen ins Kinderzimmer. Dort herrscht, entgegen den Vereinbarungen mit Ihrem Kind, völliges Chaos. Und Sie sagen: „Das Kinderzimmer ist noch nicht aufgeräumt."
Wenn Ihr Kind dann antwortet: „Aha", wären Sie wahrscheinlich ein bisschen sauer. Wenn Sie den Kommunikationsball ansehen, merken Sie, was passiert sein kann. Sie wollten einen Appell kommunizieren: „Räum das Zimmer auf." Doch wenn Sie sagen: „Das Kinderzimmer ist noch nicht aufgeräumt", dann können viele andere Botschaften konstruiert werden. Ihr Kind könnte hören:

- „Das Zimmer ist nicht aufgeräumt." (Sach-Botschaft)
- „Ich bin ärgerlich." (Ich-Botschaft)
- „Du bist unordentlich." (Du-Botschaft)
- „Wir haben ein Problem miteinander." (Wir-Botschaft)
- „Es ist Abend. Es besteht die Vereinbarung, das Zimmer vor dem Zubettgehen aufzuräumen." (Kontext)
- Und ja, tatsächlich auch: „Räum das Zimmer auf." (Appell)

In dem Beispiel wird Ihr Kind wahrscheinlich sofort den Appell erkennen. Doch das ist, vor allem wenn die Botschaft komplexer ist, absolut nicht selbstverständlich.

Effektiver kommunizieren

Sie können es sich und Ihren Kindern leichter machen, wenn Sie ein wenig darauf achten, klare Botschaften zu senden. Und dazu ist es gut, wenn Sie sich auf Ich-Botschaften konzentrieren.

„Räum das Zimmer auf!" ist ein Appell. Somit scheint das doch klar genug zu sein. Ist es aber nicht. Denn in dem Appell schwingt meist mehr mit. Zumindest, wenn Sie und Ihr Kind keine Roboter sind. Denn wahrscheinlich sind Sie ja ein bisschen genervt, dass das Zimmer nicht aufgeräumt ist – aber lieben Ihr Kind und fühlen sich mit ihm verbunden. Die Ich-, Du- und Wir-Botschaften, die in dem Appell stecken sollten, wären also: „Ich ärgere mich, dass das Zimmer nicht aufgeräumt ist – natürlich hab ich dich trotzdem lieb und wir verstehen uns gut."

Ein bisschen umständlich, denken Sie vielleicht. Aber wie viel umständlicher wird es, wenn Sie meinen, dass das alles selbstverständlich ist und der Appell reichen muss – Ihr Kind aber hört: „Räum dein Zimmer auf – ich bin böse auf dich, du bist faul und so werden wir uns nie verstehen!" Am besten ist es daher, wenn Sie authentisch sind. Das wird Ihr Kind am besten verstehen. Wenn Sie nun wissen, dass es Missverständnisse geben kann, wird es Ihnen sicher leichter fallen, solche Missverständnisse zu erkennen und auszuräumen. Sie müssen übrigens kein Experte sein, um ein wenig mit dem Kommunikationsball zu spielen ...

Falsch verbunden? Kommunikationstechniken für die Familie

Auf ganz praktischer Ebene gibt es ein paar Möglichkeiten, jede Kommunikation zu vertiefen und zu erleichtern. Es gibt ganz einfache Dinge wie ein paar klare Grundregeln, die Ihrer Familie guttun, die Ihre Kinder zu guten Kommunikatoren machen und Ihnen manches Missverständnis ersparen werden.

1. Aussprechen lassen. Was als alte Höflichkeitsregel erscheint, ist viel mehr. Es ist nicht nur höflich, jemanden aussprechen zu lassen, sondern es ist die Voraussetzung, den anderen zu verstehen, gegenseitiges Verständnis zu erleichtern und eine positive Wertschätzung der Person, mit der man spricht, zu zeigen – ob das nun Ihr Geschäftspartner, Ihr Lebenspartner oder Ihr Kind ist.

Jeder Mensch, der etwas sagt, informiert nicht nur, sondern offenbart einen Teil seiner Person. Wenn man etwas sagt, will man in der Regel irgendetwas ausdrücken. Das kann in den Worten enthalten sein, aber auch im Ton, in der Körpersprache, in der Mimik. Das Wichtigste ist, dass der Sprecher, ganz gleich was ihn bewegt und was er mitteilen will, eines vor allem will: gehört werden. Allein dadurch, dass Sie Ihr Kind immer aussprechen lassen, werden Sie es positiv beeinflussen. Wenn es aussprechen *kann*, muss es nicht laut, wütend und aggressiv werden, sich schmollend zurückziehen oder sich unwichtig fühlen.

Die Regel, sein Gegenüber aussprechen zu lassen, sollten Sie zu einer Familienregel machen. Sie lassen nicht nur Ihr Kind das zu Ende sagen, was es sagen will, sondern machen ihm auch klar, dass dasselbe für alle Mitglieder der Familie gilt: Wenn Sie sprechen, sprechen Sie. Wenn Ihr Partner spricht, spricht Ihr Partner. Und wenn Ihr Kind spricht, spricht Ihr Kind.
Nicht zuletzt ist Sprechen auch eine Form des Denkens. Oft formen sich die Gedanken erst während des Sprechens. Für introvertierte Personen, die den Gedankenteil ganz ins Innere verlagern, ist das manchmal schwierig zu verstehen – obwohl selbst sehr introvertierte Menschen sich oft erst ganz klar über das werden, was sie sagen wollen, wenn sie es tatsächlich sagen. Bei extrovertierten Menschen ist Sprechen hingegen immer auch ein ganz wichtiger Teil des Überlegens. Lassen Sie diesen Weg zu, auch wenn Sie selbst der Überzeugung sind, dass „erst denken – dann reden" die bessere Strategie ist. Wenn Sie Ihr Kind beim Sprechen unterbrechen, stören Sie nicht nur sein Selbstwertgefühl, sondern auch seine Denkvorgänge.

2. Zuhören. Nun ist es ein ganz wichtiger Schritt, jemanden aussprechen zu lassen. Aber er ist noch nicht dasselbe wie zuzuhören. Beobachten Sie sich einmal selbst, wenn Sie mit jemandem sprechen. Gut, Sie sind ein höflicher Mensch und unterbrechen den anderen nicht. Aber hören Sie wirklich ganz und gar zu, was der andere sagt? Oder überlegen Sie, während er redet, was Sie selbst als Nächstes sagen werden, denken Sie an Gegenargumente oder daran, wie Sie den anderen überzeugen können? Oder denken Sie gar an etwas ganz anderes und hören nur mit „halbem Ohr" zu? Dann sollte Ihnen auch klar sein, dass das

Verständnis für den anderen darunter leidet. Andersherum spüren Menschen es ganz genau, wenn man ihnen wirklich zuhört.
Probieren Sie einmal aus, was geschieht, wenn Sie wirklich ganz und gar zuhören. Nehmen Sie sich zurück, entspannen Sie sich und folgen Sie Ihrem Partner oder Ihrem Kind auf seinen vielleicht verschlungenen Gedankenpfaden. Eventuell finden Sie so zu neuen Einsichten. Eines aber wird ziemlich sicher geschehen: Ihr Gesprächspartner wird sehr positiv reagieren. Dass einem jemand *wirklich* zuhört, ist so ungewöhnlich, dass es wie eine seelische Umarmung wirkt.
Echtes Zuhören hat auch noch weitere Nebeneffekte: Sie werden mehr verstehen. Ihr Gesprächspartner wird entspannter und dem, was Sie *dann* sagen, viel offener gegenüberstehen. Und er wird auch *Ihnen* eher zuhören.

3. Wiedergeben, was der andere sagt. Man nennt das im NLP auch „Spiegeln" (siehe S. 177). Natürlich wiederholen Sie nicht einfach einen Satz, sondern geben wieder, was Sie verstanden haben. Das kann im Idealfall ein wenig mehr als das Gesagte sein; dann löst es ein sehr intensives Gefühl des Verstandenseins aus, das sogar das eigene Selbstverständnis fördert. Doch selbst dann, wenn das „Gespiegelte" nicht den ganzen Inhalt oder das Wesentliche wiedergibt, so ist es doch immer ein Signal:

- „Man hat mir zugehört!"
- „Ich bin – zumindest teilweise – verstanden worden!"
- „Ich habe die Möglichkeit, mehr Klarheit zu schaffen!"
- „Mir steht jemand gegenüber, der mir wohlgesonnen ist!"

Diese Signale helfen bei der „Selbstexploration", also beim Erkunden des eigenen Selbst.

Ausreden lassen, zuhören und dem Kind ein Spiegel sein: Das ist die Basis für eine gesunde und effektive Kommunikation in der Erziehung.

Probleme, Lösungen und therapeutische Märchen

Wenn die Schule unglücklich macht – Schulstress

Nun ist Lukas schon zum dritten Mal aus dem Bett gekommen und steht im Pyjama im Wohnzimmer. „Ich kann nicht einschlafen" – den Satz kann seine Mutter inzwischen nicht mehr hören. Schon zweimal war Lukas heute Abend aufgestanden, einmal, weil er „noch mal auf die Toilette" wollte, und eine halbe Stunde später „weil er Durst hatte". Inzwischen ist es kurz vor neun. Lukas' Mutter hatte einen anstrengenden Tag und sie braucht die Zeit am Abend, um ein paar private Telefonate zu erledigen und sich zu entspannen. Entsprechend gereizt reagiert sie und ihre zunächst noch rücksichtsvollen Versuche, ihren Sohn ins Bett zu bringen, schlagen jetzt in einen Befehlston um: „Lukas – jetzt reicht's wirklich! Es ist höchste Schlafenszeit und du gehst jetzt sofort ins Bett. Keine Widerrede!"
Lukas fängt an zu weinen. Er zieht den Kopf trotzig ein, dreht sich um und geht wütend in sein Zimmer zurück. Und Lukas' Mutter spürt, dass sie wohl wieder einmal falsch reagiert hat. In letzter Zeit schläft Lukas während der Schulzeit immer schlechter. Morgen schreibt er eine Schulaufgabe. Ob das damit zusammenhängt?

Was haben Schlafstörungen mit der Schule zu tun? Erstaunlich viel. Und nicht nur Schlafstörungen. Schule kann für Kinder unter Umständen gewaltigen Stress bedeuten. Stress in der Schule kann sich ganz unauffällig zeigen, beispielsweise als ständige Unzufriedenheit und schlechte Stimmung. Deutlicher wird es schon, wenn Ihr Kind immer aggressiver und leichter reizbar wird oder wenn es sich immer mehr in sich selbst zurückzieht und nur allein spielen will. Oder wenn es sogar nur noch teilnahmslos und traurig herumsitzt und kein Interesse an Freunden oder der Umwelt hat. Oder wenn es überhaupt keinen Appetit mehr hat.
Schulstress ist eine Zeitkrankheit. Schulstress ist häufig. Etwa 20 Prozent aller Kinder zeigen deutliche Symptome. Die Symptome, die darauf hinweisen, sind vielfältig und oft nicht leicht einzuordnen – und nicht jedes deutet klar auf Schulstress hin. Allerdings sollten bei Ihnen die Alarmglocken läuten, wenn

- Ihr Kind zunehmend Schlafprobleme hat,
- Ihrem Kind oft übel wird, wenn es Zeit wird, in die Schule zu gehen,
- es oft an Bauch- oder Kopfschmerzen leidet,
- es damit begonnen hat, Fingernägel zu kauen, es sich immer mehr in sich selbst zurückzieht und auf die Frage, wie es in der Schule war, nur die Achseln zuckt,
- Sie immer schlechter mit Ihrem Kind reden können,
- Ihr Kind plötzlich an Allergien oder häufigen Infektionen leidet,
- es immer öfter aggressiv und gereizt reagiert,
- die genannten Problem in den Ferien deutlich besser werden.

Ebenso wie Stress beim Erwachsenen hat Stress bei Kindern und Jugendlichen schwerwiegende Folgen. Es gibt zwei häufige Ursachen bei Kindern. Die eine sind heftig streitende Eltern oder eine Scheidung. Die andere ist die Schule. Und dann ist es ganz besonders wichtig, dass es Unterstützung erfährt und nicht das Gefühl bekommt, dass auch seine Eltern auf der Seite der Schule stehen. Denn dann würde der Kampf gegen die belastende Situation für das Kind völlig aussichtslos.

Etwa 6 Millionen Kinder in Deutschland haben regelmäßig Kopf- oder Bauchschmerzen, schlafen schlecht, leiden unter Appetitlosigkeit oder zeigen Aggressionen. Ein großer Teil dieser Probleme ist auf Schulstress zurückzuführen. Mehr als 15 Prozent aller verschriebenen Psychopharmaka werden Kindern unter 12 Jahren verschrieben. Manchmal „verschreiben" auch Eltern ihren Kindern Pillen – davon ist unbedingt abzuraten: Die Ursachen von Stress verschwinden nicht durch die Einnahme von Medikamenten! Psychopharmaka ohne begleitende Psychotherapie sind in der Regel ärztliche Kunstfehler!

Lassen Sie uns gleich einmal eines klarstellen: Schulstress hängt nicht direkt damit zusammen, dass hohe Leistungen gefordert werden. Ihr Kind

kann viel lernen und hohe Leistungen erbringen und dabei überhaupt nicht gestresst sein. Der Leistungsstress kommt zustande, wenn Ihr Kind den Eindruck hat, dass es versagt und dass es schlimme Folgen hat, wenn es etwas nicht sofort versteht. Die Reaktion der Umwelt (Lehrer, Eltern) auf weniger hohe Leistungen ist es, die erst den Stress erzeugt.
Das kennen Sie sicherlich aus anderen Bereichen, beispielsweise aus dem Sport. Wenn ein Spiel Spaß macht, wird man so gut sein, wie es nur geht. Man will alles geben. Wenn aber jemand danebensteht, der jede nicht so gute Leistung negativ kommentiert oder sogar bestraft – dann vergeht wohl den meisten die Lust am Spiel. Und dann sinken die Leistungen wirklich ab.
Einige Kinder sind gegen Noten- und Leistungsdruck weitgehend resistent. Und zwar unabhängig davon, welche Noten sie haben. Andere reagieren jedoch sehr sensibel: Einser-Schüler genauso wie Wiederholungskandidaten. Burn-out und Depressionen sind leider keine reinen Erwachsenenkrankheiten mehr, sondern betreffen immer häufiger auch Kinder.
Schulstress entsteht übrigens nicht nur in der Schule. Die Notwendigkeit, eine vorgegebene Norm zu erfüllen und das abstrakte „Klassenziel" zu erreichen, um nicht von seinen Freunden getrennt zu werden und als „dumm" dazustehen, sind natürlich wichtige Faktoren. Mindestens ebenso viel Stress geht aber oft auch von den Eltern aus, die oft ungeduldig werden, Unverständnis zeigen oder ihr Kind unter Druck setzen und mit Strafen drohen.

„Das gibt's doch gar nicht, dass du das jetzt immer noch falsch schreibst. Mit dir zu üben ist doch Zeitverschwendung."
„Schau dir deine Schwester an, die ist eine Klasse unter dir und kann das schon."
„Wenn du mehr als eine 4 im Zeugnis hast, dann gibt es kein neues Fahrrad."

Wenn es von allen Seiten in dieser Art und Weise auf das Kind einstürmt, muss es schon ungewöhnliche seelische Kräfte haben, um nicht von Stress gequält zu werden. Das Absurde dabei ist, dass alle diese Maßnahmen – Noten, Ermahnungen, Drohungen, Strafen – dazu dienen sollen, die Leistungen des Kindes zu verbessern – und dass sie allesamt genau das Gegenteil erreichen.

Lösungsansätze

Warum sind einige Kinder anscheinend resistent gegen Schulstress? Es ist ja nicht so, dass die Leistungsfähigeren weniger gestresst wären. Es muss also etwas anderes sein.

Stress ist immer eine Sache der Wahrnehmung. Wenn etwas als Bedrohung erlebt wird, reagieren Körper und Seele mit einer Stressreaktion. Ob „wirklich" eine Bedrohung besteht, darauf kommt es dabei nicht an. Wenn Ihr Kind von der Schule gestresst ist, *erlebt* es sie als Bedrohung.

Was können Sie als Eltern nun tun?

Erst einmal: Gelassenheit bewahren. Und dann: Genau hinsehen, Ihrem Kind Liebe zeigen und mit ihm sprechen.

Doch hat Ihr Kind überhaupt die Möglichkeit, bei Schulstress zu Ihnen zu kommen? Oder wird es Vorbehalte haben, mit Ihnen über Stress in der Schule zu sprechen?

Wenn Sie angesichts von Schwierigkeiten gelassen bleiben, ist das der erste Schritt für Ihr Kind, den Schulstress zu überwinden. Ehrlich gesagt: Wenn Sie immer schon gelassen waren, dann ist es eher unwahrscheinlich, dass Ihr Kind überhaupt von der Schule in größerem Ausmaß gestresst wird. Denn auch und gerade was Gelassenheit und Stressresistenz angeht, so sind Eltern das erste und wichtigste Modell für ihre Kinder.

Nun haben aber nicht alle Menschen immer die Ruhe weg. Warum sollte das bei Eltern anders sein? Es hat ja keinen Sinn, wenn wir von Ihnen nun forderten, plötzlich die Gelassenheit selbst zu sein, wenn Sie eher dazu neigen, sich aufzuregen. Doch denken Sie daran, dass Sie nicht nur sich selbst, sondern auch Ihrem Kind einen riesigen Gefallen tun, wenn es Ihnen gelingt, Gelassenheit zu kultivieren. Die allererste Erste-Hilfe-Maßnahme bei Schulstress ist also: Entspannen Sie sich.

Und dann sehen Sie sich einmal an, wo genau der Stressor liegt. Am besten machen Sie das gemeinsam mit Ihrem Kind. Manchmal ist es zum Beispiel nur ein einzelner Lehrer, ein einzelnes Fach oder auch ein einzelner Mitschüler, der Ihr Kind mobbt. Meistens kommen aber mehrere unangenehme Erfahrungen zusammen – und die Angst vor der Schule kann sich auch „generalisieren". Das heißt, dass mit der Zeit beispielsweise schon das Gebäude, der Geruch in der Schule und Ähnliches zum Stress wird. Wenn sich das Problem schon so weit vertieft hat, kann es sein, dass einem Kind jeden Morgen so übel wird, dass es sich übergeben muss: weil Schule droht.

Das Wichtigste ist erst einmal, dass Sie Ihr Kind mit seiner Qual ernst nehmen. Wenn Ihr Kind so gestresst von der Schule ist, dass es psychosomatische Symptome zeigt, ist das keine Kleinigkeit, sondern wirklich eine Qual. Es hat keinen Sinn, das herunterzuspielen. Und dann, wenn Ihr Kind mit Ihnen offen sprechen kann, ohne weitere unangenehme Erfahrungen dabei machen zu müssen, können Sie wirklich etwas gegen den Schulstress tun.

Schritt 1: Der Schule die überzogene Bedeutung nehmen

Dazu gehört erst einmal, dass Sie selbst erkennen, dass die Schule nicht alles ist. Sie ist wichtig für das Leben, aber eben nicht als Selbstzweck, sondern um etwas zu erreichen. Wenn sie unangenehme Gefühle auslöst, wenn sie dafür sorgt, dass etwas Neues zu lernen nichts Lustvolles ist, kann man nichts mit ihr erreichen. An erster Stelle muss stehen, dass Ihr Kind sich wohlfühlt – völlig unabhängig von der Schule. Dann kann dieses Wohlgefühl „mitgenommen" werden. Aber dazu muss es erst einmal da sein.

Die besten Hilfsmittel sind Geschichten und Anekdoten. Wenn Sie selbst in der Schule Schwierigkeiten hatten, dann erzählen Sie davon. Das zeigt Ihrem Kind am besten, dass diese Schwierigkeiten überwunden werden können. Erzählen Sie Geschichten von Menschen, die es schwer in der Schule hatten, die aber dann Großartiges geleistet haben, wie beispielsweise Einstein. Oder Sie erzählen ein Märchen, das die Schule in Metaphern anspricht und unbewusste Lösungsprozesse in Gang setzt. Am Ende dieses Kapitels finden Sie ein solches Märchen. Oder Sie erfinden ein Mantra, das Sie immer wieder wiederholen.

Mama-Mantra: *„Mach es einfach so gut, wie du kannst – das genügt."*

Schritt 2: Spannungen auflösen

Sorgen Sie dafür, dass Ihr Kind sich entspannen kann. Das heißt, dass es auch und gerade bei hektischen Schulzeiten genug Freiräume hat.

Die Nummer eins, um Spannungen zu lösen, ist Bewegung – solange sie nicht wieder mit Leistungsdruck einhergeht. Bewegung, die anstrengt, aber keine Leistungsvorgaben macht, ist ideal. Klettern Sie mit Ihren Kindern. Lassen Sie sie Judo oder Ju-Jutsu lernen. Üben Sie Yoga mit Ihrem Kind. Alles, was Spaß macht, entspannt!

Manchmal haben auch Lehrer hervorragende Ideen. Wir haben von einer Grundschullehrerin gehört, die damit anfing, mit ihren Schülern im Sport Einrad zu fahren. Das war mal etwas anderes als der übliche Schulsport und löste große Begeisterung bei den Kindern aus. Das wirklich Tolle daran war aber, dass sich diese eine Maßnahme ganz überraschend auf die anderen schulischen Leistungen auswirkte: Plötzlich konnten sich auch unruhige Kinder beim Lernen besser konzentrieren! So überraschend ist das natürlich gar nicht, wenn man weiß, wie sehr Körper und Seele zusammenhängen. Wenn sich der Körper entspannt, lassen auch seelische Spannungen nach.

Schritt 3: Ein Ziel gemeinsam mit dem Kind setzen

Dieses Ziel hängt natürlich von den konkreten Problemen ab. Wenn das Problem Schulleistungen sind, ist das Ziel, diese Leistungen stressfrei zu erreichen. Wenn der Lehrer oder ein Mitschüler das Problem ist, ist das Ziel effektive, entspannte Kommunikation. Wenn das Problem in der Angst vor dem Liebesentzug der Eltern liegt, dann ist das Ziel, dass Sie Ihrem Kind deutlich machen, dass es Ihnen viel wichtiger ist als die Noten, die es von der Schule mit nach Hause bringt. Gehen Sie das Ziel mit dem WFO-Schema (S. 168) an.

Schritt 4: Motivation und Selbstbewusstsein stärken

„Du bist nicht für die Schule da, sondern umgekehrt!" – das ist die Einstellung, die Sie Ihrem Kind vermitteln sollten. Kehren Sie die Vorstellung „Ich bin klein, die Schule ist groß" um.

Wenn das Kind die Vorstellung hat, klein zu sein und nur ein unbedeutendes Rädchen in der Schulmaschinerie, ist die Wahrscheinlichkeit hoch, dass es Stress empfindet. Wenn es in die Schule *muss*, dann kann es natürlich sehr gut sein, dass es nicht in die Schule *will*. Warum auch? Es macht keinen Spaß und verursacht unangenehme Gefühle. Wenn das Kind dagegen ein Bild von der Schule hat, in dem es selbst im Zentrum steht, und die Schule dazu da ist, ihm

etwas zu zeigen, was es wissen *will*, dann ist es nicht mehr weit zum Gefühl „Die Lehrer oder Mitschüler mögen nerven, aber es ist toll, etwas lernen zu können". Dann kann es gut sein, dass es in die Schule *will*. Warum auch nicht? Manche Dinge dort machen Spaß und bereiten angenehme Gefühle. Und dann lautet die Frage an die Eltern „Wie machen wir das am besten?" und nicht „Wie komme ich da nur durch?".
Programmieren Sie das Selbstbewusstsein Ihres Kindes um. Es gilt nicht „Ich bin, was ich leiste", sondern „Ich bin okay so, wie ich bin! (Und es stört niemanden, wenn ich etwas leiste.)".

Bleiben Sie bei allem, was Sie tun, authentisch. Es ist ja gut verständlich, dass Sie sich Sorgen machen, wenn Ihr Kind beispielsweise schlechte Noten oder schlechtere als gewohnt nach Hause bringt. Dann reden Sie nicht herum, schimpfen Sie nicht, machen Sie keinen zusätzlichen Druck – sagen Sie offen, dass Sie sich Sorgen machen. Auch das übt Druck auf Ihr Kind aus, klar. Aber glauben Sie bloß nicht, dass Sie Ihre Sorgen vor Ihrem Kind verbergen könnten. Wenn Sie offen über Ihre Gefühle sprechen, sind unausgesprochene Befürchtungen schon einmal vom Tisch – und das ist auf jeden Fall schon einmal ein Stück weniger Stress!

Tipps zum stressfreien Lernen

Rechtzeitig anfangen!

Kommen Sie bitte nie auf die Idee, mit Ihrem Kind Intensiv-Lernsitzungen durchzuführen. Das bringt nichts und längerfristig schadet es sogar, da das Lernen dann mit unangenehmem Stress gleichgesetzt wird. Wenn Sie Ihrem Kind helfen wollen, besser zu lernen, dann legen Sie das unbedingt langfristig an. So, dass die Erfolgserlebnisse allmählich immer mehr werden und die Freude daran, etwas erreicht zu haben, wächst.

Überblick ist wichtig!

Helfen Sie Ihrem Kind, Lernstoff zu organisieren, sodass es einen Überblick bekommt. Dann können Sie gemeinsam mit Ihrem Kind mit der Zielstrategie WFO (siehe S. 168) Ziele anvisieren und immer wieder für Erfolgserlebnisse sorgen.

Der Arbeitsplatz ist ein Anker!

Dort, wo Ihr Kind arbeitet, sollte es nur arbeiten – nicht, auch nicht nebenher, fernsehen oder Musik hören. Dann wird dieser Platz zu einem sogenannten „Anker" (siehe S. 172). Der Ort bekommt eine „besondere Energie" – er wird mit konzentriertem Arbeiten assoziiert und das Arbeiten fällt dann leichter. Sorgen Sie dafür, dass dieser Ankerplatz so positiv wie möglich ist: Gutes Licht, keine Ablenkungen, ein bequemer Stuhl, ausreichend Platz und Ordnung.

Mit allen Sinnen lernen!

Wenn Sie Ihrem Kind helfen wollen, wirklich effektiv zu lernen, achten Sie darauf, dass alle Sinne angesprochen werden. Lesen, laut lesen, den Stoff bildhaft darstellen – so bleibt das Gelernte wirklich haften. Wenn Sie Ihrem Kind noch mehr helfen wollen: Lassen Sie sich erklären, um was es geht (auch wenn Sie es wissen) – nichts ist so gut, um Wissen einzuprägen, wie es jemand anderem zu erklären!

Gemeinsames Lernen!

Wie gesagt: Nichts ist so gut, um Wissen fest einzuprägen, wie es jemand anderem zu erklären. Wenn Ihr Kind gemeinsam mit Freunden lernt, kann das manchmal besser als jeder Nachhilfeunterricht sein. Gegenseitige Hilfe stärkt nicht nur das soziale Lernen, sondern es kann jeder von den anderen kognitiv profitieren: Andere erkennen Fehler, die man selbst übersieht. Und gemeinsames Lernen macht in der Regel mehr Freude, als zu Hause allein am Schreibtisch zu sitzen. Regen Sie Ihr Kind dazu an!

Pausen gehören zur Arbeit!

Um das Lernen nicht zur Qual werden zu lassen, sollte alle 20 bis 40 Minuten (je nach Alter des Kindes) eine fünfminütige Pause eingelegt werden. Am besten ist es, wenn Sie Ihrem Kind ein paar Bewegungs- und Atemübungen (beispielsweise aus dem Yoga) zeigen, die es dann machen kann.

Märchen

Das geheimnisvolle Haus

Nikki lebte mit seinen Eltern am Ufer des Seerosenteichs. Morgens, wenn die Sonne durch sein Fenster schien und ihn wach kitzelte, hörte er die Enten, die aufgeregt im Teich schnatterten und den neuen Tag begrüßten. Dann dachte Nikki: „Wie schön hier doch alles wäre, wenn es nur dieses schreckliche Haus nicht gäbe." Denn ganz egal, wohin Nikki auch wollte, ob auf den Spielplatz, zur wilden Wiese oder in die Schule, immer musste er dazu an einem geheimnisvollen, düsteren Haus vorbeigehen, das am Waldrand stand. Ein Raunen und Wispern kam aus dem Haus und unheimliche Stimmen, die Nikki zwar nicht genau verstand, die ihm aber Angst machten. Früher hatte Nikki versucht, einen großen Bogen um das Haus zu machen, doch dabei hatte er sich meist im Wald verirrt. Nikki mochte das geheimnisvolle Haus gar nicht. Manchmal lachten die Stimmen aus dem Haus über Nikki oder es kam ein kleiner grüner Kobold herausgesprungen und versuchte Nikki auf die Füße zu treten. Manchmal blickte ein schwarzer Troll mit seinen roten Augen auf Nikki herab und knirschte mit seinen schiefen Zähnen.

Eines Tages nach dem Frühstück sagte Nikkis Mama: „Nikki, gehe bitte heute in das Haus am Waldrand und bring mir ein Goldstück daraus mit, denn die Goldstücke dort sind aus reinem Glück gemacht!" Nikki fing an zu weinen. Er hatte große Angst. Doch dann sagte auch sein Vater sanft und bestimmt: „Geh, Nikki. Entdecke das Geheimnis und bring das Glück mit nach Hause!"

Als Nikki noch immer nicht gehen wollte, holte sein Vater einen kleinen, glatten Stein aus seiner Schublade und steckte ihn in Nikkis Tasche. „Immer wenn du dich fürchtest, dann berühre diesen Stein. Dieser kleine Stein hat magische Kräfte, Nikki. Es ist ein Zauberstein, gestärkt mit Lachen!"

Nikki berührte das Steinchen und das fühlte sich sehr, sehr gut an. Da machte sich Nikki auf den Weg. Vor dem unheimlichen Haus zögerte Nikki noch ein wenig, doch eine Berührung des Steinchens vertrieb das Zögern und Nikki trat ein.

Innen war das Haus gar nicht so dunkel und es sah sogar ganz freundlich aus. Auch gab es dort viele Kinder, die sehr nett aussahen. Nur ein paar Kinder waren traurig und ein paar ängstlich. Nikki blickte sich neugierig um. Wo hatten sich

die Kobolde und Trolle wohl versteckt? Und wo war das Gold, von dem seine Mutter gesprochen hatte?
Während Nikki durch einen langen Flur ging, sprangen auf einmal zwei Kobolde hinter einer Ecke hervor. Sie sahen Nikki grinsend an und wollten an seinen Haaren zupfen. Zuerst erschreckte Nikki sich sehr, doch dann fiel ihm der Zauberstein ein, der aus Kraft und Lachen gemacht war. Als er ihn berührte, fühlte er sich ganz stark und fröhlich. Er wollte jetzt nicht mehr weglaufen. Nikki blieb stehen und sah den kleinen Kobolden direkt ins Gesicht. Da merkte er, dass sie eigentlich wirklich zum Lachen aussahen, wie sie da um Nikki herumhüpften und einen komischen Tanz aufführten. Nikki musste laut lachen und klatschte in die Hände.
Da geschah etwas Seltsames: Die beiden Kobolde blieben wie angewurzelt stehen und sahen sehr verwirrt aus. Ihr grünes Koboldhaar wurde braun und blond und ihr böses Grinsen verwandelte sich in ein freundliches Lächeln. Auf einmal waren es keine Kobolde mehr, sondern ein ganz normales Mädchen und ein ganz normaler Junge. Beide sahen Nikki mit großen Augen an. „Du hast uns von der Verzauberung befreit!“, rief der Junge. Und das Mädchen umarmte Nikki und sagte: „Vielen Dank! Jetzt können wir endlich wieder mit den anderen Kindern spielen!“ Nikki wusste gar nichts zu sagen, aber es war sehr schön. Vor den Kobolden musste man also gar keine Angst haben und sie konnten einem sogar ein bisschen leidtun. Es war so einfach gewesen, die beiden von der Verzauberung zu befreien. Nikki fühlte sich stark und froh.
Auf der Suche nach weiteren Kobolden ging Nikki mutig durch alle Zimmer. Doch die hielten sich von ihm fern – ob die kleinen Geister wohl plötzlich Angst vor ihm hatten? Das wäre ja wirklich lustig. In der Ecke eines dunklen Zimmers fand Nikki doch noch einen Kobold, der mit glühenden Augen auf ihn zukam. Als er jedoch in Nikkis Nähe kam, wurde er durch sein Lächeln blitzschnell in einen kleinen Jungen mit einem blonden Lockenkopf verwandelt. Diesmal hatte Nikki noch nicht einmal Vaters Kraftsteinchen verwendet!
Am Ende des Ganges führte eine dunkle, hölzerne Treppe in den Keller. Von unten war ein tiefes Brummen zu hören und Nikki fiel ein, dass es ja auch noch die bösen schwarzen Trolle gab. Doch da Nikki sich stark und froh fühlte und auch Vaters Kraft-Lach-Steinchen bei sich trug, konnten sie ja eigentlich auch nicht so

schlimm sein. Unerschrocken ging Nikki die Treppe hinunter. Bei jedem Schritt knirschte das morsche Holz. Als Nikki kurz stehen blieb, hörte er ein dunkles Seufzen und Ächzen unter der Treppe. Tatsächlich, er hatte richtig gehört. Auf einmal sprang ein Troll mit großen rollenden Augen und knirschenden Zähnen hervor und sah Nikki böse an. Uuh, wie schrecklich der aussieht, dachte Nikki. Schnell nahm er den Zauberstein fest in die Hand und lächelte dem Troll freundlich zu – was konnte so ein Troll ihm denn schon tun? Als Nikki sich das Ungeheuer ein bisschen genauer ansah, merkte er, wie traurig seine Augen waren. In dem Augenblick begann der Troll Nikki leidzutun und indem er Nikki leidtat, verwandelte er sich. Erst wurde er immer kleiner und kleiner und seine roten Augen wurden freundlich und blau. Nur seine Zähne knirschten noch ein wenig. Aber Nikki wusste, dass das nur daran lag, dass er ein bisschen traurig darüber war, ein böser Troll zu sein. Doch als Nikki weiterlächelte und sich gar nicht fürchtete, sah er erstaunt aus. „Oh – mein Bauchweh ist ganz fort!", rief der Troll froh. „Das ist ja toll! Du hast mich von der Verzauberung befreit!" Sanft strich er Nikki über das Haar und das fühlte sich sehr schön an.

Noch lange suchte Nikki in dem Haus, das immer heller wurde, nach Trollen und Kobolden, doch er fand keine mehr. Das Einzige, was er entdeckte, waren viele Kinder, mit denen man spielen und neue Dinge entdecken konnte – und wenn es einmal Streit gab, genügte eine kleine Berührung mit Vaters Kraftsteinchen und alle vertrugen sich wieder.

Mit frohem Herzen ging Nikki nach Hause. Er setzte sich an das Ufer des Teichs und sah den Enten zu, die wie immer laut herumschnatterten. Das nächste Mal, wenn Nikki an dem Haus am Waldrand vorbeigehen würde, würde er keine Angst mehr haben. Im Gegenteil: Er freute sich auf den nächsten Besuch in dem geheimnisvollen, aber gar nicht mehr unheimlichen Haus. Nikki lächelte bei dem Gedanken und als er die Hände in die Taschen steckte, waren dort auf einmal zwei dicke Goldstücke! An das Gold hatte Nikki nicht mehr gedacht – aber da war es.

Fröhlich rannte Nikki ins Haus und erzählte seinen Eltern alles, was geschehen war. Und alle freuten sich riesig und waren sehr glücklich. Und Nikki schlief ein und träumte bunte, schöne und lustige Träume von dem geheimnisvollen Haus.

Welche Schule für mein Kind?

Staatliche Schulen haben ein Problem. Das Konzept, das ihnen zugrunde liegt, ist hoffnungslos veraltet, die Klassen sind zu groß, und deshalb werden Kinder nicht in ihren Fähigkeiten gefördert, was weder den besonders begabten noch den langsameren Kindern zugutekommt. Leistung wird zwar gefordert, aber nicht gefördert; Neugier und Eigenständigkeit werden eher unterdrückt.
Nun gibt es manchmal schon aus finanziellen Gründen keine andere Möglichkeit. Umso wichtiger ist es dann, dass Sie Ihr Kind begleiten, denn das Fordern und Fördern müssen Sie zum Teil selbst in die Hand nehmen, wenn Ihr Kind auf eine staatliche Schule geht. Ein wenig Hilfe dabei kann Ihnen hoffentlich dieses Buch bieten. Und es gibt natürlich auch viele andere gute Ratgeber.
Wenn möglich, ist Ihr Kind aber auf einer nichtstaatlichen Schule meist besser aufgehoben.

Waldorfschulen: Es gibt viele Vorurteile gegen Waldorfschulen, die sich jedoch beim genaueren Hinsehen alle als falsch erweisen. In diesen Schulen wird die Lust am Lernen wohl am deutlichsten gefördert; der Unterricht orientiert sich nicht an organisatorischen Bedürfnissen und Bürokratie, sondern an biologischen und psychologischen Gesetzmäßigkeiten. Kreativität, Musik und handwerkliche Fähigkeiten werden gefördert – das Kind wird nicht als Aufnahme/Wiedergabe-Gerät missbraucht. Die Eltern werden viel stärker als bei staatlichen Schulen mit einbezogen. Am bekanntesten ist wohl, dass es keinen Notendruck und kein Sitzenbleiben gibt. Das heißt aber gerade nicht, dass die Kinder nichts leisten würden – der Anteil an Waldorfschülern, die das Abitur machen, ist mindestens ebenso hoch wie an staatlichen Schulen. Waldorfschulen bereiten besser auf das „wirkliche Leben“ vor als staatliche Schulen. Der Nachteil: die Kosten, die nach dem Einkommen der Eltern bemessen werden.

Konfessionelle Schulen: In diesen Schulen wird mehr Wert auf die Persönlichkeit des Kindes gelegt und die Lehrer sind oft engagierter. Die Kinder werden eher als Individuen betrachtet und gefördert. Auf musische Fächer und Sprachen wird meist besonders Wert gelegt. Die größte Stärke der konfessionellen Schulen ist wohl die stärkere Orientierung an Werten.

Privatschulen: Jede Privatschule hat ihr eigenes Profil. Doch praktisch immer wird mehr auf das einzelne Kind eingegangen. Das ist ja gerade ihr „Geschäftsmodell". Sie müssen einen Mehrwert gegenüber staatlichen Schulen bieten, um bestehen zu können. Meist sind sie aber ziemlich teuer.

Wenn die Angst Angst macht – Kinderängste

Endlich kommt der ersehnte Abend, an dem sich Herr und Frau Rehm einmal wieder etwas Zeit füreinander nehmen wollen. Zuerst wollen sie ins Theater gehen und anschließend in die Cocktailbar, denn es gibt viel zu besprechen. Kurz vor sieben bringen sie Johannes ins Bett. Und kurz nach sieben kommt Sabine, eine kinderfreundliche Studentin aus der Nachbarschaft, die schon öfter zum Aufpassen bestellt wurde. Als sie sich kurz darauf aus dem Haus schleichen wollen, hören sie Kinderfüße die Treppe heruntertappen. Johannes steht weinend im Flur – seine Eltern stehen bereits zum Ausgehen angezogen an der Haustür. „Wo geht ihr hin?", fragt Johannes mit zitternder Stimme.

„Johannes, geh schnell wieder ins Bett. Mama und Papa sind gleich zurück und Sabine ist da und passt auf dich auf", antwortet seine Mutter. Doch statt ins Bett zu gehen, klammert Johannes sich an das Bein seiner Mutter und beginnt zu schreien. „Ihr dürft nicht weggehen! Ich hab Angst, wenn ihr weg seid." – „Aber Johannes, du brauchst keine Angst zu haben. Sabine ist doch da, und wenn etwas los ist, ruft sie uns gleich auf dem Handy an", versucht sein Vater zu be-

schwichtigen. Nach einigen vergeblichen Versuchen, den zitternden Johannes zu beruhigen, schiebt Herr Rehm seinen Sohn schließlich energisch zu Sabine ins Wohnzimmer. Sie sind spät dran, sie müssen noch einen Parkplatz suchen und haben einfach keine Zeit mehr für „lange Diskussionen".
Auf der Autofahrt haben beide ein schlechtes Gewissen. Sie denken darüber nach, ob es nicht besser gewesen wäre, rechtzeitig offen mit Johannes darüber zu reden, dass sie einen Abend nicht da sein werden, statt sich davonzuschleichen. Ihnen klingen seine verzweifelten Schreie noch in den Ohren, und den ganzen Abend haben sie ein unangenehmes Gefühl.

Der Wunsch, sein Kind von jeder Art von Angst fernzuhalten, ist natürlich. Denn Sie wissen ja aus eigenen Erlebnissen, dass es unangenehm ist, Angst zu haben, und natürlich wollen Sie Ihrem Kind das ersparen. Wenn Sie dann auch noch in die angstvollen Augen Ihres Kindes blicken und es bitter weint und offensichtlich verzweifelt ist, wollen Sie selbstverständlich etwas dagegen tun. Nur was?
Erst einmal ist es vielleicht ganz gut, ein paar Dinge über Ängste zu wissen: Ängste sind nicht nur lästig, sondern auch wichtig – nicht nur weil sie ein wichtiges Signal sein können, sondern auch, um zu wachsen. Nur wer Angst hat, kann auch mutig sein! Wer es geschafft hat, einer auch noch so kleinen Angst mutig entgegenzutreten, wird stärker und lernt, sich im Leben zurechtzufinden. Kinder ohne Angst und Kinder mit starken Ängsten haben eines gemeinsam: Sie verletzen sich häufig und leben riskanter.
Angst ist ein natürliches Warnsignal. Das ist biologisch so angelegt. Wenn von irgendwoher Gefahr droht, dann ist eine schnelle, automatische Reaktion wichtig. Deshalb bereitet sich der Körper vor: Er schüttet Hormone aus, die den Muskeltonus erhöhen, die Verdauung lahmlegen und den Herzschlag erhöhen. Wir empfinden das Gefühl der „Angst". Ob die Gefahr „wirklich" droht oder nicht – darüber machen wir uns keine Gedanken. Wir reagieren einfach automatisch, instinktiv, wenn wir Angst empfinden. Eine eingebildete Gefahr, wie beispielsweise Gespenster unter dem Bett oder die, dass die Eltern einfach

nicht mehr wiederkommen, ruft genauso Angst hervor wie ein echter Tiger, der im Gebüsch lauert.

Wenn Ängste also etwas Natürliches sind, soll man dann überhaupt etwas gegen diese Ängste tun? Natürlich soll man. Angst zu spüren ist eine Sache – sich von der Angst kontrollieren zu lassen, eine andere. Außerdem neigen Ängste dazu, sich zu „generalisieren", sich also auf alles Mögliche auszuweiten. Zuerst ist es nur die Angst vor der Dunkelheit, doch schon bald die Angst vor Gespenstern, Gewittern, Krankheiten, Unglücken, kleinen Tieren, davor, aus dem Haus zu gehen ...

Krankhafte Angststörungen sind mit die häufigsten seelischen Erkrankungen. Auch bei Kindern: Etwa 10 Prozent aller Kinder ab 6 Jahren haben eine behandlungsbedürftige Angststörung. Bei kindlichen Ängsten, vor allem wenn sie sich zu krankhaften Angststörungen entwickeln, werden die Ängste von den Kindern kaum angesprochen oder wahrgenommen – sie klagen dann eher über körperliche Beschwerden wie Schlafstörungen, Herzstechen, Kopf- oder Bauchschmerzen. Auch Stottern oder Bettnässen können Hinweise auf eine Angststörung sein.

Allerdings ist nicht jede Angst eine Angststörung. Angst ist zunächst einmal eine natürliche, biologisch angelegte Reaktion, die als Warnsignal fungiert. Jeder Mensch ist mit einem unterschiedlichen Potenzial für Angst geboren. Das sieht man schon an ganz kleinen Kindern, die noch gar keine Gelegenheit hatten, Ängste zu lernen. Bei manchen springt das biologische Alarmsystem schneller an als bei anderen. Und das bleibt auch so. Wichtig ist vor allem, den Umgang mit Ängsten zu lernen.

Angst ist also natürlich, aber sie ist unangenehm. Und Kinder müssen den Umgang mit der Angst lernen. Sollten Sie Ihr Kind also einfach Angst haben lassen und ignorieren, wenn es zittert und schreit? Natürlich nicht! Es ist wichtig, dass Ihr Kind einen sicheren Hafen hat. Wenn es die Angst bekämpfen soll, während es sich zu Tode fürchtet, wird das nie klappen. Dann übernehmen der Körper und automatische Stressreaktionen die Kontrolle. Die Angstreaktion kann jedoch nicht lange aufrechterhalten werden – nach einer Weile werden die Hormone zurückgefahren und die Angst verflüchtigt sich. Spätestens nach einer halben Stunde. Doch die Angsterfahrung hat Folgen. Beispielsweise die, dass Angst nun viel leichter auftreten wird. Immer wieder Angst zu haben, erschöpft – Mut kann Ihr Kind so nicht entwickeln.

Lassen Sie Ihr Kind mit seiner Angst nie allein. Nehmen Sie seine Ängste ernst und machen Sie sich nicht über sie lustig. Auch Rationalisieren bringt meist nichts: Da können Sie Ihrem Kind tausendmal erklären, dass es keine Gespenster gibt – wenn es Angst vor dem Gespenst im Kleiderschrank hat, ist das Gespenst für das Kind da, ganz gleich, was Sie behaupten. Mitunter können Sie sogar Ängste verstärken oder Ihr Kind stark verunsichern, wenn Sie etwas behaupten, das im Gegensatz zu dem steht, was es deutlich fühlt.

Als erste Reaktion ist am besten: Lassen Sie Ihr Kind zu sich kommen, nehmen Sie es in den Arm, lassen Sie es reden, anstatt selbst zu reden, hören sie sich seine Angst an und zeigen Sie körpersprachlich, dass Sie keine Angst haben. Manchmal reicht das. Zumindest aber ist es der erste Schritt.

Mama-Mantra: *„Du bist jetzt ganz sicher und später kannst du mutig sein!"*

Dass Ihr Kind manchmal Angst hat, damit müssen Sie leben, auch wenn es mitunter anstrengend ist und wenn Sie selbst verzweifelt sind, weil alles gute Zureden, alle Erklärungen, weil Belohnungen und Belehrungen nichts gebracht haben. Aber wenn Sie Ihrem Kind helfen, mit seinen Ängsten umzugehen, nehmen die Ängste ab. Dann müssen Sie weniger Energie darauf verwenden, mit der Angst Ihres Kindes klarzukommen. Und Sie helfen Ihrem Kind, dem Leben in Zukunft mutiger entgegenzutreten.

Angst entsteht vor dem Unheimlichen, dem Unbekannten. Deshalb ist es wichtig, dass Ihr Kind sich in der Familie geborgen fühlt. Die Familie muss ein sicherer Ort sein. Deshalb ist es auch sehr bedenklich, wenn Menschen, die es besser wissen sollten, meinen, dass Kinder Angst vor Strafen haben sollten. Das sagt zum Beispiel der Theologe und Pädagoge Bernhard Bueb, der durch seinen Bestseller „Lob der Disziplin" bekannt wurde. Angst vor Strafen, gerade vor Strafen durch die Eltern, führt manchmal zu Gehorsam, manchmal zu Rebellion, aber so gut wie immer zu einer angstgeleiteten Persönlichkeit und einem Mangel an Verantwortungsbewusstsein. Manche Thesen Buebs sind sicherlich richtig. Das Anerziehen von Ängsten und absolutem Gehorsam aber sicherlich nicht. Denn nichts ist wichtiger für das Kind, als erst einmal das Urvertrauen zu entwickeln, das nötig ist, um Ängste bewältigen zu können.

Lösungsansätze

Wenn Ihr Kind Angst hat, gehen Sie darauf ein. Manche Ängste sind unnötig, manche vielleicht übertrieben, manche ganz irrational. Doch darauf kommt es überhaupt nicht an. Versuchen Sie zu verstehen, was Ihr Kind fühlt. Natürlich haben Sie (hoffentlich!) keine Angst vor Gespenstern im Kleiderschrank – stellen Sie sich dann etwas vor, vor dem Sie wirklich Angst haben: Das Gefühl, das Sie dann haben, hat Ihr Kind, wenn es von seiner Angst spricht oder Angst durch Weinen zeigt.

Verstehen ist aber nicht genug. Dass Sie wissen, was Ihr Kind fühlt, hilft Ihnen nur, richtig auf es einzugehen. Weder müssen noch können Sie Ihrem Kind seine Angst einfach wegnehmen. Um zu lernen, mit Angst umzugehen, muss Ihr Kind die Angst erleben – aber in einer sicheren Umgebung, die Sie zur Verfügung stellen. Versuchen Sie gar nicht erst, Ihr Kind davon zu überzeugen, dass es keine Angst haben muss. Sagen Sie ihm stattdessen, dass Sie ihm helfen wollen, die Angst durch eigene Kraft zu überwinden, und dass Sie dabei an seiner Seite stehen. Und wie überwindet man nun aus eigener Kraft Ängste? Und wie vermitteln Sie das Ihrem Kind? Dazu gibt es mehrere Möglichkeiten.

Die Konfrontationsmethode

Die wirksamste Therapie bei schweren Ängsten ist die Konfrontationstherapie. Erinnern Sie sich daran, was wir über die Angstreaktion gesagt haben? Sie lässt nach spätestens einer halben Stunde automatisch nach. Wenn Ihr Kind mit Ihrer Hilfe diese Zeit durchhält, macht es eine unglaublich wertvolle Erfahrung: Die Angst verschwindet.

Dazu reicht es aber eben nicht, Ihr Kind mit der Angst allein zu lassen. Sie müssen in dieser Zeit auch dafür sorgen, dass Ihr Kind sich der Angst stellt. Das bedeutet:

1. Keine Ablenkungen und keine „Anti-Angst-Rituale“: Die führen dazu, dass Ihr Kind das Vergehen der Angst nicht seiner eigenen Kraft, sondern dem Ritual zuschreibt. Dann hat es zwar einen „Trick“, der ihm hilft – doch das Gefühl, dass die Angst berechtigt war, verfestigt sich.

2. Lenken Sie die Aufmerksamkeit Ihres Kindes auf das Beobachten des Angstgefühls – und dann darauf, wie das Angstgefühl allmählich, ganz von allein, nachlässt.

Das ist natürlich nicht ganz leicht. Wenn Ihr Kind unter einer starken, irrationalen Angst leidet, sollten Sie einen Kinderpsychologen zurate ziehen – Rat suchen ist kein Zeichen einer Schwäche, sondern eine wichtige Fähigkeit. Erkennen Sie, wenn Sie überfordert sind!
Sie können es aber natürlich erst einmal selbst probieren, wenn Sie sich das zutrauen: Suchen Sie gemeinsam mit Ihrem Kind die Angstsituation auf. Am besten geht das mit ganz konkreten Ängsten: Beispielsweise der Angst vor dem Keller, vor Spinnen, vor dem Autofahren, vor dem Zahnarzt. Aber genauso funktioniert das auch mit konkreten, aber nicht sichtbaren Ängsten wie der Angst vor Gespenstern.

Ermutigen Sie es, genau hinzusehen und genau zu spüren, was geschieht. „Wie fühlt sich das an, wenn du Angst hast? Wo genau spürst du deine Angst?“ Ihr Kind will natürlich aus der Angstsituation flüchten. Bestärken Sie es, dabei zu bleiben. „Ich bin bei dir. Jetzt schau mal genau, was passiert.“ Lenken Sie Ihr Kind nicht ab. Sie sind bei ihm und das muss genügen. Wenn Sie und Ihr Kind dabei bleiben, vergeht die Angst – spätestens nach einer halben Stunde. Immer, denn das ist ein biologischer Mechanismus.
Überlegen Sie vorher, ob Sie das durchziehen können. Das Abbrechen verstärkt die Angst – denn dann fehlt ja die Erfahrung, dass sie von selbst vergeht. Das Flüchten aus der Situation führt natürlich auch dazu, dass die Angst erst mal weg ist. Doch das wird dann der Flucht zugeschrieben und die Lernerfahrung ist dann: „Es ist nötig gewesen, vor der Angst zu fliehen, sonst wäre sie nicht vergangen. Ich habe ganz recht damit gehabt, Angst zu haben.“

NLP – Phobia Cure und ABC

NLP hat ein sehr ausgeklügeltes Verfahren gegen Ängste entwickelt, die sogenannte Phobia Cure. Da diese Methode aber ein bisschen Abstraktionsvermögen erfordert, klappt das bei kleinen Kindern in der Regel nicht so gut. Probieren Sie es einfach aus. Auf Seite 196 werden wir die Phobia Cure genauer erklären. Hier stellen wir Ihnen erst einmal nur das Prinzip vor:
Sie gehen mit dem Kind die Angstsituation in Form eines „inneren Films" durch. Doch das Kind schaut sich nicht gleich diesen Film an, sondern zunächst jemanden, der einen Zuschauer des Films beobachtet, der den Film sieht. Dann, wenn das angstfrei geht, sieht es den Zuschauer an – und dann erst direkt den Film. Der Film kann dabei auch verändert werden, er kann bunter oder schwarzweiß laufen, in Zeitraffer oder Zeitlupe oder mit lustiger Musik untermalt sein. Durch das Sehen dieses inneren Films verändern sich einige kognitive Bausteine der Angsterfahrung – und die Angst bricht in sich zusammen.
Eine weitere NLP-Technik, die viel einfacher und spielerischer ist, nennt sich ABC (Auditive Belief Change). Eine Beschreibung dieser Technik finden Sie auf S. 197.

Die Märchen-Methode

Am sanftesten und bei nicht so gravierenden Ängsten oder als zusätzliche Hilfe bei schweren Ängsten sind Märchen und Geschichten sehr sinnvoll, die im Unterbewussten Ihres Kindes Lösungsprozesse in Gang setzen. Eine dieser Geschichten haben wir am Ende des Kapitels aufgeschrieben. Sie können die Geschichte natürlich variieren oder eine eigene erfinden. Sehen Sie sich dazu vielleicht noch einmal die Tipps an, die wir für therapeutische Geschichten gegeben haben (S. 53f.).
Lösungsorientiert mit Ängsten umgehen heißt: Mut schaffen, statt die Angst in den Mittelpunkt zu stellen. Mut und Angst sind eng miteinander verbunden. Ihr Kind kann nur dann die Erfahrung machen, mutig zu sein, wenn es vorher Angst hatte!
Vielleicht kennen Sie den „Indianer weinen nicht"-Spruch. Der ist ziemlich out. Und das ganz zu Recht, wenn damit einem Jungen beigebracht werden soll, dass „richtige Männer" keine Gefühle zeigen dürften. Doch ähnliche Vorstel-

lungen können durchaus auch als Kraftressourcen aus dem Reich der Fantasie hilfreich sein. Zum Beispiel kann das Kind „Indianer weinen nicht" auch als solche Kraftressource erfahren: „Ich bin ein Indianer und mutig. Wenn mir etwas Angst macht, sehe ich ihm trotzig in die Augen!" Es muss ja kein Indianer sein. Es kann auch der starke, unbesiegbare Wikinger Hangar sein, der ein Schwert heben kann, das so schwer ist, dass nicht einmal drei Männer es zusammen heben können. Oder die Zauberfee Millimaxina, die mit ihren Zauberkräften jede Angst kleinzaubern kann ...

Ängsten vorbeugen

Ängste sind ein Teil der menschlichen Entwicklung. Doch manche Ängste sind wirklich völlig unnötig und lassen sich vermeiden. So sollte Ihr Kind nicht mit Sinnesreizen überflutet werden. Ein geordneter Schlaf-Wach-Rhythmus, feste Essenszeiten und eine Umgebung, die frei von Angst machenden Medien (Horrorfilmen, lauter Musik, Streitereien etc.) ist, schützt. Denn wenn Ihr Kind keine geordneten Lebensverhältnisse mit Konstanten erfährt, auf die es sich verlassen kann, wird es öfter erschöpft sein und sich schwach fühlen – und seine natürliche Abwehrkraft gegen Ängste wird ebenfalls geschwächt. Gerade das Fernsehen kann eine Quelle belastender Gefühle sein. (siehe Fernsehen S. 120) Und natürlich spielen Sie als Eltern mal wieder die wichtigste Rolle. Wenn Kinder erleben, wie und dass Angstbewältigung funktioniert, kommen sie selbst auch viel eher mit ihren Ängsten klar. Wenn die wichtigsten Bezugspersonen hingegen selbst sehr unsicher und furchtsam sind, wird es auch für das Kind schwierig.

Zum Schluss noch ein Tipp: Geben Sie Ihrem Kind ein natürliches Anti-Angst-Training mit auf den Lebensweg: Wecken Sie seine Lust am Abenteuer, zeigen Sie ihm, dass Appetit auf Neues etwas Gutes ist, zeigen Sie, dass man manchmal Grenzen überschreiten muss, und wecken Sie seine Neugier. Mut ist keine Tollkühnheit. Neugier ist nicht die Sucht nach Neuem. Und es gibt natürlich auch Gefahren in der Welt. Zeigen Sie Ihrem Kind, dass die Welt gefährlich sein kann – aber eben so, dass es zu jeder Gefahr den Gegenpol gibt, der die Gefahr überwinden kann.

Märchen

Wie Häschen Hasenherz sein Löwenherz gewann

Eigentlich war Häschen Hasenfuß ein ganz normales Häschen. Es hatte lange Ohren, ein flauschiges Fell und ein Stummelschwänzchen. Und wie alle anderen Häschen war auch Häschen Hasenfuß ängstlich. Doch im Gegensatz zu allen anderen Häschen hatte Häschen Hasenfuß nicht nur ein bisschen Angst, sondern es fürchtete sich ganz furchtbar.

Häschen Hasenfuß hatte große Angst, wenn es dunkel wurde und der Mond unheimliche Schatten warf. Deshalb verließ es im Dunkeln auch nie seine Höhle. Es fürchtete sich auch, wenn Wolken aufzogen und es donnerte und blitzte. Deshalb verließ Häschen Hasenfuß nie seine Höhle, wenn dunkle Gewitterwolken am Himmel zu sehen waren. Erst recht aber fürchtete es sich vor dem alten Fuchs, der manchmal durch die Gegend streunte und dann und wann Hühner oder Hasen zum Abendbrot aß. Am liebsten wäre Häschen Hasenfuß immer in seiner Höhle geblieben. Es fürchtete sich ja vor so vielen Dingen.

Wie man sich denken kann, war Häschen Hasenfuß ein sehr unglücklicher kleiner Hase, denn natürlich macht es überhaupt keinen Spaß, vor allem und jedem Angst zu haben. Nun war Häschen Hasenfuß zwar sehr furchtsam, aber zugleich doch auch ziemlich schlau. Es wusste ganz genau, wie dumm es war, dauernd Angst zu haben. Und es ahnte, dass es viel mehr Spaß haben würde, wenn es nur ein bisschen mutiger sein könnte. Häschen Hasenfuß musste an all die Tiere denken, die keine Angst hatten und viel glücklicher waren. Da war zum Beispiel der Löwe. Der brauchte nur streng zu gucken und ein bisschen zu brüllen, und schon bekamen alle anderen Angst. Aber der Löwe war ja auch sehr mutig. Nicht einmal vor den Jägern hatte der Angst! Ach – ein Löwenherz müsste man haben!, dachte sich der kleine Hase. Und da er sich so sehr danach sehnte, machte er sich auf die Suche nach einem Löwenherzen.

Schon am nächsten Morgen machte Häschen Hasenfuß sich auf den Weg. Aber wo sollte es überhaupt suchen? Häschen Hasenfuß musste daran denken, dass es viele Tiere gab, die es bewunderte, weil sie sich viel mehr trauten. Vielleicht würden die ihm ja helfen können ...

Häschen Hasenfuß bewunderte das Eichhörnchen, weil es sich ganz hoch in die Bäume hinauf wagte. Es bewunderte den Bären, weil der wirklich vor nichts und niemandem Angst hatte. Und sogar den Schmetterling bewunderte es, weil der sich traute, frei durch die Luft zu wirbeln, obwohl er doch so zart war. Also besuchte Häschen Hasenfuß das Eichhörnchen, den Bären und den Schmetterling und fragte sie, warum sie eigentlich so mutig wären. Doch die Antworten waren ganz anders als erwartet.

Das Eichhörnchen sagte: „Um auf Bäume zu klettern, braucht man wirklich keinen Mut – das macht doch Spaß!"

Und der Bär sagte: „Um vor niemandem Angst zu haben, braucht man doch keinen Mut – dafür muss man nur bärenstark sein!"

Als Häschen Hasenfuß den Schmetterling fragte, guckte der nur komisch und sagte gar nichts, weil er zum Nachdenken keine Lust hatte. Er lachte nur und flatterte einfach davon.

Da war der kleine Hase ziemlich verwirrt. Als er eine Weile nachgedacht hatte, kam ihm aber noch eine gute Idee: Vielleicht wusste ja die weise Eule, wie man ein Löwenherz bekommen konnte? Das Dumme war nur, dass die Eule nur um Mitternacht Sprechstunde hatte. Noch dazu wohnte sie mitten im Wald. Dabei hatte Häschen Hasenfuß doch in der Nacht so furchtbare Angst. Und weil es nachts so dunkel im Wald ist, fürchtete es sich gleich noch mehr. Weil es aber un-un-unbedingt ein Löwenherz haben wollte, traute es sich schließlich doch.

Kurz vor Mitternacht lief Häschen Hasenfuß tief in den dunklen Wald hinein. Als es endlich bei der Eule ankam, zitterte es am ganzen Leib.

„Was willst du hier mitten in der Nacht?", fragte die Eule, die den kleinen Hasen mit großen, dunklen Augen ansah.

„I-I-Ich möchte so gern ein Lö-Lö-Löwenherz haben", stotterte das Häschen.

Lange schwieg die Eule. Dann sagte sie: „Wenn du keine Angst hast, dann kannst du auch keinen Mut haben. Aber ein Löwenherz kannst du leicht finden, wenn du nur richtig hinsiehst. Dein Löwenherz findest du in dir selbst!"

Nachdenklich und verwirrt hoppelte Häschen Hasenfuß nach Hause. Es hatte gar nicht verstanden, was die kluge Eule gemeint haben konnte. Zu Hause dachte es noch einmal darüber nach, was die Tiere zu ihm gesagt hatten:

Mut ist nicht, auf Bäume zu klettern, wenn das Klettern Spaß macht.

Mut ist nicht, keine Angst zu haben, wenn man stärker als die anderen ist.

Mut ist auch nicht, zu fliegen, wenn man sowieso fliegen kann und dumm ist.

Mut ist nur, wenn man etwas tut – obwohl man richtig Angst davor hat!

Häschen Hasenfuß kratzte sich mit dem Hinterbein am Kopf. Was sollte es denn jetzt machen? Es hatte nun einmal Angst. Eine ganze Menge sogar. Es hatte Angst, auf Bäume zu klettern, denn dann könnte es ja herunterfallen. Vor dem Fuchs hatte es Angst, weil es aufgefressen werden könnte. Und fliegen wie ein Schmetterling, das kam ja überhaupt nicht infrage.

Der kleine Hase seufzte. Ach, wie schwer ist es doch, ein Löwenherz zu bekommen, wenn man immer daran denkt, was alles passieren könnte, wenn man sich was traut, dachte er. Doch dann begann Häschen Hasenfuß einmal darüber nachzudenken, was alles passieren könnte, wenn man sich *nicht* traut. Wenn ich mich nicht traue und immer nur Angst habe, dann habe ich nie Spaß, dann kann ich nie unbeschwert spielen. So kann das doch nicht weitergehen, dachte es. Und sogleich bekam das Häschen mehr Mut. Vielleicht hatte die Eule das damit gemeint, als sie sagte: Dein Löwenherz findest du in dir selbst!

Das hatte Häschen Hasenfuß jetzt zwar verstanden, doch die meisten Dinge sind viel leichter gedacht als getan. Der kleine Hase grübelte und grübelte, bis er einschlief. In der Nacht hatte er einen Traum, in dem seine Ururgroßmutter zu ihm sprach: „Mein kleiner Hase! Mut haben ist gar nicht schwer: Du musst dazu einfach das tun, was du wirklich tun willst. Und wenn du Angst hast, dann lach sie aus, deine Angst."

Als der kleine Hase aufwachte, fühlte er sich sehr gut. Jetzt wusste er endlich, wie er sein Löwenherz finden konnte. „Ich muss einfach nur das tun, was ich wirklich gern mache. Das ist ja ganz leicht! Aber ich muss es einfach auch dann tun, wenn es mir ein bisschen Angst macht – das ist alles." Dem kleinen Hasen wurde ganz leicht ums Herz, als er das erkannt hatte. Er fühlte sich stark und frei. Denn jetzt war sein Löwenherz erwacht.

Der kleine Hase war nun nicht mehr Häschen Hasenfuß, sondern Häschen Löwenherz und er musste lachen, denn plötzlich wusste er, dass ganz tief in jedem ängstlichen Häschen ein Löwenherz schlägt. Und dass man es nur aufzuwecken braucht.

Seit der kleine Hase sein Löwenherz entdeckt hat, hat sich viel verändert. Häschen Löwenherz ist mutig und tut, was es wirklich will. Auch dann, wenn es ein bisschen Angst hat.

Mitten in der Nacht tanzt es im Mondlicht.
Wenn es zur Blumenwiese auf der anderen Seite des großen Flusses will, springt es einfach mutig ins Wasser und schwimmt hinüber.
Und wenn der Fuchs einmal durch den Wald streunt, läuft es so schnell es kann vor seiner Nase herum – aber nicht, weil es Angst hat, sondern weil es solchen Spaß macht, den alten Fuchs ein wenig zu ärgern.
Es gibt so viele Dinge zu entdecken, wenn du dein Löwenherz gefunden hast. Das Entdecken macht immer ein wenig Angst. Aber nur, wenn du Angst hast, kannst du zeigen, dass du Mut hast. Es macht wirklich Spaß, ein Löwenherz zu haben!

Wenn der kleine Tyrann die Macht übernimmt – Aggression

Eigentlich will Frau Müller nur noch schnell ein paar Sachen einkaufen, die sie für das Mittagessen braucht. Sarah will unbedingt mit. Frau Müller findet das keine so gute Idee: Es ist Samstag und die Geschäfte sind voll. „Nein, Sarah, es muss jetzt schnell gehen. Außerdem bin ich gleich wieder da“, sagt sie. Ihre Tochter fängt an zu schreien und schleudert die Stifte, die sie in der Hand hat, wütend in die Ecke: „Ich will aber mitkommen! Du bist so gemein“, schreit sie. Da Frau Müller schon weiß, dass Sarah nicht klein beigeben wird, willigt sie ein. Aber anschnallen will sich Sarah nicht – sie wehrt sich mit Händen und Füßen und boxt ihre Mutter in den Bauch. Frau Müller gibt ihr eine Ohrfeige und schnallt sie trotz Gegenwehr an. Sie ist halt ein kleiner Sturschädel, denkt Frau Müller und lächelt gequält, während sich Sarah windet und schreit.
Im Supermarkt vergeht ihr das Lächeln. Sarah läuft einfach los. Als Frau Müller sie schließlich bei den Spielsachen findet, hat ihre Tochter ein rosa Plastikeinhorn in der Hand. „Mama – das will ich haben!“ – „Komm jetzt, Sarah – wir können dir nicht immer alles kaufen!“ Sarah stampft mit dem Fuß auf und macht eine Szene. Ihre Freundinnen hätten alle so ein Einhorn und nur sie würde nie bekommen, was sie sich wirklich wünscht, quengelt sie. Eine ältere Dame kommt

vorbei und schaut kopfschüttelnd zu, wie Frau Müller ratlos vor ihrer Tochter steht und allmählich die Nerven verliert. „Also gut – ausnahmsweise!", sagt sie. Endlich geht es zur Kasse, doch da liegen die Überraschungseier. „Mama – mein Überraschungsei!", fordert Sarah gereizt. Frau Müller seufzt, sie verdreht die Augen und sagt: „Na gut, Sarah, aber danach ist endlich Schluss und du bist wieder lieb, okay?" Sarah hört gar nicht zu. Sie ist zu sehr damit beschäftigt ihr Überraschungsei auszupacken – die Kassiererin reagiert sauer, da sie das abgerissene Papier nur mit viel Mühe einscannen kann ...

Nicht jeder aggressive Wutausbruch ist gleich ADS oder Zeichen einer Verhaltensstörung und nicht jede umgehauene Vase gleich ein Grund nach „Statistiken zu Aggressionen bei Jugendlichen" zu googeln. Aggressionen gehören zum Leben und Kinder müssen wohl lernen, wie man Wut auf lösungsorientierte Art und Weise angeht, wie man mit Frustration umgeht und wie man es vor allem vermeidet, Schaden anzurichten. Nun kann man allerdings nicht leugnen, dass das Phänomen Aggression zugenommen hat. Wahrscheinlich sind auch Ihnen noch die schrecklichen Berichte von halb oder ganz totgeschlagenen Menschen präsent, die von jugendlichen Gewalttätern brutal angegriffen wurden. Wie konnte es nur dazu kommen? Vielleicht merken Sie, wenn wir Sie jetzt dazu gebracht haben, an diese Vorfälle zu denken, wie in Ihnen selbst die Wut hochkocht, und vielleicht würden Sie die Täter sogar selbst gerne körperlich bestrafen oder bestraft sehen? So ist das mit Wut, die hilflos ist: Nur allzu schnell schlägt sie in Aggression um.

Die wichtigste Folgerung daraus ist, dass Sie Ihren Kindern in Worten, aber noch viel wichtiger, mit Ihrem Verhalten zeigen, dass man mit Wut immer anders und für sich selbst angenehmer und produktiver umgehen kann als mit Aggression. Und behalten Sie eines im Kopf: Ihr Kind *ist* nicht aggressiv, sondern es *verhält* sich aggressiv.

Die Zunahme von Gewalttaten hat damit zu tun, dass Kinder – vor allem in bestimmten sozialen Umfeldern – immer weniger lernen, wie sie mit ihrer Wut umgehen können, wie sie ihre Hilflosigkeit überwinden und lösungsorientiert handeln. Wie gesagt, spielt das soziale Umfeld eine wichtige Rolle. Das betrifft aber nun keineswegs nur Prekariatsfamilien. Wer keine Zeit für seine Kinder hat und sie den ganzen Tag vor der Playstation und dem Fernseher sitzen lässt, kann ihnen keine Wutbewältigungsstrategien vermitteln. Sehen Sie sich einmal bewusst manche Computerspiele und das Fernsehprogramm mit Action, Krieg und Rachefantasien an! Es scheint, als ob Gewalt als legitime Lösung von Problemen immer mehr akzeptiert wird. Und die Leistungsgesellschaft ist sicher auch nicht hilfreich, um Mitgefühl und Gelassenheit zu entwickeln.

Nun machen aber „Ego-Shooter", Wrestling oder Horrorfilme allein ein Kind nicht automatisch aggressiv – jedenfalls dann nicht, wenn der fiktiven Gewalt reale positive Lösungsstrategien gegenübergestellt werden. Auch Kinder können Aggressionen im Fernsehen oder im Spiel durchaus von der Realität trennen. Nur wenn die Realität nichts Attraktiveres zu bieten hat, werden die fiktiven Vorbilder übernommen. Dasselbe gilt für die Leistungsgesellschaft, die wir ja nicht abschaffen wollen – nur sollte es eben auch über Leistung und Profit hinausgehende Werte und Lösungsstrategien geben.

Sicherlich müssen Sie nicht gleich bei jedem Schreianfall Ihres Kindes zum Therapeuten laufen. Auch ein völlig überzogenes Harmoniebedürfnis, das manche Eltern an den Tag legen, ist alles andere als optimal. Es ist ein Ausdruck von Hilflosigkeit, mit Problemen adäquat umzugehen. Diese Hilflosigkeit ist ein negatives Signal an die Kinder. Es macht sie orientierungslos und sagt ihnen deutlich: So, wie es die Eltern machen, ist es nicht gut. Und dann probieren sie es mit etwas anderem – beispielsweise mit Aggressionen.

Manche Eltern wundern sich darüber, wie unterschiedlich Geschwister sind. Ihr eines Kind ist ganz „brav", während das andere schnell wütend wird und schon bei kleinen Anlässen losschreit. Dann fragen sie sich besorgt, ob das Kind vielleicht „gestört" ist. Keine Sorge: Das ist in aller Regel nicht der Fall. Machen Sie sich klar, dass Erziehung nicht alles ist. Sie machen Ihre Kinder nicht, wie Sie Tonfiguren kneten. Sie schreiben nicht auf ein leeres Blatt; jedes Kind ist eine einmalige Persönlichkeit und bringt schon bestimmte Veranlagungen mit auf die Welt.

Wut ist also kein Problem, sondern ein Gefühl. Die Gefühle Ihres Kindes sollten Sie aber in jedem Fall zulassen – Ihr Kind soll nicht lernen, seine Gefühle zu

unterdrücken, sondern es soll lernen, sie auf angemessene Art und Weise auszudrücken.
Manche Kinder sind äußerlich ganz ruhig, auch wenn sie sich ärgern – und wenn sie dann doch einmal explodieren, ist die Überraschung groß. Oder sie zeigen ihre Wut subtiler, indem sie ihren Eltern das Leben auf andere Weise schwer machen, beispielsweise indem sie die Eltern oder die Geschwister gegeneinander ausspielen. Andere Kinder tragen dagegen ihre Wut vor sich her wie die eigene Nase. Da sieht man sofort, wenn sie sauer sind. Und da sie sich sehr schnell unverstanden fühlen und über das entsprechende Temperament verfügen, werden sie schnell wütend. Und darum glauben alle, dass sie wütender sind als ihre ruhigeren Geschwister oder Altersgenossen – aber in Wirklichkeit zeigen sie ihre Gefühle nur wesentlich offener, was gar nicht so schlecht ist.

Ist Aggression angeboren oder erlernt?

Diese Frage ist wohl immer noch nicht ganz eindeutig geklärt. Die meisten Forscher vertreten heute die Auffassung, dass Aggression ein Gemisch aus angeborenen, biologischen Reaktionsmustern, sozialen und kulturellen Einflüssen, frühkindlichen Situationen und gegenwärtigen Frustrationen sowie biologisch vorgegebenen Reaktionsnormen ist. Allerdings scheinen zwei Faktoren besondere Bedeutung zu haben: Erstens das Lernen am Modell – Kinder lernen zu schlagen, wenn sie geschlagen werden. Und zweitens der Auslöser, der Aggression im konkreten Fall auftreten lässt: Aggression tritt überwiegend dann in Erscheinung, wenn das Selbstwertgefühl beschädigt wird – beim überholten Autofahrer, beim beleidigten Schläger, bei Politikern, die herumbrüllen, und bei Kindern, die in ihren Gefühlen und Bedürfnissen nicht ernst genommen werden.
Wenn ein Kind sich über längere Zeit hinweg sehr aggressiv verhält oder sich selbst Verletzungen zufügt, ist dringend fachpsychologische Hilfe nötig, da dann in der Regel ernsthafte Probleme wie Missbrauch dahinterstehen.

Wie immer ist das Verhalten der Eltern ganz entscheidend. Lernen die Kinder, dass Gewalt für die Eltern akzeptabel ist, wenden sie selbst auch öfter Gewalt an. Und wenn das nicht geht, tritt ein Gefühl verzweifelter Hilflosigkeit auf, das sich dann bei erster Gelegenheit in heftigen Aggressionen Luft macht. Das gilt übrigens nicht nur für körperliche Gewalt. Eltern, die ständig schimpfen, fluchen und zetern, müssen sich nicht wundern, wenn ihre Kinder sich alsbald ein großes Repertoire unflätiger Schimpfwörter und einen aggressiven Tonfall zulegen. „Nein: Du hältst jetzt mal die Klappe – Scheiße noch mal!" Schneller als Sie denken, tönt es in gleicher Weise von Ihren Kindern zurück ...
Mama-Mantra: *„Ich verstehe, dass du dich ärgerst. Ich hab dich lieb. Komm, machen wir den Ärger-Zwerg zum Zauberer!"*

Lösungsansätze

Der Umgang mit Wut, Zornausbrüchen und Trotz ist für viele Eltern eine große Herausforderung. Als Vater oder Mutter ist man weder der gleichberechtigte Lebenspartner noch der Therapeut, sondern eben doch der, an dem die Erziehung hängt – und das heißt vor allem, dass man Orientierung geben muss.
Manchmal ist das schwierig, weil man ja der/die allezeit verständnisvolle Papa/Mama sein will. Und nach vielen Hundert Jahren autoritärer (genauer gesagt quasimilitärischer) Erziehung will man heute natürlich einfühlsamer und toleranter sein als Opa Zwirbelbart. Glücklicherweise. Doch das heißt eben nicht, dass man das Kind in einem Brei aus Harmonie und Lieblichkeit orientierungslos herumstrampeln lässt. Da besteht die Gefahr, dass es darin ertrinkt – oder so heftig strampelt, dass Ihnen der Brei um die Ohren fliegt.
Ganz allgemein gesagt gilt natürlich auch hier wieder: Gehen Sie lösungsorientiert vor und konzentrieren Sie sich nicht so sehr auf die Wut. Richten Sie Ihre Aufmerksamkeit darauf, was wohl nötig ist, damit Ihr Kind im Frieden mit sich und der Welt ist – und nicht vorrangig auf die Frage, wie Sie etwas gegen die Wut tun können. Halten Sie gemeinsam mit Ihrem Kind nach Möglichkeiten Ausschau, die die Situation für alle besser erträglich macht. Die Chancen steigen, wenn sich alle Betroffenen daran beteiligen; es muss für Ihr Kind klar werden, dass die Suche nach Alternativen zur Aggression attraktiv ist. Das heißt vor allem: Lassen Sie niemals zu, dass Ihr Kind durch Aggression etwas erreicht!

Sobald das aggressive Verhalten abklingt, ist es gut, das zu verstärken: Durch Lob, vermehrte Zuwendung und Hilfe bei der Lösungssuche. Denken Sie daran, dass Strafen für aggressives Verhalten die Aggression verstärken: Einmal, weil das Kind sich noch hilfloser fühlt, zum zweiten, weil es dann einen noch klareren Grund für sein Verhalten findet, und drittens, weil Strafen unter gewissen Umständen sogar eine Belohnung sein können. Das klingt paradox, aber ist tatsächlich so. Auch eine Strafe kann ein Mehr an Zuwendung bedeuten!

Erste Hilfe bei aggressivem Verhalten

- Gefühle zulassen: Machen Sie sich ganz klar, dass Aggressivität nicht dasselbe wie Wut ist. Wenn Ihr Kind wütend ist, ist das der Ausdruck seines Gefühls, das nun einmal vorhanden ist. Lassen Sie das Gefühl zu und gehen Sie darauf ein. Dann muss das Kind seine Wut nicht in aggressivem Verhalten zeigen.
- Authentisch sein: Wenn Ihr Kind aggressiv wird, spüren Sie höchstwahrscheinlich selbst Ärger. Äußern Sie Ihre eigene Wut authentisch – ohne Aggression: „Ich ärgere mich wirklich sehr, wenn du herumschreist und mit Sachen um dich wirfst." Dadurch erfährt Ihr Kind, dass man es sagt, wenn man sich ärgert, und dass dafür keine Aggression nötig ist.
- Das Gefühl ansprechen: Tragen Sie dem Gefühl Ihres Kindes Rechnung, indem Sie es ansprechen. Beispielsweise: „Es ist sehr ärgerlich, was dir gerade passiert ist. Lass uns überlegen, was wir tun können, damit wir uns nicht ärgern."
- Nicht verstärken: Geben Sie aggressiven Wutanfällen keine unangemessene, also deutlich über das Übliche hinausgehende, Aufmerksamkeit. So etwas wirkt als „Verstärker" und Ihr Kind lernt dadurch, dass aggressives Verhalten Vorteile bringt – das sollten Sie im eigenen Interesse unbedingt vermeiden.
- Aufmerksamkeit wecken: Werden Sie leise. Vielleicht fällt Ihnen das im ersten Moment schwer – doch Ihr Kind wird dann mit großer Wahrscheinlichkeit auch etwas leiser und Sie wecken seine Aufmerksamkeit, denn es will hören, was Sie sagen; Kinder sind ja neugierig!
- Keine Strafen: Strafen, auch und gerade emotionale Strafen, sind absolut

kontraproduktiv. Wenn Ihr Kind sich in einen extremen Wutanfall hineingesteigert hat, sodass Gefahr besteht, dass es sich oder anderen Schaden zufügt, müssen Sie es möglicherweise körperlich ruhigstellen.
Rufen Sie laut: „Stopp!" – das führt zu einem kurzen Schreckreflex, sodass Ihr Kind kurz aufhört, um sich zu schlagen. Dann halten Sie es fest, sodass es nicht weiterschlagen kann. Achten Sie dabei darauf, dass Sie wirklich nur so viel Kraft aufwenden wie nötig. Der Körperkontakt beruhigt nach kurzer Zeit. Legen Sie eine Hand auf den Hinterkopf – das löst einen Beruhigungsreflex aus.

Anti-Aggressions-Maßnahmen

Üben Sie zuzuhören.

1. Selbst zuhören (ohne gleich zu kommentieren – auch nicht innerlich!)
2. Mit dem Kind anderen zuhören

Führen Sie die Regel ein, dass immer nur einer spricht – und zwar bis er fertig ist mit seinem Satz. Das gilt für die Eltern dann aber genauso wie für die Kinder. Dann wird es leicht akzeptiert und macht vieles einfacher.

Nehmen Sie Ihr Kind ernst.

Kinder werden verständlicherweise leicht wütend, wenn man sie nicht ernst nimmt oder nicht wirklich auf sie eingeht. Wenn Sie dann auch die Wut nicht als Gefühl anerkennen, resultiert das schnell in Aggression.

Erkennen Sie Bedürfnisse.

Finden Sie heraus, welche Bedürfnisse hinter dem „Trotz" oder der Wut stecken könnten. Dann wird es nicht so leicht zu aggressivem Verhalten kommen. Erinnern Sie sich an den NLP-Grundsatz „Jedes Verhalten hat eine positive Absicht!".

Setzen Sie Humor ein.

Wenn Ihr Kind einen Wutanfall hat, können Sie den in der Regel mit paradoxem Verhalten unterbrechen. In NLP-Sprache würde man sagen, dass Sie ein „Reframing" (siehe S. 174) machen. Sehen Sie Ihr Kind mit großen Augen an, ziehen

Sie ein komisches Gesicht und sagen Sie etwas wie: „Hey, Zahnlücken-Joe: Bleib cool!" Wenn Sie diesen Unterbrecher gesetzt haben, sollten Sie aber unbedingt dem Bedürfnis, das sich in dem Wutanfall ausgedrückt hat, nachgehen!

Erzählen Sie Geschichten.
Da gibt es den starken Bären, der sich nie aufregt ... Erfinden Sie Abenteuer, bei denen ihm alles Unmögliche passiert – und wie er trotzdem immer cool bleibt. Eine Geschichte, die Aggressionen in andere Bahnen lenkt und unterbewusste Lösungsprozesse in Gang setzt, haben wir auch diesmal ans Ende des Kapitels gestellt – wenn auch ganz ohne Bären.

Lassen Sie körperlichen Ausdruck zu.
Darunter müssen weder Sie noch Ihre Einrichtung leiden, wenn Sie ein „Wutventil" bereitstellen: einen Sandsack, eine Matratze oder ein dickes Kissen. So ein Wutventil hilft Kindern paradoxerweise, ihre aggressiven Impulse in den Griff zu bekommen, da die Aggression mit etwas Spielerischem verbunden wird.

Lernen Sie, mildere Formen von Aggressivität auszuhalten.
Sie müssen nicht immer etwas tun. Vertrauen Sie bis zu einem gewissen Grad der Selbstregulation. Es ist eine harte Übung, aber sehr heilsam: es einfach aushalten. Wenn Ihr Kind sich hinwirft, schreit und stampft – was soll schon passieren? Oft dauert es nur wenige Sekunden und danach ist wieder Ruhe. Manchmal wollen Kinder eben die Grenzen austesten und probieren, was passiert, wenn sie aggressives Verhalten zeigen. Am besten ist, wenn dann nichts passiert – dann haben sie gelernt, dass dieses Verhalten schon mal nichts bringt.
Das heißt allerdings nicht, dass Sie nun die Gefühle Ihrer Kinder prinzipiell ignorieren sollten. Die Gefühle sollten Sie nie ignorieren – aber manche Verhaltensweisen. Das frustriert Kinder manchmal ein wenig. Aber auch das ist ein Teil des Lebens – man kann seinen Kindern nicht jede Frustration ersparen.

Machen Sie klare Ansagen.
Dann kommt es oft gar nicht zu Wut und dem Ausdruck der Wut durch Aggression. Wenn Sie etwas versprechen, halten Sie es. Vermeiden Sie Aussagen, die

die Wörter „vielleicht", „eventuell", „möglicherweise" enthalten – das verwirrt. Sagen Sie das, was Sie sagen, in einer klaren, für Ihr Kind verständlichen Form.

Überfordern Sie Ihr Kind nicht.

Kinder, vor allem kleine Kinder, sind mit Entscheidungen oft schnell überfordert. Sie müssen zur Entscheidungsfähigkeit erst reifen und erzogen werden. Am Anfang brauchen sie deshalb klare Anweisungen, wo es langgeht. Also gar nicht erst vor die Wahl stellen: „Willst du lieber den Reis oder den Brokkoli?" – es gibt einfach beides. Wenn Ihr Kind eine Auswahl hat, ist das dann gut, wenn ihm die Wahl leichtfällt. Dann hat es das Gefühl, selbst entschieden zu haben, und das fühlt sich immer gut an. Damit ihm die Auswahl leichtfällt, sorgen Sie einfach dafür, dass eine Möglichkeit sehr unattraktiv ist. „Schokolade oder Lebertran?"

Einschreiten bei Aggressionen zwischen Kindern

Eltern sollten bei aggressivem Verhalten Ihrem Kind die Möglichkeit geben, von selbst zu angemessenerem, lösungsorientiertem Verhalten zu finden. Wenn sich Kinder streiten, müssen Sie sich nicht sofort einmischen, sonst hat Ihr Kind gar nicht die Chance zu lernen. Manchmal ist es jedoch schon wichtig, dass Sie einschreiten, nämlich wenn

- die Verletzungsgefahr zu groß wird,
- ein Kind bereits weint oder sehr verzweifelt erscheint,
- die Aggression gegen Schwächere gerichtet ist,
- ein Austesten der Grenzen angesagt ist, sodass den Kindern unmissverständlich klargemacht wird, dass sie an der Grenze angelangt sind.
- die Kinder den Konflikt nicht aushandeln können. Bieten Sie dann konkrete Vorschläge zur Lösung des Problems an.

Achten Sie jedoch darauf, Aggression nicht mit eigener Aggression zu begegnen. Wie sollte das Kind verstehen, dass die Eltern, die ja ohnehin so viel stärker sind, schlagen, wenn es selbst das nicht darf? Wenn Sie einschreiten, dann mit klaren Worten. Laut, wenn nötig, aber nur um durchzudringen, nicht im Tonfall der Wut.

Das Waldvolk

Tief, tief im Wald, da lebte ein kleines Volk – die Pilzlinge. Die Kleinen waren nur so groß wie Fliegenpilze – und mit ihren großen roten Hüten mit weißen Punkten darauf sahen sie auch fast so aus, wenn sie stillstanden. Sie standen aber nur still, wenn sich einmal ein Mensch in den Wald verirrte, was nur ganz selten geschah. Sonst waren sie ständig beschäftigt mit allem, was ihnen Spaß machte. Sie malten Bilder, spielten Musik, schrieben Gedichte und lasen sie sich vor, schnitzten Möbel, halfen den Tieren im Wald, wenn die krank wurden, und lachten die meiste Zeit. Wenn man im tiefen Wald ganz genau hinhörte, konnte man das Lachen des Waldvolkes oft hören – es klang wie das Summen der Bienen, nur lustiger.

Eines Tages verlief sich Tom im Wald. Natürlich war er nicht allein in den Wald gegangen, sondern mit seinen Eltern. Nach einer Weile wurde es ihm langweilig und er wollte von Papa getragen werden. Doch Papa sagte: „Tom, du bist alt genug, du kannst wirklich allein gehen." Da wurde Tom, wie so oft, furchtbar wütend. Er schrie: „Ich will aber! Ich will aber!"

Mama sah ihn traurig an und Papa schüttelte den Kopf. Tom trat mit dem Fuß gegen Bäume und Sträucher, sodass die Vögel erschrocken aus ihren Nestern hochflatterten. Lustlos trabte er seinen Eltern hinterher. Als er Durst bekam, schrie er: „Ich will etwas trinken – sofort!" Dabei zog er seine Mutter so fest am Kleid, dass es einen Riss bekam. „Sei doch nicht so grob, Tom", schimpfte sie. Der Vater gab Tom eine Flasche Wasser aus dem Rucksack.

„Ich will aber kein Wasser. Ich will Limo!", schrie Tom und stampfte vor Wut auf den Boden. Es half nichts, dass Papa ihm erklärte, dass sie nun einmal keine Limo dabeihätten. „Ich will aber! Ich will aber!", schrie Tom. Er schrie und tobte, bis sich die Eltern die Ohren zuhielten und die Augen schlossen. Da rannte Tom weg und wollte sich verstecken, um seine Eltern zu ärgern.

Als er eine Weile gelaufen war, sah er sich um: Überall waren nur noch Bäume und seine Eltern waren nirgends mehr zu sehen. Er hörte auf zu schreien. Aus weiter Ferne hörte er die Stimmen von Papa und Mama, die nach ihm riefen. Doch Tom konnte nicht hören, aus welcher Richtung die Stimmen kamen, und so gelangte er nur immer tiefer in den Wald hinein.

Jetzt fürchtete er sich ein bisschen, aber eigentlich war er auch immer noch sehr wütend. Als er eine große Gruppe von Fliegenpilzen sah, rannte er auf sie zu und wollte sie zu Fliegenpilzmus zerstampfen. Wie staunte er, als die Pilze auf einmal wegliefen – denn in Wahrheit waren es gar keine Fliegenpilze, sondern das kleine Waldvolk, das sich dort zu einem Spiel versammelt hatte.
„He, was soll denn das?“, rief ein kleiner Pilzmann. Tom machte große Augen. Er kniete sich hin und sah sich die Kleinen an. So einen will ich haben, dachte Tom und griff nach dem Pilzling. Doch die Waldleute waren so schnell wie Libellen. Als Tom ins Leere griff, wurde er wieder sehr böse und versuchte, die Pilzlinge zu zerstampfen. Doch die hüpften immer rasch zur Seite, sodass Tom immer nur auf weichen Waldboden trat. Dabei sah er aus, als würde er tanzen. Die Wichtel fanden Toms wütenden Tanz so lustig, dass sie damit begannen, ebenfalls wilde Schreie auszustoßen und mit den winzigen Füßlein auf den Boden zu stampfen. Ab und zu fielen sie um, weil sie so sehr dabei lachen mussten.
Schließlich hörte Tom mit dem Geschrei und Gestampfe auf, weil er müde wurde und weil er sah, wie lächerlich das Schreien und Stampfen bei den Wichteln aussah. Vielleicht sah er selbst ja auch so albern aus, wenn er schrie und tobte? Er legte sich auf den Bauch, sodass er die Kleinen besser sehen konnte. Sie kamen ganz nah und betrachteten Tom. Sie sahen alle sehr freundlich aus, jetzt, da sie nicht mehr mit verzerrten Gesichtern tobten und schrien.
„Kann ich bitte etwas zu trinken haben?“, fragte Tom höflich. Die Pilzlinge lächelten und klatschten. Sofort liefen ein paar davon und kamen kurz darauf mit kleinen Eimerchen und Krügen zurück. Das war aber viel zu wenig für Tom. Für ein kleines Glas Wasser hätte man 100 Eimerchen des kleinen Waldvolkes gebraucht. Tom verzog das Gesicht. „Ich will aber etwas Richtiges trinken!“, rief er. Er machte sein Trotzgesicht und schob die Unterlippe vor. Die Pilzlinge lachten und zogen ebenfalls Trotzgesichter und riefen mit quäkenden Stimmen durcheinander „Ich, ich, ich“ und „Ich will aber, ich will aber“.
Da begann Tom zu weinen. Nicht nur weil er sehr durstig war, sondern auch vor Wut. Gleichzeitig aber schämte er sich ein wenig, weil er bei den Wichteln sah, wie dumm es aussah, wenn man sich aufregte. Die Wichtel standen um ihn herum und betrachteten ihn mitleidig.
„Ich will nach Hause!“, rief Tom und sah die Waldmännlein aus tränenvollen Au-

gen böse an. Sogleich verwandelte sich der mitleidige Blick der Wichtel und sie sahen alle aus wie Tom. Ihre Augen tränten und sie versuchten, möglichst böse zu gucken und riefen alle maulend durcheinander: „Ich will nach Hause!", „Ich, ich, ich …" und „Ich will, ich will, ich will!" Nur selten gelang es ihnen, dabei ernst zu bleiben, und sie brachen in ein glockenhelles Lachen aus.

Tom vergaß ganz, sich zu ärgern oder zu fürchten oder nach Hause zu wollen. Das Spiel der Pilzlinge sah einfach zu lustig aus! Auf einmal musste er selbst über seine Wutanfälle lachen. Und als er zu lachen begann, lachten auch die Wichtel so fröhlich und gutmütig, dass es in der Seele wohltat.

Ein Wichtel gab ihm ein Tröpfchen aus einem der winzigen Krüge in den Mund und plötzlich war Toms Durst wie weggeblasen. Tom bedankte sich und sagte: „Meine Eltern machen sich wohl Sorgen. Könnt ihr mir bitte helfen, meine Eltern wiederzufinden?"

Die Wichtel klatschten in die Hände. „Das ist leicht und das machen wir gern. Folg du nun den Pilzen und du findest den Stern." Und Tom sah einen Weg, der von Pilzen gesäumt war. Er fühlte sich viel fröhlicher und besser und leichter, seit er damit aufgehört hatte, immer nur „ich" zu sagen. Jetzt musste er eigentlich lachen, wenn er daran dachte – es war doch viel einfacher und schöner, wenn jeder jedem half!

Kaum hatte Tom das gedacht, hörte er seine Mutter rufen. Er lief zu ihr und umarmte sie, dann umarmte er auch seinen Vater. Die Eltern wunderten sich ein bisschen darüber, dass Tom gar nicht mehr „Ich will, ich will" sagte und dass er gar nicht mehr schrie und tobte. Stattdessen lächelte er und sagte „wir" und „bitte". Als die Eltern merkten, dass das nicht nur für einen Moment so war, begannen sie zu strahlen. Und da wusste Tom: Jetzt hatte er auch den Stern gefunden.

Wie viel Fernsehen für mein Kind?

Je weniger, desto besser. Vielen Eltern ist überhaupt nicht klar, wie viel und was ihre Kinder fernsehen: Eine Studie hat gezeigt, dass mehr als jedes zweite Kind selbst bestimmt, was es sieht – obwohl 85 Prozent aller Eltern behaupten, sie würden entscheiden, was ihre Kinder ansehen. Es ist eine sehr gut erforschte Tatsache, dass Fernsehen Aggression, Konsumorientierung und Konzentrationsstörungen verursacht. Bei Kindern unter 5 Jahren leidet die Entwicklung des Gehirns.

- Denken Sie zunächst daran, dass Sie das Vorbild sind. Wenn Sie selbst bis spät in die Nacht fernsehen, werden Sie Ihrem Kind nur schwer klarmachen können, dass es nicht zu viel fernsehen soll.
- Sprechen Sie mit Ihrem Kind über das, was es gesehen hat. Dabei geht es darum, dass Sie Ihrem Kind helfen, das Gesehene zu verarbeiten.
- Sprechen Sie mit Ihrem Kind ab, was es sehen darf. Dabei sollten Sie auch die Wünsche Ihres Kindes berücksichtigen und Kompromisse schließen. Dann wird es die Vereinbarungen leichter einhalten können.
- Die von Medienwissenschaftlern empfohlene maximale tägliche Fernsehzeit, bei der Kinder (ab 6) das Gesehene gerade noch verarbeiten können, liegt zwischen 1 und 2 Stunden täglich, bei einem fernsehfreien Tag in der Woche. Dies sind absolute Maximalwerte!
- Lassen Sie niemals den Fernseher nebenher, beim Essen, bei Gesprächen oder beim Spielen oder zum Einschlafen laufen. Und nie bei Hausaufgaben!
- Kaufen Sie Ihrem Kind keinen eigenen Fernseher. Wenn Fernsehen, dann möglichst als gemeinsame Familienveranstaltung.
- Setzen Sie Fernsehen auf gar keinen Fall als Erziehungsmittel ein – verbieten Sie es nicht als Strafe, geben Sie keine zusätzliche Fernsehzeit als Belohnung. Damit machen Sie Fernsehen zu etwas Wertvollem.
- Versuchen Sie auf gar keinen Fall, Ihr Kind mit dem Fernseher ruhigzustellen.

Wenn die Seelentür geschlossen ist – Verschlossenheit

Seit mehr einer Woche ist Marie nicht wiederzuerkennen. Während sie bisher immer sehr offen war und ihre Mutter sie oft sogar als richtige kleine Quatschtante erlebt hat, zieht sie sich in letzter Zeit immer mehr zurück. Morgens sitzt Marie am Frühstückstisch, isst lustlos eine Miniportion Müsli und wirkt, als wäre jeder Löffel eine Qual für sie. Auf die Frage, was denn los sei, antwortet sie: „Ach nichts – ich hab einfach keinen Hunger." Wenn Marie mittags aus der Schule kommt, bleibt auch das Mittagessen fast unangerührt. Ihre Mutter ist schon ganz verzweifelt: „Was ist denn nur los mit dir, Marie? Tut dir was weh? Oder hattest du Ärger in der Schule?" Marie starrt auf ihren Teller und antwortet nicht. „Jeder hat mal Probleme in der Schule, weißt du, das geht wieder vorbei", rät ihre Mutter. „Oder ist es wegen Vati? Weißt du, wenn er abends nach Hause kommt, ist er sehr geschafft und braucht einfach seine Ruhe – aber am Wochenende hat er sicher wieder mehr Zeit ... Jetzt sag doch mal was!" Wieder reagiert Marie nicht, stattdessen steht sie auf, räumt den Teller in die Küche und geht in ihr Zimmer.
Irgendwann verliert ihre Mutter die Geduld. „Verdammt, jetzt geh doch mal endlich raus, spielen! Du gehst mir auf die Nerven!" Natürlich tut es ihr kurz darauf leid. Aber Marie hat ohnehin kaum reagiert, sie erscheint ihr wie ein anderer Mensch. Ein Mensch, zu dem sie nicht mehr durchdringt und der sich immer mehr abkapselt. Maries Mutter dachte immer, dass es so etwas erst in der Pubertät gibt, doch Marie ist erst 9 Jahre alt. Fragen bringt nichts, Aufmuntern bringt nichts und Verhöre und der Befehl, gut drauf zu sein, schon gar nicht. Was soll sie nur machen?

Wenn sich Ihr Kind mal zurückzieht, etwas mürrisch ist und keine Lust hat, sich mit Ihnen über seinen Tagesablauf zu unterhalten, tragen Sie das erst einmal mit Fassung. Auch Kinder sind mal müde, müssen die vielen Eindrücke, die auf sie einstürmen, verkraften und wollen mal für sich allein sein. Respektieren Sie das. Es ist nicht nötig, dass Sie Ihr Kind „verhören". Wenn Sie grundsätzlich gleich fragen: „Na, wie war es in der Schule/im Kindergarten/in der Musikgruppe?", möchte sich Ihr Kind vielleicht, gerade wenn es etwas älter ist, möglicherweise nur abgrenzen und sich versichern, dass es selbst darüber bestimmt, was es preisgibt. Das ist kein Mangel an Vertrauen zu Ihnen, sondern ein Versuch, seine Privatsphäre zu schaffen.

Schüchternheit und Introversion

Und dann gibt es natürlich sowieso charakterliche Unterschiede. Jedes Kind ist ein Individuum. Manche Kinder sind grundsätzlich sehr offen und kommunikativ, andere sind „schüchtern", introvertiert und zurückhaltender mit ihrem Innenleben. Manche Kinder stürzen sich sofort ins Spiel mit anderen, andere beobachten lieber erst einmal und sind generell vorsichtiger. Das ist zu einem Teil Veranlagung – man kann diese Unterschiede sogar schon bei Babys feststellen. Beides ist „normal"; es sind einfach Varianten menschlichen Verhaltens.

Schüchterne Menschen stehen in unserer Gesellschaft nicht hoch im Kurs. Gefragt sind weniger die Nachdenklichen, sondern eher jene, die ihre Klappe besonders weit aufreißen. Nichtsdestotrotz sind die zurückhaltenden, schüchternen, introvertierten Kinder nicht weniger begabt als die anderen – manchmal sind sie sogar die Begabteren und Schlaueren. Sprechen Sie mit Ihrem Kind über die Stärke, die in stillen Menschen stecken kann – am besten in Form von Anekdoten und kleinen Erzählungen.

Stille Kinder haben oft große Probleme, gehört oder gesehen zu werden und/oder sich durchzusetzen – nicht nur in der Schule, sondern auch in der Familie! Machen Sie sich das bewusst und wenden Sie sich Ihrem introvertierten, stilleren Kind im gleichen Maße zu wie dem extrovertierten, lauteren, aktiveren. Im gleichen Maße, nicht mehr. Je mehr Ihr Kind erfährt, dass es keinen großen Unterschied macht, ob es laut ist (was ihm nicht liegt) oder ruhiger, desto weniger wird das Introvertiertsein zur Last – und desto eher wird die Barriere zwischen innen und außen durchlässiger.

Nur wenn Ihr Kind dauernd völlig verschüchtert in der Ecke steht und seinen Mund nie aufbekommt, dann ist das nicht nur für Sie als Eltern unangenehm, sondern dann können Sie davon ausgehen, dass auch Ihr Kind unter seiner Schüchternheit leidet.

Schüchterne, stille, introvertierte Kinder brauchen Geduld, Vertrauen und

Selbstvertrauen. Bedrängen oder Schimpfen machen es in jedem Fall schlimmer. Introvertierte Kinder denken erst und reden dann. Sie brauchen den Überblick, um Informationen richtig einordnen zu können. Introvertiertsein zeigt auch ein Interesse für Innerlichkeit an. Die Kinder brauchen mehr als andere Stille. Sie wollen nicht gern auf Feste oder Geburtstage gehen oder sind schnell erschöpft, wenn viele Reize auf sie hereinbrechen. Durch Überforderung aber lernt Ihr Kind nicht, sich an mehr Reize zu gewöhnen. Wenn Sie das im Kopf behalten, wird es Ihnen vielleicht schon etwas leichter fallen, mit Ihrem introvertierten Kind umzugehen.

Die erste Regel ist, wie bei den meisten Auffälligkeiten: Bewahren Sie Gelassenheit, lassen Sie Ihrem Kind auch Platz für Krisen und seien Sie für Ihr Kind da, wenn es Sie braucht.

Warnsignale

Etwas anders ist es, wenn sich plötzliche und starke Veränderungen zeigen. Wenn Ihr Kind früher offen und mitteilungsbedürftig war und Sie fast von einem Tag auf den anderen eine deutliche Veränderung des Verhaltens beobachten, sollten Sie schon genauer hinsehen. Auch das kann manchmal einfach ein Teil des Reifungsprozesses sein – das Kind entdeckt seine Individualität und will etwas für sich behalten. Sehen Sie genau hin und beobachten Sie, in welchen Situationen sich das Kind zurückzieht und welche anderen neuen oder ungewöhnlichen Verhaltensweisen damit verbunden sind. Die folgenden Fragen können Ihnen helfen herauszufinden, was mit Ihrem Kind los ist.

- Gibt es Anhaltspunkte für ein konkretes Problem, das Ihr Kind belastet und über das es nicht sprechen kann oder will? Beispielsweise eine neue Klasse oder eine neue Schule, ein neues Geschwisterchen oder offene Streitereien der Eltern könnten solche Probleme sein. Ebenso das Entdecken der Sexualität beziehungsweise die ungewollte Konfrontation damit – Sexvideos finden sich ja manchmal schon auf Kinderhandys.

- Wie lange dauert eine Rückzugsphase? Manchmal ist Ihr Kind nur überfordert; im Kindergarten oder in der Schule geht es so hektisch zu, dass Ihr Kind überhaupt kein Problem hat, wenn es sich zurückzieht, sondern einfach nur seine Ruhe braucht. Wenn Ihr Kind sich generell oder über viele Stunden zurückzieht, steckt wahrscheinlich mehr dahinter.
- Haben Sie den Eindruck, dass Ihr Kind eine überraschend hohe Auffassungsgabe hat, und interessiert es sich für sehr spezielle Dinge? Hochbegabte Kinder ziehen sich manchmal stärker zurück. Das ist ja nicht unbedingt ein Nachteil, aber es macht mitunter die Interaktion mit Gleichaltrigen schwierig. Ein Kinder- oder Schulpsychologe kann einen Begabungstest durchführen, dann haben Sie Klarheit.
- Reagiert Ihr Kind stark auf Sinnesreize? Schreckt es beispielsweise bei Geräuschen oder schnellen Bewegungen leicht zusammen? Manche Kinder sind hypersensibel, sie brauchen mehr Ruhe als andere. Klären Sie aber beim Kinderarzt ab, ob ein gesundheitliches Problem zugrunde liegt. Normalerweise entwickelt sich Hypersensibilität nicht plötzlich, sondern ist eine Grunddisposition.
- Gibt es Probleme in der familiären Kommunikation? Wenn das Problem des Sich-zurück-Ziehens allmählich vonstattengeht und sich verstärkt, könnte es auch sein, dass die Kommunikation mit Ihrem Kind nicht seiner Entwicklung gemäß ist: Wenn Sie beispielsweise mit Ihrem 7-jährigen Kind wie mit einem Baby sprechen, wird es das Interesse an Gesprächen schnell verlieren.

Depressionen bei Kindern

Eine Depression ist nicht dasselbe, wie einmal ein wenig bedrückt zu sein oder schlechte Laune zu haben, sondern eine schwere Erkrankung, bei der der Gehirnstoffwechsel betroffen ist. „Sich zusammenreißen" funktioniert da nicht. Jeder zehnte Erwachsene leidet mindestens einmal im Leben an einer behandlungsbedürftigen Depression.

Was viele Eltern und selbst Ärzte oft nicht wissen: Depressionen gibt es auch bereits bei Kindern. Sie sind zwar lange nicht so häufig wie bei Erwachsenen, doch immerhin haben bis zu 2,5 Prozent aller Kinder unter 12 Jahren schon eine Depression. Wenn Ihr Kind mindestens zwei Wochen lang lustlos, müde oder traurig wirkt, Gewicht verliert und sich stark zurückzieht, sollten Sie daran denken, einen Experten aufzusuchen.
Depressionen kommen übrigens in aller Regel nicht durch psychische Belastungen oder „falsche" Erziehung zustande, sondern haben eine physiologische Ursache. Allerdings können Leistungsdruck, Mobbing, Missbrauch oder schwere Einschnitte in das bisherige Leben (Unfall, Tod von Verwandten) eine latente Depression zum Ausbruch bringen oder verstärken.

Im Allgemeinen ist es natürlich gut, wenn Sie mit Ihrem Kind über seine Ängste und Sorgen reden können. Dafür ist es jedoch wichtig, dass Gespräche nicht nur bei Problemen stattfinden, dass Sie Ihrem Kind wirklich zuhören und dass es wirklich Gespräche und keine Verhöre sind, bei denen die Kommunikation nur in eine Richtung verläuft.
Wenn sich Ihr Kind zurückzieht und Sie sich Sorgen wegen möglicher Probleme machen, ist es am besten, wenn Sie trotz aller Sorge geduldig bleiben. Machen Sie offene Gesprächsangebote und scheuen Sie sich nicht, auch Ihre Gefühle anzusprechen: „Ich will dich nicht drängen. Ich mache mir nur manchmal Sorgen, ob es dir gut geht. Wenn du über deinen Kummer oder deine Gedanken sprechen magst, kannst du zu mir kommen. Wenn ich es nicht gleich verstehe, erklär es mir. Ich glaube, gemeinsam sind wir stärker als einer allein." Und akzeptieren Sie es dann auch, wenn Ihr Kind dieses Angebot nicht gleich annimmt. Erzählen Sie selbst möglichst beiläufig von jemand anderem, Ihrer Tante, einer Freundin oder auch einer Fantasiefigur, die Probleme hat oder hatte – aber bohren Sie nicht nach. Wenn Sie erzählen, erzählen Sie. Schieben Sie in diesem Mo-

ment jeden Gedanken daran, dass Ihr Kind von sich erzählen soll, beiseite, denn Ihr Kind spürt das. Vor allem aber: Geben Sie keine „guten Tipps" – schon gar nicht ungefragt – und bagatellisieren Sie nicht mit „Ach, das wird schon wieder". Weniger ist da oft mehr.

Es gibt ein paar Warnsignale, die darauf hinweisen, dass Ihr Kind dringend Hilfe braucht:

- Ihr Kind redet innerhalb weniger Tage nicht mehr oder deutlich weniger als sonst.
- Ihr Kind bringt auch körpersprachlich deutlich zum Ausdruck, dass es sich abschirmt. Es wirkt angespannt oder lässt die Schultern hängen, macht sich klein und weicht Berührungen aus.
- Ihr Kind hat überhaupt keine Lust mehr auf Dinge, die ihm sonst Spaß machen.
- Ihr Kind verschlechtert sich plötzlich massiv in der Schule.
- Ihr Kind verliert plötzlich den Appetit und selbst seine Lieblingsspeisen wecken kein Interesse und es verliert an Gewicht.
- Ihr Kind vergisst Dinge, die es bereits gelernt hat, sowohl motorisch als auch sprachlich.

Wenn Sie solch starke Warnsignale erkennen, ist es am besten, wenn Sie professionelle Hilfe suchen.

Was Sie aber immer tun können: Hören Sie, was es zwischen dem Gesagten an Ungesagtem gibt, signalisieren Sie Ihrem Kind, dass Sie, egal was ist, zu ihm stehen. Und nicht zuletzt: Machen Sie sich klar, dass Kinder mehr Kräfte haben, als es uns oft scheint – auch wenn manchmal Katastrophenstimmung herrscht: Haben Sie den Mut zur Krise. Viele Krisen sind für Kinder auch notwendige Wachstumsquellen.

Lösungsansätze

Probleme in der Schule (oder im Elternhaus) tauchen vor allem dann auf, wenn introvertierte Kinder auf extrovertierte Bezugspersonen (Lehrer, Vater) treffen. Letztere fühlen sich von Ersteren schnell genervt. Wenn Sie selbst sehr nach außen gewandt sind, wird es für Sie schwieriger, Ihr Kind zu verstehen. Versuchen Sie es dann mit der Analogie-Methode: Denken Sie an Phasen in Ihrem Leben, in denen Sie einfach einmal Ihre Ruhe haben wollten – so geht es Ihrem Kind, nur eben häufiger.

Das Akzeptieren des Wunsches oder der charakterlichen Tendenz, sich zurückzuziehen, steht an erster Stelle. Doch es ist natürlich auch wichtig, so früh wie möglich dafür zu sorgen, dass sich Ihr Kind nicht zurückziehen muss, wenn es einer Krise gegenübersteht. Das bedeutet aber unter anderem auch, dass es sich jederzeit zurückziehen kann, wenn es das braucht. Das scheint auf den ersten Blick kompliziert zu sein. Wieder einmal müssen die Eltern scheinbar auf einem schmalen Grat balancieren: Das Zurückziehen zulassen, aber gleichzeitig dafür sorgen, dass sich ihr Kind nicht vor ihnen verschließt.

Aber wieder einmal ist es einfacher, als es scheint: Sie müssen nicht balancieren, Sie müssen nicht wie Wachhunde aufpassen, jede kleine Reaktion Ihres Kindes analysieren, interpretieren, bewerten und bearbeiten. Es ist viel hilfreicher, wenn Sie authentisch, gelassen und zugewandt sind. Und wenn das bisher noch nicht so gut lief, dann können Sie ja versuchen, es zu verbessern – und zwar am besten so, dass Sie selbst auch etwas davon haben.

Eine Vertrauensbasis schaffen

Sie können eine gute Vertrauensbasis schaffen, wenn Sie regelmäßig mit Ihrem Kind sprechen und sich von seinen Erlebnissen erzählen lassen. Wenn Sie meinen, das doch immer getan zu haben, aber nun trotzdem beobachten, dass sich Ihr Kind zurückzieht und nicht mit Ihnen sprechen will, dann schauen Sie doch einmal nach, ob Sie vielleicht in eine „Zuhör-Falle" getappt sind:

Zuhör-Falle Ablenkung: Wenn die Eltern unkonzentriert und nicht bei der Sache sind, merken Kinder das. Gerade wenn Sie einmal erschöpft und von anderen Gedanken in Beschlag genommen sind, ist es sehr schwierig, sich auf „Kindergeschwätz" voll und ganz einzulassen. Sie müssen das auch nicht! Es ist nötig, dass Sie für Ihr Kind da sind – aber als Mensch und nicht als Maschine. Seien Sie offen mit Ihrem Kind und sagen Sie, dass Sie im Moment nicht richtig zuhören können – aber sagen Sie auch, wann dann. Eine Stunde, zwei Stunden später, am Abend oder am nächsten Morgen, jedenfalls in naher Zukunft. Und dann halten Sie dieses Versprechen unbedingt ein!

Zuhör-Falle Stress: Wenn Eltern gerade gestresst sind, können sie nicht richtig zuhören. Wenn alle drei Telefone auf einmal klingeln und die Soße anbrennt und auch noch ein Arzttermin ansteht – dann ist es vollkommen verständlich, wenn Sie erst einmal mit „Jetzt sei mal endlich still!" auf einen Gesprächsversuch Ihres Kindes reagieren. Versuchen Sie in einer solchen Situation aber, möglichst kurz darauf nachzuschieben: „Weißt du, im Moment ist es zu stressig. Wir sprechen nach dem Essen (Mittagsschlaf, Arztbesuch, Abendessen) miteinander – versprochen!" Und es versteht sich wohl von selbst, dass Sie ein solches Versprechen einhalten müssen. Es ist mindestens so wichtig wie ein Geschäftstermin.

Zuhör-Falle Langeweile: Manchmal sind Kindererzählungen auch einfach nur langweilig, sodass Sie abschalten. Wenn Sie das anders sehen, ist Ihr Kind entweder ungeheuer kreativ oder Sie sind überhaupt durch nichts zu langweilen. Aber mal ehrlich, wie sollte es anders sein? Für Kinder ist so vieles neu, was Sie schon lange kennen. Doch das betrifft nicht alles: Manchmal werfen Dinge, die Kinder sagen, ein ganz neues Licht auf Altbekanntes und geben eine neue Perspektive. Aber oft eben auch nicht. Das können Sie ändern: Stellen Sie zwischendurch verrückte Fragen, diskutieren Sie über verschiedene Vorstellungen und wie man alles auch ganz anders sehen kann, regen Sie Ihre eigene Fantasie und die Ihres Kindes an. Dann wird aus der langweiligen Erzählung schnell ein kreativer Dialog.

Um dem Vertrauen eine gute Basis zu geben, ist echtes Zuhören wichtig. Darüber haben wir ja schon oft gesprochen. Um Rückzugsverhalten nicht zu fördern, ist es aber auch ganz wichtig, ein paar Dinge unbedingt zu vermeiden. Oder zu lernen, sie zu vermeiden:

- Befehle: „Du gehst jetzt sofort raus und spielst!" – Das ist ein Versuch, an den Symptomen anstatt an den Ursachen anzusetzen; Ihr Kind wird sich unverstanden fühlen und sich weiter in sich zurückziehen.

- Allgemeine Tipps: „Wenn du mal ein bisschen den Kopf hochnimmst, wird alles viel leichter." – Das Problem mit Tipps ist, dass sie, wenn sie nicht wirklich helfen, nur signalisieren, dass der Ratgeber keine Ahnung hat. Das Kind macht schnell die Erfahrung, dass die Tipps nichts an seiner Gefühlslage verändern, und ist erst recht frustriert.
- Bagatellisieren: „Ist alles nicht so schlimm. Magst du noch ein Stück Schokolade?" – Das geht direkt gegen das Gefühl und gegen das Bedürfnis des Kindes. Denn für das Kind ist es eben schlimm – das Gegenteil zu behaupten, macht es nicht besser und signalisiert Unverständnis.
- Bestätigung: „Oh weh, dir geht es ja wirklich nicht gut. Das ist ja schlimm!" Zunächst ist das ein positives Zeichen: Aha, ich werde verstanden! Doch anstatt in einen Lösungsprozess einzumünden, wird das Gefühl, dass die Lage hoffnungslos ist, noch verstärkt und die Rückzugstendenz nimmt eher zu.

Den Rückzug auflösen

Verstärken Sie jedes positive Verhalten, also alles, was in die richtige Richtung geht. Wenn Ihr Kind kurz, und sei es nur mit einer banalen Frage, aus seiner Zurückgezogenheit auftaucht und sich an Sie wendet, hören Sie aufmerksam zu, fragen Sie nach, ob Sie es richtig verstanden haben, lassen Sie Ihr Kind sprechen und signalisieren Sie so gut es geht, dass Sie vertrauenswürdig und verständnisvoll sind – und dass Sie ein besserer Rückzugsort sind als die eigenen trüben Gedanken. Dazu gehört, dass Sie die Gefühle Ihres Kindes absolut ernst nehmen, ohne in sie einzutauchen und sie zu verstärken.

Spiegeln Sie (siehe „Pace und Lead" S. 177), was Ihr Kind sagt, geben Sie in Ihren Worten wieder, was Sie verstanden haben, noch ohne Standardlösungen parat zu haben. Dann, wenn das Spiegeln zu einem engeren Rapport führt, können Sie damit beginnen, gemeinsam mit Ihrem Kind Lösungsstrategien zu entwickeln.

Wenn Ihr Kind im Augenblick sehr in sich gefangen ist, ist es besonders hilfreich, die „Märchen-Strategie" einzusetzen. Auch wenn Ihr Kind erst einmal wenig Begeisterung zeigt: Führen Sie das Ritual einer Gutenachtgeschichte ein. Natürlich erzählen Sie dabei nicht irgendwelche Geschichten, sondern solche, die im Unterbewusstsein positive Lösungsstrategien in Gang setzen (siehe S. 104). Eine solche Geschichte finden Sie am Ende dieses Kapitels.

Die Barrieren durchlässiger machen

Ob Ihr Kind nun zurückgezogen ist, weil es eher introvertiert ist, oder ob es sich aufgrund eines Problems zurückzieht: Die Hinwendung nach außen wird auf jeden Fall leichter, wenn es mehr Selbstvertrauen hat. Sie können die Hinwendung nach außen ganz gezielt fördern, wenn Ihr Kind unter seiner Schüchternheit leidet, indem Sie Rollenspiele durchführen. Das ist anfangs sowohl für Ihr Kind als auch für Sie sicherlich ungewohnt und seltsam. Aber es ist eine extrem wirksame, ja die wirksamste Methode, sich neue, effektivere Verhaltensweisen anzueignen.

Bei einem Rollenspiel spielen Sie Situationen, die Ihrem Kind schwerfallen, wie in einem Theaterstück durch. Sprechen Sie mit Ihrem Kind über die Schwierigkeit, wo sie auftritt, was da normalerweise geschieht, wie das Ganze abläuft – und schließlich darüber, wie es effektiver ablaufen könnte. Und dann spielen Sie! Sie sind der Lehrer, der das Kind nach vorne holt, wo es vor der ganzen Klasse etwas vortragen soll. Lachen Sie gemeinsam – es ist ja nicht Ernst, sondern nur ein Spiel. Spielen Sie, bis die Situation im Spiel reibungslos funktioniert. Dann ist das Spiel so verinnerlicht, dass das Kind es auch in der realen Situation spielen kann.

Eine ganz allgemeine, aber sehr wertvolle Hilfe ist körperliche Bewegung. Und zwar in der Gruppe. Für zurückgezogene, schüchterne, introvertierte Kinder sind ganz besonders empfehlenswert:

- **Yoga, Taiji**: Diese Bewegungen kommen dem Wunsch nach Innerlichkeit und Stille des Kindes entgegen – und machen es durch die Erfahrung der Stille paradoxerweise dann wieder viel leichter, sich nach außen zu öffnen.
- **Kampfkünste**: Ju-Jutsu, Judo, Aikido oder Wing Chun – all diese Kampfkünste fördern das Selbstvertrauen, bauen Spannungen und auch Aggressionen ab. Kinder, die introvertiert sind, finden dort Aspekte, die ihrem Interesse an Innerlichkeit entgegenkommen – und ihr „Innen" wird gestärkt, sodass der Zugang nach außen leichter wird.

Der goldene Schlüssel

Es war einmal eine schöne Prinzessin, die hieß Lara und sie lebte ganz alleine in einem großen Schloss. Nur Milu, ihre Katze, leistete ihr manchmal Gesellschaft. Die Eltern von Prinzessin Lara lebten in dem Schloss nebenan. Jeden Tag klopften sie an das Schlosstor und wollten Lara besuchen. Manchmal pochten sie nur ganz leise, aber meistens klopften sie laut und lange an das Tor. Aber die Prinzessin hielt sich die Ohren zu und saß in einer Ecke auf einem Kissen aus rotem Samt.

Prinzessin Lara hatte großen Kummer, über den sie nicht sprechen wollte, weil sie auch gar nicht darüber sprechen konnte: In ihrem Schloss gab es nämlich Gespenster und Lara wollte lieber niemandem davon erzählen, weil es ihr peinlich war, dass ausgerechnet bei ihr Gespenster lebten. Außerdem hatte Lara Angst, dass die Gespenster vielleicht böse werden würden, wenn sie sie verriet. Ihre Freunde würden ihr ohnehin nicht glauben und wahrscheinlich würden sie nicht mehr mit ihr spielen, wenn sie so seltsame Dinge erzählte. Nicht einmal mit ihren Eltern konnte die Prinzessin über ihre Sorgen sprechen. Lara dachte, ihre Eltern würden sie einfach nur auslachen und gar nichts tun, weil sie Laras Kummer nicht verstehen würden und nichts tun könnten, um ihr zu helfen. Vor allem aber wollte Lara nicht über ihre Gespenster sprechen, weil sie es einfach nicht konnte.

Im Laufe der Zeit konnte Lara ihr Schloss kaum noch verlassen. Das große Tor am Eingang ging immer schwerer auf. Auch daran waren die Gespenster schuld, denn sie hatten das Tor verzaubert. Nur noch selten gelang es der Prinzessin, durch den engen Spalt des Tores zu schlüpfen, und meistens war sie froh, wenn sie es anschließend wieder zurück in ihr Schloss schaffte.

Eines Tages war das Tor so schwer geworden, dass Lara es gar nicht mehr öffnen konnte. So fest sie auch dagegendrückte, es ließ sich nicht einmal mehr einen kleinen Spalt öffnen. Eigentlich fand Lara das am Anfang gar nicht so schlimm, denn das Schloss war sehr groß und es gab viel Platz zum Spielen. Doch nach und nach ließen sich auch die anderen Türen immer schlechter öffnen. Es wurde immer anstrengender für die Prinzessin, durch die vielen Räume mit ihren vielen Türen zu gehen, und irgendwann benutzte sie nur noch einen kleinen Teil

des Schlosses – das Spielzimmer, ihr Schlafzimmer und das Turmzimmerchen.
Eines Morgens wachte Prinzessin Lara auf, und als sie in das Spielzimmer gehen wollte, merkte sie, dass sie eingesperrt war, denn auch die letzte Tür, die Tür ihres Schlafzimmers, ließ sich jetzt nicht mehr öffnen. So saß sie in ihrem Bett und weinte bitterlich. Doch leider gab es im ganzen großen Schloss niemanden, der die Prinzessin hören konnte.
Eines Nachts träumte Lara, dass ihre Katze Milu zu ihr kam, sie ernst ansah und sprach: „Lara: Befreie die Gespenster! Und befreie dich selbst!"
Lara sah Milu mit großen Augen an. „Aber wie soll ich das denn machen?"
„Befreie die Gespenster und suche den goldenen Schlüssel", schnurrte die Katze.
„Aber wo ist dieser Schlüssel?", fragte Lara.
„Er ist hier, ganz nah bei dir – und wenn du das Unsichtbare sichtbar machst, ist es wichtig, dass du lachst."
Lara verstand nicht, was Milu mit diesen seltsamen Worten meinte, und sie hatte noch viele Fragen, doch die Katze verschwand, bis nur noch ihr Katzenlächeln in der Luft hing.
Die Prinzessin wachte auf und merkte, dass sie geträumt hatte. Sie erschrak ein bisschen, als sie ihre Katze Milu nun wirklich am Bettende sitzen sah.
„Sag mal, kannst du etwa wirklich sprechen?", fragte sie. „Miau" antwortete Milu und sagte kein Wort, was kein Wunder war, denn schließlich war sie nur eine ganz normale Katze.
Die Prinzessin erinnerte sich aber gut daran, was die Katze im Traum zu ihr gesagt hatte. „Befreie die Gespenster! Mit einem goldenen Schlüssel. Befreie dich selbst! Der Schlüssel ist hier, aber unsichtbar."
„Und ich kann ihn sichtbar machen", dachte die Prinzessin laut. „Aber den Rest habe ich nicht verstanden: Es ist am besten, wenn ich lache?"
Lara grübelte ein wenig, doch das half gar nichts. Der Tag verging und es wurde wieder Abend. Die Gespenster kamen immer nach Sonnenuntergang und Lara fürchtete sich ein bisschen vor ihnen. Doch diesmal wollte sie mit ihnen sprechen. Warum hatte sie das eigentlich nicht schon lange getan? Es wurde langsam dunkel und die ersten Gespenster wachten auf. Sie waren ganz überrascht, Prinzessin Lara wach zu finden und nicht wie sonst unter der Bettdecke versteckt.

„Hallo Gespenster!", rief Lara.
„Hallo Prinzessin!", heulten die Gespenster.
„Warum habt ihr meine Türen versperrt?", fragte Lara.
„Weil du dich sowieso nicht herauswagst!", rief ein kleines, bleiches Gespenst.
„Weil du nicht den richtigen Schlüssel hast!", sagte ein anderes, noch etwas bleicheres Gespenst.
„Meint ihr etwa den goldenen Schlüssel? Ihr wisst doch, wo der ist, oder?", wollte Lara wissen.
Die Gespenster zögerten. „Das dürfen wir dir nicht sagen!" Sie begannen damit, ganz komische Gesichter zu machen, sprangen auf dem Kopf stehend quer durch das ganze Zimmer und steckten sich ihre Gespensterfinger in ihre Gespensterohren und Gespensternasen. Das sah wirklich sehr lustig aus. Und obwohl Lara eigentlich traurig war, musste sie plötzlich kichern. So albern sah der Gespenstertanz aus, dass sie schließlich so sehr lachen musste, dass sie die Augen zusammenkniff und Tränen ihre Wangen hinabliefen.
Doch wie staunte sie, als sie die Augen wieder öffnete und ein kleines Schlüsselchen vor ihrem Gesicht schwebte. Der Schlüssel schimmerte golden und war fast durchsichtig. Als Lara es ergreifen wollte, griff sie ins Leere, so als ob sie Luft gegriffen hätte. Sie ärgerte sich und da verblasste das goldene Schlüsselchen, bis es fast nicht mehr zu sehen war.
„Wenn du das Unsichtbare sichtbar machst, ist es wichtig, dass du lachst", hatte Milu im Traum zu ihr gesagt. Vielleicht hatte das Schlüsselchen etwas mit dem Lachen zu tun? Lara sah die Gespenster an, die sie erwartungsvoll mit ihren dummen Gespensteraugen ansahen – und das kam Lara auf einmal so komisch vor, dass sie wieder einen Lachanfall bekam. Im selben Moment wurde das goldene Schlüsselchen wieder sichtbar und schien immer fester zu werden. Lara lachte immer weiter. Auf einmal kam es ihr furchtbar komisch vor, allein mit einer Katze und ein paar Gespenstern im Schlafzimmer des großen Schlosses zu sitzen. Ohne lange zu überlegen, ergriff sie das goldene Schlüsselchen, das nun ganz fest geworden war. Sie ging zur Schlafzimmertür und berührte die Tür mit dem Schlüsselchen. Die Tür ging daraufhin ganz leicht, fast wie von selbst, auf.
Lara drehte sich kurz um und rief Milu und den Gespenstern zu: „Los, kommt schon, ihr Schlafmützen!"

Eine Tür nach der anderen öffnete sich, als die Prinzessin sie mit dem goldenen Schlüssel berührte. Auch das große Tor am Schlosseingang öffnete sich schließlich ganz weit und leicht, ohne auch nur ein bisschen zu quietschen. Lara, Milu und die Gespenster standen vor dem Schloss und sahen den großen, runden Mond an.

„Gespenster, wenn ihr wollt, könnt ihr weiter im Schloss wohnen. Oder, wenn euch das lieber ist, könnt ihr von mir aus auch auf Reisen gehen und ein paar Leute erschrecken."

Das war genau das, was sich die Gespenster gewünscht hatten. Und gleichzeitig war es das, was sich Lara gewünscht hatte.

Am nächsten Morgen zog die Prinzessin ihre Ausgehkleider an und besuchte ihre Eltern, den König und die Königin. Die staunten sehr, als ihre Tochter vor der Tür stand und ihnen erzählte, was sie alles erlebt hatte. Die Eltern sahen sie ernst und zärtlich an, und Lara wusste auf einmal, dass auch sie Gespenster hatten und sie nur versteckten. Da musste Lara wieder lachen und der goldene Schlüssel begann zu leuchten. Es war ein Schlüssel, der nicht nur Türen und Tore in Häusern und Schlössern öffnete, sondern auch die Herzen der Menschen.

Nachdem Prinzessin Lara ihre Eltern besucht hatte, besuchte sie noch ihre Freunde, Freundinnen und alle Verwandten. Je mehr Herzen sie dabei mit ihrem Strahlen und ihrem goldenen Schlüsselchen öffnete, desto fröhlicher und ausgelassener wurde Lara. Am Abend gab es ein glitzerndes, funkelndes Fest auf dem Schloss der Prinzessin. Sogar die Gespenster waren eingeladen. Sie schwebten zwischen den Gästen herum, tranken Limonade und störten überhaupt nicht.

Wenn das Lernen zur Qual wird – Lern- und Konzentrationsschwierigkeiten

Als kleines Kind hat Emil spielend leicht gelernt. Seine Eltern haben sich über seine schnelle Auffassungsgabe gefreut – im Gegensatz zu seinen Geschwistern konnte er schon bevor er 2 Jahre alt war sehr gut und deutlich sprechen.

Auch als Emil in die Schule kam, ging es mit dem Lernen zuerst sehr leicht. Doch seit die Schule keine Neuigkeit mehr ist, fällt es ihm zunehmend schwerer, in der Schule mitzumachen oder sich zu Hause seinen Hausaufgaben zu widmen. Seine Mutter schimpft oft, dass er „alles so schlampig" macht.
Wenn Emil lernen soll, hat er es scheinbar immer eilig. Er erledigt seine Hausaufgaben meist gleich am Küchentisch, und zwar so schnell wie möglich und entsprechend oberflächlich. Anschließend rennt er immer sofort aus dem Haus, um sich mit seinen Freunden zu treffen und auf der Wiese hinter dem Haus Fußball zu spielen.
Neulich wurde seine Mutter richtig sauer. Als sie sein Geschmiere und die vielen Fehler im Heft gesehen hatte, platzte ihr der Kragen. „Reiß dich doch ein bisschen zusammen. Du machst das jetzt ordentlich. Es ist mir ganz egal, wie lange du dafür brauchst! Vorher gehst du nicht raus mit deinen Freunden spielen – und das Skateboard gibt es auch nicht, wenn du dich nicht vernünftig anstrengst." „Mir doch egal", antwortete Emil scheinbar ungerührt. Statt sich anzustrengen, schaute er dann alle paar Minuten lange aus dem Fenster, zappelte mit den Füßen und wirkt lustlos und beleidigt.
Natürlich weiß seine Mutter, dass sie wohl mal wieder alles falsch gemacht hat, und statt ihren Sohn zu motivieren, hat sie ihm leider erst recht die Lust genommen. Was soll nur aus dem Kleinen werden, wenn das so weitergeht?, fragt sie sich.

Wenn Sie meinen, dass sich Ihr Kind nicht richtig konzentrieren kann, dass seine Aufmerksamkeitsspanne zu kurz ist, dass es mit dem Lesen zu lange dauert ... fragen Sie mal in Ihrem Bekanntenkreis herum. Das Ergebnis wird sein, dass Sie feststellen, dass fast alle Eltern glauben, dass ihre Kinder sich besser konzentrieren und besser lernen können müssten. Konzentrationsstörungen scheinen also sehr verbreitet zu sein.
Einerseits ist da zwar etwas dran an den weitverbreiteten Konzentrationsstörungen, aber das ist nur ein Aspekt. Der andere Aspekt liegt an der Erwachsenenperspektive: Es ist unmöglich, sich daran zu erinnern, wie man als Kind

gedacht und gefühlt, geschweige denn wie man sich konzentriert und wie man gelernt hat. Und wenn man sich zu erinnern glaubt, dann trügt die Erinnerung. Versuchen Sie sich vorzustellen, Sie könnten diese Zeilen nicht lesen – so sehr Sie sich auch bemühen: Das bekommen Sie nicht hin.
Der wahre Kern aber ist, dass es Kinder heute oft schwerer haben sich zu konzentrieren respektive Konzentration und das Halten der Aufmerksamkeit zu lernen. Und zwar oft sogar auf einer sehr grundlegenden, hirnphysiologischen Ebene. Da ist insbesondere die Beschleunigung des Lebens in unserer Zeit, für die das Gehirn, insbesondere das heranwachsende, nicht ausgelegt ist. Das Fernsehen gibt dem dann den Rest. Die schnell wechselnden Bilder bei gleichzeitig reduzierter Augenbewegung schädigen die Ausbildung neuronaler Strukturen (siehe „Fernsehen“, S. 120f.).
Der allerwichtigste Rat, der Ihren Kindern hilft, mehr Konzentration zu entwickeln, ist daher: Fernseher aus!

Eine Frage der Motivation?

Konzentrationsprobleme hin oder her – die meisten Lernschwierigkeiten sind meist wohl eher Motivationsschwierigkeiten. Wenn Eltern oder Lehrer es nämlich nicht schaffen, das Kind zu begeistern, und so was soll ja vorkommen, ist das Kind nun einmal nicht motiviert und wird unaufmerksam, unruhig, unkonzentriert und es wird wenig von dem hängen bleiben, was gelehrt wird.
Es gibt Lehrer, die allen Ernstes sagen: „Es ist doch nicht meine Aufgabe, die Kinder zu motivieren!“ Ja, was denn bitte sonst? Für einfache Vorträge täte es auch ein Roboter. Ob Sie viel wissen oder ob der Lehrer viel weiß, ist völlig unwichtig. Es kommt einzig darauf an, dass das Kind wissen will. Wer sein Kind begeistert, wird es nicht davon abhalten können, etwas zu lernen – und wenn man dann noch zeigen kann, wie man an das interessante Wissen kommt, was es alles gibt und was man damit anfangen kann, dann wird der Wissensdrang auch anhalten.
Wenn man Kinder, die man als sehr unkonzentriert und zappelig erlebt, eine Weile beobachtet, wird man feststellen, dass auch sie bei einer Sache bleiben können. Da gibt es dann plötzlich Augenblicke, in denen man sie dabei beobachten kann, wie sie ganz vertieft in ein Bilderbuch sind, versuchen, die Wörter

zu lesen, auch wenn ihnen das noch keiner beigebracht hat. Dabei lernen sie dann „wie von selbst". Sie müssen dazu natürlich das Angebot und die Möglichkeit haben.
Und um diese kurzen Phasen öfter auftreten zu lassen, muss man motivieren (siehe auch „Motivation", S. 137).

Sinn des Lernens

„Non scola sed vita discimus", „Nicht für die Schule lernen wir, sondern für das Leben", heißt ein alter Spruch, der zwar einerseits wahrer nicht sein könnte – der aber in der Realität auf ein Verhalten der Erwachsenen stößt, das das Gegenteil vermuten lässt: nämlich, dass die Schule wichtiger zu sein scheint als das Leben. Und die Folge ist dann die resignierte Einstellung „Nicht für die Schule lernen wir, sondern für die Katz".
Erklären Sie Ihrem Kind, was das mit dem Lernen überhaupt soll. Und dann zeigen Sie, dass das auch stimmt, nämlich dass Sie selbst gern etwas Neues lernen. Tun Sie aber nicht? Verständlich – wahrscheinlich wurde es Ihnen in der Schule ausgetrieben. Aber fragen Sie sich mal: Warum sollte mein Kind lernen wollen, wenn es mir doch deutlich ansieht, dass ich das ebenfalls furchtbar finde?
Lernen ist nicht das stumpfe Hineinstarren in langweile Bücher und das Auswendiglernen von Fakten. Lernen erweitert das Leben, erweitert die Chancen, erweitert die Möglichkeiten, Freude und Befriedigung zu finden. Wenn Sie sich selbst leicht motivieren können, Neues zu lernen, wird Ihnen das auch bei Ihrem Kind nicht so schwerfallen.

Alle Sinne beisammen?

Wenn Ihr Kind in der Schule nicht mitkommt, scheinbar Konzentrations- und Lernstörungen hat, nicht gern in die Schule geht, über Kopfschmerzen klagt oder aggressiv ist, kann die Ursache manchmal völlig unpsychologisch sein: Wenn das Kind nicht gut sieht oder hört, kann es nicht so leicht mithalten und es macht keinen Spaß, mehr zu lernen.

Oft wird Kurzsichtigkeit bei Schulkindern nicht entdeckt. Der Bundesverband der Augenärzte sagt, dass etwa 60 Prozent der Sehstörungen unbemerkt bleiben, da der Schulaufnahmetest beim Kinderarzt die Augen nur oberflächlich prüft.
Mögliche Folgen und Warnsignale: Leseunlust, Lese- und Rechtschreibschwäche, Kopfschmerzen, Konzentrationsschwäche, verstärktes Blinzeln, Augenzusammenkneifen, Den-Kopf-schief-Halten, Lichtempfindlichkeit oder wenn Ihr Kind an Dinge immer ganz nah herangeht, um sie zu betrachten.
Hörschwächen haben fast noch dramatischere Auswirkungen. Nicht gut zu hören bedeutet einen gewaltigen Stress, der sich dann manchmal auch in Aggressionen zeigt. Das Kind selbst merkt nicht, dass es schlecht hört – es weiß ja nur, wie es selbst hört! Es wird geschätzt, dass bis zu 10 Prozent aller Grundschüler an einer unentdeckten Hörschwäche leiden.
Mögliche Folgen und Alarmsignale: Das Kind reagiert nicht auf laute Geräusche, es reagiert nicht, wenn Sie es ansprechen, aber nicht ansehen, es neigt dazu, immer ganz nah bei Ihnen zu bleiben und ständig Blickkontakt zu halten, es zeigt deutliche Lernschwächen, es wird schnell aggressiv.
Denken Sie also bei Schulproblemen auch an die Möglichkeit, dass Ihr Kind schlecht sehen oder hören könnte, und klären Sie das, wenn nötig, beim Arzt ab!

Der Leistungswahn

Wenn ein Kind nicht fleißig, nicht konzentriert, nicht schnell genug lernt, stellt sich natürlich auch die Frage: Entspricht das, was die Schule vorgibt, was das Kind jetzt lernen sollte, überhaupt seiner individuellen Entwicklung? Die Position der Eltern ist dabei nicht ganz einfach. Das staatliche Schulsystem nimmt weder auf individuelle Entwicklung noch auf persönliche Stärken und Schwächen Rücksicht. Das Wiederholen von Klassen, das Aufteilen nach der 4. Klasse in verschiedene Schulformen, das Abarbeiten von Lehrplänen, die willkürliche Aufteilung in Schulfächer, in denen man jeweils nur unterschiedliche Fakten auswendig zu lernen hat – das alles ist völlig kontraproduktiv. Aber was können Sie tun? Entweder Sie schicken Ihr Kind auf eine nichtstaatliche Schule (siehe auch S. 97f.), oder Sie helfen ihm, trotz denkbar schlechter Bedingungen die Freude am Wissen, an der Entwicklung eigener Fähigkeiten, an der Neugier zu bewahren, die es von Natur aus hat. Dazu gibt es durchaus ein paar einfache Möglichkeiten.

Lösungsansätze

Am einfachsten ist es, erst einmal die Faktoren auszuschalten, die die Konzentrationsfähigkeit, die Aufmerksamkeit und die Entwicklung einer gesunden Motivation stören. In einem zweiten Schritt können Sie Ihr Kind dann gezielt mit spielerischen Übungen fördern.

Was die Aufmerksamkeit stört

Die Überflutung mit Sinnesreizen: Das kindliche Gehirn ist überfordert, wenn es gleichzeitig viele Eindrücke empfängt und diese dann auch noch gleichzeitig verarbeiten muss. Ein Hauptproblem haben wir ja schon genannt: Das Fernsehen. Und ebenso zielloses „Surfen" im Internet. Doch selbst wenn TV und Computer ausgeschaltet sind, kann es manchmal noch zu viele Sinnesreize geben, um konzentriertes Arbeiten zu ermöglichen. Musik, der Blick aus dem Fenster, ständige Unterbrechungen – zum Beispiel durch das Telefon.
Sorgen Sie also dafür, dass Ihr Kind einen ruhigen Arbeitsplatz ohne Ablenkungen hat, den es auch wirklich ausschließlich zum Arbeiten nutzt – allein diese Maßnahme macht es ihm schon viel leichter, sich an konzentriertes Arbeiten zu gewöhnen. Bei kleineren Kindern ist es wichtig, die Auswahl an verfügbarem Spielzeug zu begrenzen und sich dafür mehr Gedanken über die Qualität und den Wert der Spielsachen zu machen.

Das Missachten physiologischer Notwendigkeiten: Achten Sie besonders auf zwei ganz banale Dinge, nämlich darauf, dass Ihr Kind genug Schlaf und eine ausgewogene Ernährung hat.

Kinder brauchen mehr Schlaf als Erwachsene. Allein das körperliche Wachstum ist schon ziemlich energieraubend und zusätzlich sind Kinder in der Regel auch körperlich und geistig aktiver. Neun Stunden Schlaf sind das Minimum. Wenn Ihr Kind um 7 Uhr aufstehen muss, sollte es also spätestens um 10 Uhr abends schlafen – und dementsprechend früher ins Bett gehen. Mit Gutenacht-Ritualen machen Sie es Ihrem Kind leichter, sich daran zu gewöhnen.
Eine ausgewogene Ernährung sollte selbstverständlich sein. Studien konnten beweisen, dass Konzentration und Leistungsfähigkeit steigen, wenn Kinder Wasser statt Limonade trinken und frische, möglichst unverarbeitete Nahrungsmittel essen. Kinder spüren, was ihr Körper braucht – wenn sie es nicht durch Fast Food, „Design Food" und manipulative Werbung verlernen. Bieten Sie verschiedene gesunde Nahrungsmittel an und lassen Sie Ihr Kind wählen, ohne Druck dabei auszuüben.

Ein Mangel an Sinneseindrücken: Wenn das Gehirn unterfordert ist, also wenn es zu wenig Sinnesreize bekommt, kann es keine neuronalen Netzwerke aufbauen. Bei Kleinkindern führt das dazu, dass die Kapazität der Lernbereiche gering bleibt und das Gehirn in Zukunft weniger lernfähig und aufnahmebereit ist. Ein etwas reiferes Gehirn hat ein Warnsignal: Langeweile. Dann versucht es, sich Sinnesreize zu verschaffen: Das Kind wird unruhig und zappelig. Es ist also wichtig, dem Kind einerseits ausreichend Möglichkeiten zu geben, abhängig vom Alter, seinem Gehirn Nahrung zu geben – es dabei aber nicht zu überfordern und Phasen der Erholung in den Tagesablauf einzuplanen, in denen es das Wahrgenommene verarbeiten kann.

Was die Aufmerksamkeit fördert

Im Wohlfühlbereich bleiben: Das Gehirn fühlt sich wohl, wenn es etwas intensiv tut – aber nur eine gewisse Zeit lang. Es kann zwar trainiert werden, diese Zeit auszudehnen, doch wie auch bei Muskeln ist ein Übertrainieren schädlich. Dann kommt es sozusagen zum „Gehirnmuskelkater" und die Konzentration wird als Qual empfunden. Deshalb sind regelmäßig Pausen wichtig. 6-Jährige brauchen nach etwa 20 Minuten Konzentration eine Pause; bei 10-Jährigen ist es etwa eine halbe Stunde, bei Erwachsenen etwa 40 Minuten, bevor eine Pau-

se nötig ist. Diese Pausen sollten jeweils 5 Minuten lang sein – nach der dritten Konzentrationsphase auch länger, 15 bis 30 Minuten.
Pausen einzuhalten ist wichtig. Am besten benutzen Sie eine Eieruhr. Wenn sie klingelt, wird eine Pause gemacht. Idealerweise wird die Pause mit einer ritualisierten Atem- und Dehnungsübung oder einer Entspannungsübung gefüllt. Und dann geht es wieder leichter mit der Konzentration. Dieses rituelle Vorgehen stärkt das Gefühl für die positiven Aspekte der Konzentration; wenn das Kind eine Pause machen „muss", wird es danach viel leichter wieder arbeiten wollen. Ganz allmählich können dann die Konzentrationsphasen verlängert werden.

Flow

Ein amerikanischer Psychologe mit dem zungenbrecherischen Namen Mihály Csíkszentmihályi entwickelte den Begriff „Flow", der den Zustand kennzeichnet, in dem ein Mensch seine Fähigkeiten und Kräfte optimal einsetzen kann. Das gilt für Kinder ganz genauso wie für Erwachsene.
Flow ist dadurch gekennzeichnet, dass sich Anforderungen und Können die Waage halten. Das macht auch deutlich, weshalb Unterforderung für Kinder ebenso schlimm ist wie Überforderung. Im Flow-Zustand sind Leistung und Wohlbefinden optimal. Im Flow können Kinder (und übrigens auch Sie selbst) am besten lernen, die höchstmögliche Leistung zu erbringen – und sich gleichzeitig dabei als vollkommen zufrieden und eins mit sich selbst und ihrem Tun erfahren.

Damit es zum Flow kommt, sind drei Dinge nötig:
1. Die Anforderungen und das Können passen zueinander.
2. Das Ziel ist klar.
3. Es gibt eine Rückmeldung, ob etwas richtig gemacht wird.

Sie können Ihren Kindern helfen, Flow zu erleben. Einmal, indem Sie Ziele klären. Zum Zweiten, indem Sie Ihren Kindern bei Aufgaben mög-

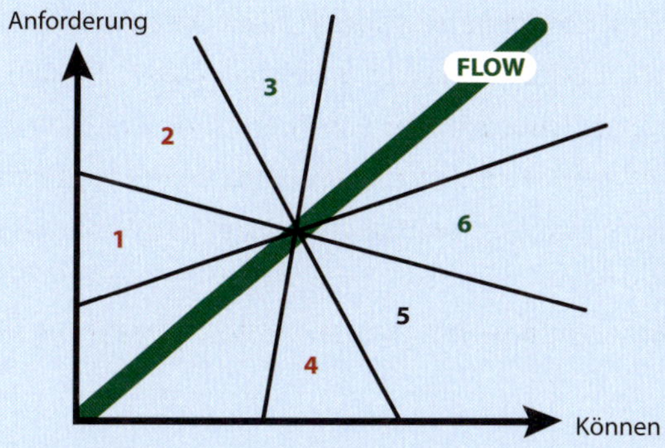

lichst unmittelbar Rückmeldung geben, ob sie auf dem richtigen Weg sind. Und am wichtigsten: Indem Sie Ihren Kindern Aufgaben stellen, die sie nicht überfordern, aber die auch nicht zu leicht sind und sie unterfordern.

Dazu gibt es zwei Möglichkeiten. Einmal können Sie den Schwierigkeitsgrad der Aufgabe verändern, beispielsweise wenn Sie Ihrem Kind Aufgaben im Haushalt übertragen. Zum anderen aber können Sie auch auf der anderen Seite ansetzen, indem Sie Ihrem Kind helfen, seine Fähigkeiten zu verbessern. Aber denken Sie daran: Das geht nicht durch Überforderung, sondern immer am besten, wenn die Schwierigkeit der Aufgaben mit dem augenblicklichen Können harmoniert. Dann sind der Lerneffekt und das Wachstum am höchsten.

Es gibt eine ganze Reihe weiterer kleiner Maßnahmen, die die Konzentration, Aufmerksamkeit und Leistung fördern:

Die Strategie der kleinen Schritte nutzen: Zeigen Sie Ihrem Kind frühzeitig, dass auch eine große Aufgabe nichts weiter ist als eine Abfolge kleiner Aufgaben. Helfen Sie ihm zunächst dabei, Lerninhalte in kleine Abschnitte zu unterteilen, wobei jede Bewältigung eines Teilschnitts zum Erfolgserlebnis wird.

Mit Ritualen Struktur geben: Wenn der Tagesablauf klar strukturiert ist, gibt das Ihrem Kind eine verlässliche Orientierung. Ihr Kind hat dann keinen Zweifel darüber, welche Aufgaben und Pflichten zu erfüllen sind, und es wird ihm viel leichter fallen, diese dann auch konzentriert zu erledigen. Wenn Sie beispielsweise darauf bestehen, dass die Hausaufgaben immer zu einem bestimmten Zeitpunkt gemacht werden, sparen Sie sich nicht nur langwierige, unproduktive Diskussionen, sondern machen es Ihrem Kind leichter, sich zu konzentrieren.

Ein geordneter und ruhiger Arbeitsplatz: Im Idealfall kann Ihr Kind an einem Ort arbeiten, an dem es sich wohlfühlt, aber nicht abgelenkt wird. Der Schreibtisch sollte beispielsweise nicht direkt vor dem Fenster stehen. Er sollte aber gut ausgeleuchtet, bequem (Stuhl und Schreibtisch müssen der Größe des Kindes entsprechen!) und aufgeräumt sein. Alles, was zum Arbeiten nötig ist, sollte sich in Griffweite befinden. Auch strukturierte Lernpläne, bei denen die erledigten Aufgaben abgehakt werden können, sollten im Sichtbereich liegen.

Für ausreichend körperliche Aktivität sorgen: Bewegung, vor allem solche, bei der sowohl Koordination als auch Kraft eine Rolle spielt, trainiert nicht nur den Körper, sondern auch den Geist. Wenn Ihr Kind etwa die Hälfte seiner Energie in Bewegung umsetzt, wird sein Gehirn mit 30 Prozent mehr Blut versorgt. Zusätzlich führen Koordinationsübungen dazu, dass neuronale Netzwerke besser aufgebaut und miteinander verschaltet werden. Bewegung fördert also Aufmerksamkeit, Lernfähigkeit und Konzentration!
Ideal sind Bewegungen und Sportarten, die Kraft und Koordination verbinden und die vor allem auch „cool" sind und Spaß machen: Beispielsweise Einradfahren, „Zirkusturnen", Jonglieren, Hula-Hoop, Slackline, akrobatische Übungen (am besten zusammen mit den Eltern!) und Kampfsportarten (ab 5 Jahren) wie Aikido, Ju-Jutsu oder Judo.

Zeigen, was Konzentration bedeutet: Zeigen Sie Ihr Interesse an den Leistungen Ihres Kindes – und zwar an seinen realen Leistungen, nicht nur an den möglicherweise höhergesteckten Leistungszielen, die Sie sich vorstellen. Erklären Sie Ihrem Kind, was Konzentration bedeutet, nämlich dass man nicht mehrere Dinge gleichzeitig tun kann, weil das Ergebnis dann weniger befriedigend ausfällt. Zeigen Sie, wie man längere Aufgaben in mehrere kleinere unterteilt, und erklären Sie, dass es manchmal einige Zeit dauert, bis man etwas versteht oder erledigt hat; am besten mit persönlichen Beispielen. Geben Sie zu, dass das Lernen manchmal mühsam scheint, aber dass man nach einer Weile darüber lacht, wie einfach es war – und dass das Lernen immer eine Belohnung in sich trägt; vielleicht äußere, aber vor allem auch innere!

Anfangs ist es wichtig, dass Sie Ihr Kind beim Arbeiten im Blick behalten, um ihm zu helfen, sein Lernen zu strukturieren. Aber achten Sie dabei darauf, nicht zur Ablenkung oder Störung zu werden. Lassen Sie Ihr Kind, soweit es nur möglich ist, in Ruhe und bewahren Sie Geduld; lassen Sie Ihr Kind in seinem Tempo arbeiten, sonst verunsichern Sie es nur mit Ihrer Nervosität.

Übungen für den „Konzentrationsmuskel“

Damit ein Kind später im Leben leistungsfähig ist, muss sein ganzer Organismus eine Einheit sein. Die Nervenverbindungen zwischen Gehirn, Rückenmark, Sinnesorganen und Muskeln, vor allem aber die neuronalen Netze innerhalb des Gehirns, die die Einheit herstellen, müssen sich ausbilden. In den ersten Lebensjahren entstehen sie durch praktisch alles, was ein Kleinkind normalerweise tut: Durch Greifen, Krabbeln, Herumrollen, Gehen, Laufen, Balancieren, durch Hören und das Produzieren von Lauten – alles schafft neue Nervenverbindungen im Gehirn, die später für alle anderen Fähigkeiten die Voraussetzung bilden. In dieser Zeit spielen Sie mit Ihrem Kind, so viel es geht. Schränken Sie seinen Spieltrieb und seine Neugier so wenig wie möglich ein und ermöglichen Sie ihm vielfältige, natürliche Sinnesreize. Dann, wenn es etwas älter ist, können Sie auch ganz gezielt mit Ihrem Kind üben.

Musik und Gleichgewichtsübungen: So unterschiedlich diese beiden Bereiche auch sind, so haben sie doch eins gemeinsam – sie trainieren die Konzentrationsfähigkeit und die Koordination und sie lassen so viele neue Verbindungen zwischen den Nervenzellen im kindlichen Gehirn entstehen wie sonst nichts. Führen Sie Ihr Kind so früh wie möglich an Musik und „artistische“ Sportarten heran – natürlich ohne Zwang! In der Regel lieben Kinder beides und Sie müssen nur vorsichtig sein, sie diese Liebe ausleben zu lassen, sie zu fördern und sie ihnen nicht durch Leistungsdruck auszutreiben.

Entspannungsübungen: Ein Kind, das gut abschalten kann, kann auch gut „anschalten". Dazu gibt es viele Methoden, die zum Teil noch weit mehr bringen als nur Entspannung. An erster Stelle ist hier Yoga zu nennen, mit dem Kinder spielerisch bereits im Kindergartenalter anfangen können – allerdings nicht in einem Yogakurs, sondern durch Imitation der Eltern.
Das heißt natürlich auch, dass die Eltern Yoga üben – was wirklich jedem zu empfehlen ist! Dasselbe gilt für Taiji oder Qigong, chinesische Übungen, die Koordination, Konzentration und eben Entspannung fördern. Ganz direkt zur körperlichen Entspannung gibt es die sehr einfach zu lernende progressive Muskelentspannung oder, allerdings besser geeignet für etwas ältere Kinder, autogenes Training.

Fantasiereisen und Trance: Ein Entspannungszustand kann auch schnell durch eine Tranceinduktion herbeigeführt werden. Scheuen Sie nicht vor dem Wort „Trance" oder „Hypnose" zurück, dabei handelt es sich nicht um esoterischen Hokuspokus oder gefährliche „Psychotechniken", sondern einfach um eine Anleitung zur entspannten Konzentration. Am besten verbinden Sie das mit einer Fantasiereise. Sie führen dabei Ihr Kind durch eine Traumwelt, die Geborgenheit, Wärme und Entspannung vermittelt. Die „Märchen", die wir Ihnen in diesem Buch vorschlagen, eignen sich ebenfalls dazu. Sehen Sie sich den Abschnitt über Trance einmal genauer an (siehe S. 176).

Spiele, die die Konzentrationsfähigkeit fördern

Memory: Diesen Klassiker aller Konzentrationsübungen kennen Sie sicher aus Ihrer eigenen Kindheit – das Spiel ist heute so gut wie vor Jahrzehnten. Sie können es aber auch variieren, beispielsweise indem Sie ein Ratespiel daraus machen: Legen Sie verschiedene Dinge auf den Tisch, lassen Sie Ihr Kind eine vereinbarte (und immer kürzer werdende) Zeit hinsehen. Dabei soll es sich die Auswahl genau einprägen. Nun soll es kurz die Augen schließen. Währenddessen nehmen Sie einen (und später mehrere) Gegenstände weg. Anschließend kann sich Ihr Kind umdrehen und versuchen, schnell herauszufinden, was fehlt.

Wo ist die Nase? Mit dieser Übung haben Sie und Ihre Kinder bestimmt Spaß. Sie fangen an, indem Sie sagen: „Das ist mein Knie!" Gleichzeitig legen Sie den Zeigefinger an die Nase. Jetzt ist Ihr Kind dran. Es muss nun den Körperteil nennen, auf den Sie gedeutet haben: „Das ist meine Nase!", aber auf einen anderen deuten, beispielsweise auf den Bauch, das Ohr, den Fuß usw. Dann sind Sie wieder dran. Das Ziel ist, möglichst schnell viele Durchgänge zu schaffen.

Das Geheimnis der Musik: Musik ist eine unendliche Welt. Musik spielen, Musik erfinden und auch Musik hören schulen das Gehirn auf einzigartige Weise. Wählen Sie ein kurzes, dem augenblicklichen Musikverständnis Ihres Kindes angemessenes Musikstück aus und lauschen Sie der Musik gemeinsam mit Ihrem Kind. Lassen Sie sich von Ihrem Kind erzählen, welche Bilder und Gefühle dabei in ihm auftauchten – und erzählen Sie, was Sie in der Musik gesehen und gefühlt haben. Versuchen Sie, gemeinsam mit Ihrem Kind eine Geschichte zu finden, die diese Musik erzählen könnte. Vielleicht kann Ihr Kind auch Instrumente oder Melodien heraushören? Erkunden Sie die Welt, die sich hinter den Tönen verbirgt!

Die Märchenerzähler: Die Sprache ist die Grundlage fast aller kulturellen und intellektuellen Leistungen. Mit der Förderung des Sprechvermögens und des Sprachgefühls, aber auch des kreativen Umgangs mit der Sprache können Sie gar nicht früh genug anfangen. Und um gleichzeitig Konzentration, Gedächtnis und Kreativität zu fördern, spielen Sie mit Ihrem Kind Märchenerzähler: Sie beginnen eine Geschichte mit einem Satz, die Ihr Kind dann, nach der Wiederholung des Satzes, mit einem eigenen Satz fortsetzt. Danach sind Sie wieder dran. Bei den Wiederholungen müssen die Sätze nicht wörtlich, aber sinngemäß wiedergegeben werden. Das Spiel wird umso interessanter, je mehr Familienmitglieder oder Freunde mitspielen. Wie lang wird die Geschichte, bis einer nicht mehr weiterweiß?

Märchen

Die lange, kurze Reise

Karls Mutter war sehr krank. Sie lag nur noch in ihrem Bett und war ganz bleich. Karl machte sich große Sorgen um sie und er war deswegen ganz durcheinander. Manchmal griff er zum Kamm, wenn er sich die Zähne putzen wollte, oder er merkte erst, als er aus dem Haus ging, dass er vergessen hatte, seine Hose anzuziehen. Er hatte furchtbar große Angst um seine Mutter. Vor allem seitdem er einmal mitgehört hatte, wie ihr Arzt nach einem Krankenbesuch mit seinem Papa geflüstert hatte. „Jetzt kann ihr nur noch Zauberei helfen", hatte der Doktor gesagt.

Das war ja eigentlich nicht ganz so schlimm, denn Karl wohnte nicht weit vom Märchenland, wo es Zauberei so häufig gibt wie bei uns Kartoffeln. Es war aber auch nicht ganz so einfach, denn Karl wohnte zwar nicht weit vom Märchenland entfernt, aber man brauchte doch ein wenig Zauberkraft, um überhaupt hineinzukommen. Zuerst musste man dazu durch den Riesen-Zwerg-Wald, und das war sehr schwierig. Der Riesen-Zwerg-Wald war eigentlich ganz klein, doch wenn man um ihn herumgehen wollte, blieb man immer nur am Waldrand und gelangte nie auf die andere Seite. Und wer ihn durchqueren wollte, kam immer an derselben Stelle heraus, an der er in den Wald hineingekommen war.

Karl musste aber unbedingt ins Märchenland, weil er einen Zauber für seine kranke Mutter brauchte. Also fragte Karl die alte Kräuterfrau, die einst aus dem Märchenland gekommen war und jetzt im Nachbarhaus wohnte.

„Es ist ganz leicht, ins Märchenland zu kommen, mein Junge", sagte sie. „Du gehst zuerst mitten durch den Wald, danach durch das trockene Tal und dann schwimmst du durch das wilde Wasser – und schon morgen früh kannst du im Märchenland sein."

„Das ist aber leicht!", rief Karl und wollte schon loslaufen. Doch die Alte rief ihn zurück und sagte: „Halt, Karl! Eines musst du dir merken: Wenn du im Wald bist, dann schau immer geradeaus. Folge dem hellsten Stern, wenn du durch das Tal gehst, und vertraue den Wellen, wenn du im wilden Wasser schwimmst."

Karl nickte. Im Wald geradeaus schauen, im Tal dem hellsten Stern folgen, im Wasser den Wellen vertrauen – das klang nicht besonders schwierig. Und sogleich machte er sich auf den Weg. Als er zu dem Wald kam, sagte er sich noch einmal vor: „Schau geradeaus im Wald!" Karl trat in den Wald hinein und war sogleich mittendrin, denn der Wald gehörte schon ein wenig zum Märchenland. Zögernd ging Karl ein paar Schritte voran. Das gelang sehr gut, denn die Pflanzen machten Platz und zeigten ihm genau den Weg, einen Pfad aus weichem Moos. Und jeder Schritt brachte Karl sieben Schritte voran.

Doch bald wurde es Karl zu langweilig, immer nur auf den Weg zu schauen. Karl sah nach rechts und nach links. Der Wald war so schön und abenteuerlich. Sonnenstrahlen blitzten durch die Blätter uralter Bäume und fielen auf blühende Büsche mit Beeren und Nüssen. Karl staunte. Doch als er weitergehen wollte, war der Weg verschwunden. Drei Tage irrte er durch den Wald und kam schließlich an genau derselben Stelle heraus, an der er in den Wald hineingegangen war.

Da erinnerte er sich an die Worte der alten Kräuterfrau. „Schau geradeaus im Wald!" Diesmal wollte sich Karl daran halten. Wiederum ging er in den Wald hinein, aber diesmal achtete er nur auf den Weg vor ihm. Die Sonnenstrahlen mochten blitzen, die Beeren und Nüsse locken, die Vögel noch so lieblich singen – Karl ließ sich von nichts ablenken. Er blickte nur noch auf den Weg, und je mehr er auf den Weg vor seinen Füßen schaute, desto mehr Freude machte es, auf ihm zu gehen. Nur wenig später trat Karl auf der anderen Seite des Walds heraus! Dabei war er doch nur ein paar Hundert Schritte gegangen ...

Vor ihm lag ein weites Tal. Es wurde gerade Abend und die Sonne ging unter. „Folge dem hellsten Stern", erinnerte sich Karl. Der hellste Stern war nicht schwer zu finden, denn es war noch nicht ganz dunkel und es war nur ein Stern zu sehen. Aber wie konnte er dem Stern folgen? Wozu brauchte er überhaupt einen dummen Stern? Er musste doch nur das trockene Tal durchqueren. Karl marschierte los. Doch nach ein paar Schritten hatte er sich schon verlaufen. Es war nun schon sehr dunkel und alles sah gleich aus. Es wurde immer dunkler und nur die vielen Sterne gaben noch ein wenig Licht. Da fiel Karl wieder ein, was die Kräuterfrau zu ihm gesagt hatte: „Folge dem hellsten Stern!"

Karl sah den Stern an, der scheinbar unbeweglich am Himmel stand. Nach einer Weile glaubte er jedoch, dass sich der Stern ein wenig bewegt hätte. Jetzt sah er sich den Stern genau und aufmerksam an. Und als er ihn eine ganze Weile aufmerksam beobachtet hatte, sah er auf einmal ein Bild wie einen Wegweiser am

Sternenhimmel und er sah, dass der hellste Stern genau die Richtung anzeigte, in die er gehen musste.

Karl ließ seinen Blick nicht von dem Stern und ging mit vorsichtigen Schritten voran. Je länger er aufmerksam dem Stern über seinem Kopf und den Füßen unter seinen Beinen folgte, desto schneller schien er sich zu bewegen. Und schon verblasste der Stern, denn es wurde wieder hell und die Sonne ging auf. Karl hatte das Tal durchquert und er sah, dass er am Ufer eines kleinen Flüsschens stand. Auf der anderen Seite des Flüsschens lag das Märchenland, wunderschön und funkelnd wie ein kostbarer Edelstein.

Karl sprang in das Flüsschen. Doch kaum war er ins Wasser eingetaucht, schwoll der Fluss zu einem reißenden Strom an. Wilde Wellen schlugen über Karls Kopf zusammen und versuchten, ihn in die Tiefe zu ziehen. Karl strampelte so fest er konnte und versuchte, ans andere Ufer zu schwimmen. Doch er kam nicht voran. Mit letzter Kraft zog er sich an dem Ufer hoch, von dem aus er in den Fluss gesprungen war. Kaum war er aus dem Wasser gestiegen, da war der reißende Strom wieder ein ruhiges Flüsschen.

Was hatte die Kräuterfrau noch einmal gesagt? „Vertraue den wilden Wellen!" Karl beschloss, es noch einmal zu versuchen, und sprang, erschöpft wie er war, nochmals in den Fluss. Der fing auch gleich wieder an zu schäumen und zu sprudeln, zu ziehen und zu zerren. Doch Karl strampelte nicht, sondern er ließ sich treiben und sagte sich immer wieder: „Vertraue den wilden Wellen!" Da wurde es plötzlich ganz leicht. Die Wellen wurden zwar immer höher und das Wasser immer wilder, doch die Wellen trugen Karl ans andere Ufer, direkt ins Märchenland.

Karl hätte nun gern ein paar Abenteuer dort erlebt, doch er wollte nur eines: einen Zauber für seine kranke Mutter. Und den Zauber bekam er gleich beim nächsten Hexenhaus. Eine freundliche Hexe schenkte ihm eine kleine, weiße Zaubermuschel. Karl steckte sie vorsichtig in seine Tasche, bedankte sich bei der Hexe und machte sich sogleich auf den Rückweg.

Da Karl inzwischen wusste, worauf er achten musste, ging es auf dem Rückweg viel schneller als auf dem Hinweg: Er vertraute den Wellen, die ihn ans andere Ufer trugen, er folgte dem Stern bis zum Wald und er durchquerte den Wald mit hundert Schritten, indem er genau auf den Weg achtete. Schon eine Stunde

nachdem er die Zaubermuschel von der Hexe bekommen hatte, stand er am Bett seiner schlafenden Mutter. Vorsichtig legte er die kleine Muschel neben ihren Kopf auf das Kissen. Kurz darauf schlug seine Mutter die Augen auf und strahlte ihn an: „Karl, wie schön, dass du wieder da bist", sagte sie. Und da wusste Karl, dass sie wieder ganz gesund war.
Karl und seine Mutter waren so froh, dass sie Freudentränen weinten. Und weil der Weg ins Märchenland so leicht war, wenn man nur achtsam und aufmerksam und vertrauensvoll ist, ging Karl später immer wieder dorthin und erlebte viele schöne und spannende Abenteuer und brachte viele Geschichten und manch eine Zaubermuschel mit nach Hause zurück.

ADHS – Das Aufmerksamkeitsdefizitsyndrom

Wenn ein Kind sehr aktiv ist, insbesondere im Unterricht, haben manche Eltern und Lehrer schnell eine „Diagnose" zur Hand: ADHS. Wie kommt es, dass diese Erkrankung heute so häufig ist?
Der Hauptgrund ist der, dass sie sehr praktisch ist. Man muss sich nicht mit fehlender Motivation, unsinnigen Unterrichtsmethoden und dem Kind beschäftigen, sondern kann einfach die Schublade „Krankheit" aufmachen. Manche Forscher haben ADHS sogar als gesellschaftliches Konstrukt bezeichnet. Die als störend erlebten Verhaltensweisen seien lediglich eine Normvariante, die nicht gut an den modernen Leistungsdruck und die Reizüberflutung angepasst ist.
Die Mehrheit der Wissenschaftler ist allerdings der Ansicht, dass ADHS durchaus eine Störung mit Krankheitswert ist. Dafür spricht, dass betroffene Kinder unter ADHS selbst leiden, nicht nur ihre Eltern und Lehrer. Doch nur ein qualifizierter Psychologe kann feststellen, ob es sich tatsächlich um ADHS handelt. Etwa 4 Prozent aller Kinder sind betroffen – also durchschnittlich ein Kind pro Klasse. Die Krankheit tritt zwar schon bei Kindern auf, doch besteht sie meist im Erwachsenenalter weiter.
Wahrscheinlich sind sowohl neurobiologische als auch psychologische

Faktoren für die Entstehung von ADHS verantwortlich. Allerdings sind bislang noch keine neurobiologischen Merkmale bekannt, die eine eindeutige Diagnose erlauben. Das heißt auch, dass medizinische Maßnahmen allein (Medikamente) keinesfalls ausreichend sind.

Was können Sie tun, wenn Sie vermuten, dass Ihr Kind ADHS hat? Zunächst einmal verlassen Sie sich nicht auf Ihre Einschätzung oder die „Diagnose" eines Lehrers, sondern gehen Sie mit Ihrem Kind zu einem spezialisierten Kinderpsychotherapeuten oder -psychiater.

Die psychologische Forschung über ADHS hat gezeigt, dass ein Erziehungsstil, der auf Kontrolle, Strafen und emotionaler Distanz beruht, zu einer Verstärkung der Symptome führt und Probleme wie Leistungsschwäche, Depressionen und Aggressionen verstärkt. Warten Sie nicht darauf, dass sich ADHS auswächst. Falls Ihr Kind tatsächlich an ADHS leidet, braucht es kompetente Hilfe, da ADHS unbehandelt eine eher ungünstige Prognose hat. Lehnen Sie nicht grundsätzlich Medikamente ab – in mittleren und schweren Fällen schaffen Medikamente erst die Voraussetzung, auf psychologischer Ebene an dem Problem arbeiten zu können. Maßnahmen, die Sie selbst (zusätzlich!) durchführen können, finden Sie auch in diesem Buch. Alle Übungen zu Selbstmanagement und organisierten Zielfindungsstrategien sind bei ADHS hilfreich.

ADHS-Betroffene haben auch Stärken:

- Sie sind meist besonders begeisterungsfähig und offen.
- Die Kreativität betroffener Kinder ist nicht selten höher als bei anderen.
- ADHS-Kinder sind oft hypersensibel, haben eine höhere Empathie und ein stärkeres Gerechtigkeitsempfinden.
- Paradoxerweise haben ADHS-Betroffene auch Bereiche, in denen sie einen „Hyperfokus" zeigen; das heißt auf bestimmten Gebieten können sie außergewöhnlich ausdauernde und intensive Konzentrationsleistungen zeigen.

Wenn Ihr Kind unter ADHS leidet, richten Sie Ihre Aufmerksamkeit gezielt auf diese Stärken. Das kann eine stärkere Besserung bewirken als die Konzentration auf die Schwächen Ihres Kindes. Und das gilt nicht nur für ADHS-Betroffene, sondern für alle Kinder.

Wenn Freunde zu Feinden werden – Mobbing

Sebastian hat schon lange keine Lust mehr, in die Schule zu gehen. Morgens hat er Bauchweh und er lässt sich alle möglichen „Tricks" einfallen, „krank" zu sein. Sein Vater ahnt schon, woran das liegen kann. Mittags holt er ihn vom Schulhort ab. Aus dem Auto beobachtet er eine ganze Weile, wie eine große Gruppe von Kindern auf der Schulwiese Völkerball spielt. Sebastian spielt nicht mit. Er schaut zu, wie seine Klassenkameraden herumtollen.
Sebastians Vater steigt aus dem Auto aus. Er findet es sehr unfair, dass Sebastian nicht mitspielen darf. Er ist wütend auf die anderen Kinder. Als er seinen Sohn am Baum abholt, fragt er: „Na Sebastian – alles okay?" Sein Sohn zuckt nur mit den Schultern und antwortet nicht. „Warum spielst du denn nicht mit den anderen?", fragt sein Vater nach. „Ach – die lassen mich nicht", antwortet Sebastian. Daraufhin geht sein Vater mit schnellen Schritten auf die Schulwiese und schnappt sich die zwei größten Jungs. „Sagt mal – warum lasst ihr den Sebastian eigentlich nicht mitspielen? Findet ihr nicht, dass das ziemlich fies von euch ist? Stellt euch mal vor, wenn ihr nicht mitspielen dürftet – das würde sich nicht so toll anfühlen, oder?" Die Jungs gucken betreten zu Boden, ein paar Mädchen, die die Szene aus einiger Entfernung beobachtet haben, zeigen auf Sebastian und fangen an zu kichern.
Im Auto sagt Sebastian zu seinem Vater: „Papa, spinnst du? Du kannst doch nicht einfach Klaus und Tim anmachen. Wie stehe ich denn jetzt da? Das ist ja echt voll peinlich." Natürlich spürt sein Vater auch, dass das nicht die Lösung des Problems ist, aber was sollte er denn machen?

Die Bedeutung von „Mobbing" ist anpöbeln, fertigmachen – und zwar über längere Zeit hinweg und mit dem Ziel der sozialen Ausgrenzung. Die Gewalt kann offen oder subtil, verbal oder körperlich sein. Mobbing kann von Mitschülern, aber auch von Lehrern ausgehen.

Mobbing kann sich als direktes Mobbing zeigen: Das Kind wird bedroht, abgewertet, gehänselt, bloßgestellt, beschimpft oder schikaniert. Mobbing kann aber auch indirekt sein: Das Kind wird ausgegrenzt, ihm werden wichtige Informationen vorenthalten, es wird Opfer von Gerüchten oder seine Sachen werden beschädigt oder versteckt.

Wenn Sie das Wort „Mobbing" hören, denken Sie wahrscheinlich zuerst an unangenehme Klassenkameraden. Doch wenn man Jugendliche befragt, zeigt sich, dass sie sich öfter von Lehrern als von Mitschülern gemobbt fühlen – und das nicht nur in der augenblicklichen Situation. Auch Erwachsene erinnern sich häufiger an mobbende Lehrer als an Mobbing durch Klassenkameraden.

Mobbing ist meist eine Erfahrung, die lange nachwirkt. Erwachsene, die gemobbt wurden, berichten noch Jahrzehnte später lebhaft über ihre Angst, ihre Wut und ihre Hilflosigkeit – und auch das häufiger, wenn das Mobbing von Lehrern ausging. Vom Lehrer vor der Klasse bloßgestellt zu werden, beleidigt oder ironisch verächtlich gemacht zu werden ist auch deshalb besonders schlimm, da Mobbing seitens des Lehrers oft Mobbing seitens der Schüler nach sich zieht.

Kinder haben es sehr schwer, der Mobbing-Falle zu entkommen, wenn sie erst einmal darin gefangen sind. Erwachsene, Lehrer wie Eltern, sind oft ratlos oder schauen weg, bekommen die subtilen Formen von Mobbing gar nicht erst mit, geben dem Opfer Schuld oder sehen im Mobbing „ganz normale Streitigkeiten", die die Kinder am besten unter sich selbst ausmachen sollten. Es gibt auch Lehrer und Eltern, die Mobbing erkennen und wissen, dass es falsch ist – und dennoch nichts tun, da sie Konflikten generell lieber aus dem Weg gehen. Dieses Verhalten führt natürlich dazu, dass die Probleme immer stärker werden.

Mobbing ist auch deswegen nicht leicht zu bekämpfen, weil im überwiegenden Teil aller Mobbing-Fälle die Kinder nicht mit Erwachsenen darüber sprechen. Weder mit den Lehrern – natürlich erst recht dann nicht, wenn das Mobbing von einem Lehrer ausgeht – noch mit den Eltern. Sie haben einerseits Angst,

als Verräter dazustehen und dann noch mehr Mobbing ausgesetzt zu sein, und auch durch falsches Verhalten der Erwachsenen könnten sie noch mehr Schwierigkeiten bekommen.
Andererseits aber schämen sich Opfer auch manchmal vor Erwachsenen, als Schwächlinge, Heulsusen oder Denunzianten dazustehen. Nicht zuletzt glauben Kinder oft auch, dass die Erwachsenen ohnehin nichts ändern können.
Und das ist das Erste, was Sie für Ihr Kind tun können – lange bevor es überhaupt zu Mobbing kommen kann: Geben Sie ihm die Gewissheit, dass es mit wirklich allem zu Ihnen kommen kann. Dass Sie sein Verhalten nicht bewerten, sondern gemeinsam mit ihm nach Lösungswegen suchen.

Auswirkungen

Mobbing ist, das dürfte inzwischen klar sein, keine Kleinigkeit. Schwierig wird es dadurch, dass Kinder, die zum Opfer von Mobbing werden, das Problem erst einmal bei sich selbst suchen. Und das nicht nur, wenn das Mobbing beginnt, sondern über längere Zeit hinweg. Es kommt eher selten vor, dass ein Kind Mitschülern, Lehrern oder auch Eltern erzählt, dass es gemobbt wird. Die Folgen wirken sich auf die ganze Persönlichkeit aus: Das Selbstvertrauen geht zunehmend verloren, die Leistungen sinken, es kommt zu depressiven Tendenzen und Passivität, zu Isolierung und Einsamkeit. Die Motivation, in die Schule zu gehen – und als Generalisierung die Motivation zu lernen –, geht verloren.

Warnsignale für Mobbing

Die folgenden Signale sind möglicherweise ein Zeichen dafür, dass Ihr Kind Mobbing ausgesetzt ist:

- Ihr Kind will nicht mehr in die Schule oder nur noch, wenn Sie es begleiten.
- Ihr Kind beginnt zu stottern, zu stammeln oder wird zum Bettnässer.
- Ihr Kind zieht sich auffällig zurück.
- Die schulischen Leistungen lassen plötzlich nach.
- Ihr Kind „verliert“ des Öfteren Geld oder Wertgegenstände oder Sie bemerken, dass Ihr Kind Geld aus Ihrer Brieftasche stiehlt. (Das geschieht, wenn Ihr Kind parallel zum Mobbing erpresst wird.)

- Ihr Kind kann keine einleuchtende Erklärung für solche auffälligen Verhaltensweisen geben.
- Ihr Kind hat häufig Albträume, zögert aber, Ihnen davon Genaueres zu erzählen.
- Ihr Kind spricht über den Tod, über Selbstmord oder macht sogar einen Selbstmordversuch.

Mobbing-Fakten

Immer wieder hört man, dass die Gewalt in den Schulen zunimmt, dass die Kinder immer enthemmter und brutaler werden, vor allem aber, dass Mobbing immer häufiger würde, was es „damals" nicht gegeben hätte. Diesem subjektiven Eindruck widersprechen Untersuchungen, die belegen, dass Gewalt und Mobbing seit Jahrzehnten ein konstanter Faktor ist. Dagegen haben Hilfsangebote zugenommen, während früher eher alles unter den Teppich gekehrt wurde. „Mobbing" hat in der Tat zugenommen – da es dieses Wort früher nicht gab; damals hieß es „fertigmachen". Dass der Eindruck stärkerer Gewalt besteht, liegt an einem erhöhten Problembewusstsein und der starken Thematisierung in den Medien. Dass Mobbing keine Bagatelle ist, ist dennoch unbestritten:

- Etwa 20 Prozent der jährlichen Selbstmordfälle von Kindern und Jugendlichen werden auf Mobbing zurückgeführt.
- Etwa 10 Prozent aller Schüler werden Opfer von Mobbing.
- Über 10 Prozent aller Schüler sind an Mobbing aktiv beteiligt.

Mobbing, das von Lehrern ausgeht, wird unterschätzt. Über 50 Prozent aller Jugendlichen erinnern sich daran, von Lehrern beleidigt, beschimpft, angeschrien, verspottet oder bloßgestellt worden zu sein. Wie stark diese Eindrücke sind, kann man daraus ablesen, dass sich noch über 10 Prozent aller über 60 Jahre alten Menschen an solche Vorfälle erinnern.

Alter und Mobbing

Mobbing in der Schule gibt es in allen Altersstufen. Dabei ist die Häufigkeit und die Ausprägung allerdings sehr unterschiedlich.

Im Kindergarten gibt es kein Mobbing. Die Kinder sind auf die Erzieher fixiert. Die Kinder wechseln „Freunde" von Tag zu Tag – das Konzept „Freundschaft" besteht im Kindergartenalter noch nicht.

In der Grundschule ist Mobbing selten. Ausgrenzungen finden statt, aber sind in der Regel nicht überdauernd, sondern eher kurzfristig. Was aber vorkommt, ist „Bullying", was man mit Tyrannisieren oder Schikanieren übersetzen kann: körperliche Angriffe stärkerer, dominanterer Kinder auf schwächere.

Bis etwa zur 7. Klasse ist ebenfalls „Bullying" häufiger als echtes Mobbing. Am ehesten sind äußerlich auffällige, dicke, unsportliche und übermäßig „brave" Kinder Opfer von gelegentlichem Mobbing.

In der frühen Pubertät beginnt Mobbing häufiger zu werden. Etwa 10 Prozent der Schüler sind betroffen. Die „Angriffspunkte" sind nun vor allem Abweichungen von Normen, beispielsweise in der Mode (Markenkleidung) oder dem Verhalten („Streber").

In der späteren Pubertät beginnt das Mobbing dem Mobbing, dem auch Erwachsene im Beruf ausgesetzt sind, zunehmend zu gleichen. Angriffspunkte werden individuell aufgespürt, Schwachstellen ausgenutzt. Je stärker der Konkurrenzdruck, desto eher findet Mobbing statt.

Opfertypen?

Gibt es Kinder, die eher Gefahr laufen, Opfer von Mobbing zu werden? Darauf gibt es zwei Antworten. Erstens ist Mobbing auf grundlegender Ebene kein individuelles Problem, sondern ein Gruppenphänomen, das eskaliert, weil kein rechtzeitiges und hinreichendes Eingreifen erfolgt. Das Opfer ist nie „schuld" am Mobbing. Ebenso sind die Täter nicht „geborene Täter" – die Gruppendynamik weist die Rollen zu und ein Teufelskreis entsteht, der diese Rollen festigt.

Auf der anderen Seite gibt es aber durchaus Eigenschaften, die manche Kinder in einer solchen eskalierenden Situation eher zu Opfern macht als andere. Dabei gibt es zwei Typen: Das passive und das provozierende Mobbing-Opfer. Letzteres ist seltener: Kinder, die besonders aggressiv, angespannt und nervös

sind, reagieren schnell und heftig und werden dann eher als Opfer ausgewählt. Weit häufiger sind aber passive Opfer: Kinder, die ein geringes Selbstwertgefühl haben, die ängstlich oder überangepasst sind. Kommt dann auch noch ein auffälliges Merkmal hinzu, das es von anderen unterscheidet, wird das Kind noch leichter zur Zielscheibe.
Kinder werden dann besonders leicht zu Mobbing-Opfern, wenn sie

- kleiner oder schwächer sind als der Durchschnitt.
- ängstlich, schüchtern oder introvertiert sind.
- die deutsche Sprache nicht als Muttersprache haben oder als Deutsche eine Minderheit in einer Klasse mit überwiegendem Migrantenanteil sind.
- einen anderen Sozialstatus als der Klassendurchschnitt haben. Das kann sowohl ein höherer als auch ein geringerer Status sein!
- durch weit überdurchschnittliche Leistungen auffallen. Hochbegabte werden überdurchschnittlich häufig Opfer von Mobbing.
- abweichende äußere Auffälligkeiten zeigen wie andere Kleidung oder Haare beziehungsweise Frisuren oder Übergewicht.
- abweichende weltanschauliche Ansichten haben. Man denke hier an bestimmte religiöse Gruppen, denen nicht so viele angehören.
- behindert sind. 80 Prozent aller Behinderten erleben Mobbing!

Es gibt jedoch zwei Fähigkeiten, die stärker als alle diese Faktoren sind: Selbstbewusstsein und soziale Kompetenz.

Lösungsansätze

Mobbing-Opfer können sich meist nicht mehr selbst wehren. Deshalb brauchen Kinder, die von Mobbing betroffen sind, immer auch Unterstützung von außen, von Eltern und Lehrern. Bei Mobbing hat es keinen Sinn abzuwarten in der naiven Hoffnung, dass sich das schon wieder gäbe. In gewisser Weise tut es das zwar, Ihr Kind wird irgendwann die Schule verlassen – oder auch nur in eine andere Klasse kommen. Doch der Schaden, der durch unbewältigtes Mobbing angerichtet wird, vergeht möglicherweise nie. Je länger damit gezögert wird, eine Lösung zu finden, desto schwieriger wird die Lösung und desto sicherer ist es, dass Ihr Kind eine seelische Beeinträchtigung erfährt. Grundsätzlich sollte man in mehreren Stufen gegen Mobbing vorgehen:

- **Prävention**: Natürlich ist es am besten, wenn Ihr Kind nie Opfer von Mobbing wird, weil es Selbstvertrauen und soziale Kompetenz gelernt hat. Zur Prävention gehört auch, dass Ihr Kind gelernt hat, dass es sich mit allen Problemen vertrauensvoll an Sie wenden kann.

- **Frühzeitiges Erkennen**: Eltern sollten unbedingt die Warnsignale kennen, die auf Mobbing hinweisen. Und sie sollten ihr Kind unbedingt ermutigen, dass es sich bei Vorfällen an Lehrer, Vertrauenslehrer, die Schulleitung oder an Sie wendet und keinesfalls Mobbing einfach erträgt oder gar sich selbst „schuldig" fühlt. Machen Sie Ihrem Kind klar, dass es keinen Grund hat, sich zu schämen, wenn es von anderen angegriffen wird.

- **Institutionelles Eingreifen**: Wenn Ihr Kind gemobbt wird, sollten Sie nicht voreilig den Täter oder seine Eltern zur Rede stellen. Informieren Sie zuallererst die Schule und fordern Sie, dass gehandelt wird. „Der Täter" ist in der Regel eine Gruppe – oder aber ein Lehrer. Wenn ein Lehrer am Mobbing beteiligt ist, müssen Sie mit der Schulleitung, dem Elternbeirat oder einer Beratungsstelle sprechen.

- **Ihr Kind stärken**: Wenn Ihr Kind nicht das Selbstbewusstsein und die soziale Kompetenz hat, mit Mobbing umzugehen, kann es das lernen. Einige Beispiele, wie das geht, finden Sie weiter unten.

Was Sie auf keinen Fall tun sollten: Einzelne Täter belehren, aufgeregt die Eltern der Täter beschimpfen, Ihr Kind mit gut gemeinten Aktionen noch mehr zum Außenseiter machen.

Einen sicheren Hafen bieten

Was Ihr Kind an allererster Stelle braucht, ist ein Ort, an dem es das Gegenteil von Mobbing erfährt, wo es sich emotional sicher fühlt und unterstützt wird. Es

gibt nur einen Ort, bei dem das hundertprozentig der Fall sein kann: zu Hause, bei den Eltern.
Um die Erfahrung der Sicherheit zu machen, ist es essenziell, dass Sie die Not Ihres Kindes ernst nehmen. Vermeiden Sie Folgendes unbedingt:

- Die Situation herunterspielen oder kleinreden!
- „Schuld" abwägen. Stehen Sie absolut auf der Seite Ihres Kindes!
- Aufregung! Damit vermitteln Sie Ihrem Kind das Gegenteil von Gelassenheit.
- Scheinbar einfache, aber unrealistische Lösungen präsentieren.

Wenn Ihr Kind zu Ihnen kommt und Sie es emotional auffangen können, löst das nicht das Mobbing-Problem, aber es wird schon leichter erträglich. Natürlich müssen Sie auch gegen das Mobbing direkt vorgehen, und zwar indem Sie mit der Schule, also entweder mit dem Lehrer oder aber direkt mit der Schulleitung sprechen – und dabei Verharmlosungsversuchen unbeirrt entgegentreten.

Das Selbstbewusstsein stärken

Kinder, die nicht selbstbewusst sind, werden leichter als Mobbing-Opfer auserkoren. Nun ist Selbstbewusstsein nichts, was man einfach anschalten könnte. Ein Teil ist angeboren, ein weiterer Teil ist das Ergebnis aller bisherigen Erfahrungen. Das Selbstbewusstsein zu stärken ist also eher ein längerfristiges Projekt. Aufgesetztes, gespieltes Selbstbewusstsein hilft in der Regel nicht, sondern kann geradezu zu einem Auslöser für Mobbing werden.
Der erste Schritt zu mehr Selbstbewusstsein muss nicht sein, sich den Mobbern zu stellen. Es ist schon einmal gut, wenn Sie Ihrem Kind vermitteln, dass es mutig und richtig ist, sich an eine Person zu wenden, die helfen kann, wenn es selbst nicht mehr weiterweiß. Lehrer, Schulpsychologen, natürlich die Eltern, Freunde, Außenstehende, Beratungsstellen, die ihre Dienste zunehmend auch Online anbieten, sind hier die geeigneten Anlaufstellen. Machen Sie Ihrem Kind deutlich, dass es keine Schwäche ist, Hilfe zu suchen, und dass es nichts gibt, dessen es sich schämen müsste, wenn es gemobbt wird.

Rollenspiele

Wenn Ihr Kind über Mobbing-Erfahrungen spricht, hören Sie erst einmal zu. Schlagen Sie keine Standardlösung vor, die Ihnen gerade einfällt, sondern überlegen Sie gemeinsam mit Ihrem Kind, was denn vielleicht funktionieren könnte, wenn es wieder gemobbt wird.

Und dann spielen Sie die Situation durch. Dabei wird klar, wo eventuelle Probleme auftauchen. Sie können alles ausprobieren, es ist ja – erst einmal – nur ein Spiel. Die folgenden Beispiele sollen Ihnen eine Hilfe sein, wie Sie vorgehen können:

- Ignorieren. Gerade wenn es sich um direktes Mobbing handelt, ist es sinnvoll, es zu ignorieren, denn wenn Mobbing keine Wirkung zeigt, wird es sinnlos.
- Lachen statt weinen. Paradoxe Reaktionen verwirren immer. Das kann ein erster Schritt sein, um den Teufelskreis zu durchbrechen.
- Mit realistischen Konsequenzen drohen. „Ihr bekommt riesige Schwierigkeiten. Egal, was ihr mir androht: Ich gehe zum Direktor, wenn ihr nicht sofort aufhört. Überlegt euch gut, ob es euch das wert ist." Diese Strategie ist zwar sehr erfolgreich – aber nur, wenn sie erstens sicher vorgetragen wird und zweitens dann auch durchgezogen wird.

Selbstbewusstsein durch Sport

Sportliche Kinder werden selten zu Mobbing-Opfern. Nun ist Ihr Kind aber nun einmal möglicherweise keine Sportskanone. Und will es vielleicht auch gar nicht sein. Ein paar Sportarten fördern jedoch das Selbstbewusstsein besonders stark: Vor allem Kampfsportarten und Klettern. Sportklettern ist eine starke direkte Schulung des Selbstbewusstseins und der Konzentration – und natürlich auch eine hervorragende Körperschule. Bei den Kampfsportarten geht es nicht (in erster Linie) darum, dass sich Ihr Kind körperlich zur Wehr setzen kann. Zur Selbstverteidigung sind meist mehrere Jahre intensiven Trainings nötig. Doch der Umgang mit körperlichen Angriffen führt nicht etwa zu mehr Aggressivität, sondern vielmehr zu einer viel entspannteren, gelasseneren Haltung – einer Haltung, die Mobbing verhindert. Es gibt ganz unterschiedliche

Formen von Kampfsportarten, solche, die mehr Kraft verlangen (Judo), die eher starke Aufmerksamkeit und Koordination fördern (Aikido), die Angriffe mit Gegenangriffen entgegnen (Wing Chun) oder die all diese Möglichkeiten mischen (Ju-Jutsu).

Geschichten erzählen

Das Selbstbewusstsein hat seine Wurzeln in dem, was unbewusst abläuft. Mit Geschichten, die einen Helden haben, der mehr Selbstbewusstsein erlangt oder der Wege findet, mit verbalen oder körperlichen Angriffen effektiv umzugehen, werden Lösungsprozesse im Unterbewusstsein in Gang gesetzt, die sich schließlich auch im Handeln zeigen. Ebenso gut sind natürlich auch Erzählungen aus Ihrer Kindheit, aus dem Leben von Freunden oder Bekannten oder auch Geschichten, die Sie gern erlebt hätten. Und selbstverständlich haben wir auch wieder eine Geschichte ans Ende dieses Kapitels gestellt.

NLP-Techniken

Es gibt auch NLP-Techniken, die bei Mobbing sinnvoll sein können.
Diese sind:

- Phobia Cure (S. 196): Diese Methode wirkt vor allem den Ängsten entgegen, die sich durch Mobbing aufbauen.
- Swish (S.186): Beim „Swish" werden negative Gefühle, die mit einer Situation assoziativ verknüpft sind, abgeschwächt oder sogar durch positive ersetzt.
- Intentional Blend (S. 184): Bei dieser Technik geht es darum, zwei gegensätzliche Absichten, beispielsweise „Ich will die Situation vermeiden" und „Ich will mich endlich der Situation stellen", zusammenzuführen.
- Auditive Belief Change, kurz ABC (S. 197): Mit dieser Methode können negative Glaubenssätze (z. B. „Ich bin das Opfer") aufgelöst werden.

Märchen

Das Elfenkind in Trollland

Fiona war eine kleine Elfe. Sie lebte mit ihrer Elfenfamilie glücklich und zufrieden im Wunderwald. Doch eines Tages rief die Königin der Elfen Fionas Eltern zu sich. Nach einer langen Zeit des Krieges gab es endlich wieder Frieden mit dem Volk der Trolle im Trollgebirge. Nun brauchte die Königin einen klugen Botschafter, der sie in Trollland vertreten würde. Da Fionas Vater einer der klügsten Elfen war, wurde er für diese Aufgabe auserwählt, und die ganze Familie zog aus dem Wunderwald ins Trollgebirge.

Fiona war darüber gar nicht froh. Doch sie hatte immer schnell Freunde gefunden, also machte sie sich keine allzu großen Sorgen. Als sie nach einer langen Wanderung endlich im Trollland ankamen, entdeckte sie sogleich ein paar Trollkinder und ging freundlich auf sie zu, um sie zu begrüßen. Doch als sie mit den Trollkindern spielen wollte, waren die sehr gemein zu ihr. Sie lachten sie aus, sie zupften sie an den Haaren, sie zwickten sie in den Po und manche versuchten sogar, an ihren silbernen Flügeln zu ziehen! Fiona weinte und wurde zornig. Erst drohte sie, dann bettelte sie, doch die Trollkinder hörten nicht auf und sie lachten nur noch mehr über die kleine Elfe. War das nicht wirklich gemein?

Weinend lief Fiona nach Hause und erzählte ihrer Mutter, was passiert war. Die streichelte ihr übers Haar und sagte, dass es morgen bestimmt besser werden würde. Abends erzählte sie es ihrem Papa, und der strich ihr übers Haar und sagte, dass sie sich nichts gefallen lassen sollte. Bevor Fiona ihn fragen konnte, was sie denn tun sollte, wenn die Trolle wieder gemein wären, musste Papa jedoch schon wieder zu einem Treffen mit dem Trollkönig.

Als Fiona am nächsten Tag wieder auf die Trollkinder traf, war es noch schlimmer als tags zuvor. Die kleinen Trolle zogen wieder an ihren Haaren, lachten und schubsten sie wild herum. So ging das den ganzen Tag. Und so ging es Tag für Tag weiter, und die kleine Elfe wurde immer trauriger. Sie sehnte sich so sehr nach dem Elfenwald zurück und wollte gar nicht mehr aus dem Haus, denn sie hatte inzwischen große Angst vor den Trollkindern.

Eines Tages aber kam ihre Oma zu Besuch. Fionas Großmutter war die weiseste aller Elfen und sie sah sofort, dass Fiona nicht glücklich war. Sie setzte sich mit Fiona ans Feuer und ließ sich alles in Ruhe erzählen. Dabei sah sie Fiona mit gütigen Augen an, dann lächelte sie und umarmte das Elfenkind. Sie zog einen kleinen Beutel aus ihrer Tasche und gab ihn Fiona.

„Hier hast du meine Kitzelbrille, die ich von meiner Oma bekommen habe. Wenn du wieder mit dem Trollkindern spielst, dann setz die Brille auf." Fiona schaute ihre Großmutter fragend an. Die aber lächelte nur und sage: „Lass dich überraschen."

Fiona nahm die Brille aus dem Beutelchen. Sie sah eigentlich wie eine ganz normale Brille aus – aber sie musste wohl trotzdem etwas ganz Besonderes sein, da Elfen ja nie Brillen brauchen. Wie konnte eine Brille ihr helfen? Doch sie vertraute ihrer weisen Großmutter.

Als sie am nächsten Tag zum Spielplatz der Trollkinder gehen wollte, zögerte sie erst lange. Dann aber atmete sie tief durch und machte sich mutig auf den Weg. Kaum sahen die Trollkinder Fiona, fingen sie auch schon an zu lachen und wollten die kleine Elfe wieder ärgern. Rasch zog Fiona Großmutters Brille heraus und setzte sie sich auf die Nase. Das war nun wirklich eine Überraschung und Fiona machte große Augen! Denn auf einmal sahen die Trolle gar nicht mehr stark und böse aus, sondern wie große, tollpatschige Puppen aus Steinen und Lehm. Fiona lachte laut auf.

Verblüfft blieben die Trolle stehen. Warum heulte die kleine Elfe nicht? Warum wurde sie nicht wenigstens wütend? Da machte es ja überhaupt keinen Spaß mehr, sie aufzuziehen!

Nun – so schnell geben Trolle natürlich nicht auf. Sie begannen Fiona zu schubsen und zu kneifen. Das änderte aber nichts: Die kleine Elfe lachte nur umso lauter. Und jedes Mal, wenn ein Troll versuchte sie zu zwicken, gab es einen kleinen Funken und der Troll sprang erschrocken zurück. Es war zu komisch, wie die tollpatschigen Trolle sich abmühten.

„Deine Freunde können aber viel besser schubsen!", kicherte Fiona, als sie der stärkste Trolljunge so stark schubste, dass sie auf den Hosenboden fiel.

„Nein!", rief der Troll, denn er war der Stärkste und bildete sich sehr viel darauf ein. „Ich bin der beste Schubser von allen."

Nun grinsten seine Freunde. „Nein, bist du nicht!", riefen sie wie aus einem Mund.

Da schubste der große Trolljunge seine Freunde, um ihnen zu zeigen, dass er

der Beste war. Doch die ließen sich das nicht gefallen und schubsten zurück. Und sogleich war eine Rauferei im Gange und die vier Trolljungen wälzten sich am Boden und verteilten Kniffe und Püffe und zwickten und zwackten. Auch die kleine Elfe wälzte sich am Boden – aber vor Lachen.
Da sie aber von ihrer Großmutter die Weisheit geerbt hatte, setzte sie nun die Kitzelbrille wieder ab. Und dann rief sie ganz laut: „Halt! Hört auf!" Die Trolljungen hörten tatsächlich sofort auf zu raufen, so verblüfft waren sie. Ihre Haare waren zerzaust, ihre Hosen hatten Risse und sie waren ganz schmutzig. Doch die kleine Elfe lachte sie nicht aus, sondern sah sie nur freundlich an. „Ihr seid alle ganz schön stark!", rief sie und klatschte in die Hände. „Wenn ihr wollt, können wir Freunde sein!"
Die Trollkinder schämten sich ein wenig und waren etwas verwirrt, weil sie gar nicht wussten, wie es gekommen war, dass sie miteinander rauften, statt die kleine Elfe zu ärgern, wie sie es vorgehabt hatten. Doch jetzt hatten sie gar keine Lust mehr, Fiona zu ärgern. Scheinbar war das kleine Elfenmädchen ja sehr nett. Und darum wollten sie eigentlich lieber mit ihm befreundet sein.
Von dem Tag an spielten die Trollkinder und die kleine Elfe jeden Tag miteinander und sie erfanden viele lustige und spannende und abenteuerliche Spiele.
Als Oma wieder einmal zu Besuch kam, gab Fiona ihr ihre Brille zurück. „Ich glaube, ich brauche gar keine Brille", sagte sie und zwinkerte ihrer Großmutter schelmisch zu. Ihre Großmutter sah sie an, lachte und sagte: „Das glaube ich auch!"

NLP-Methoden und Anwendungsmöglichkeiten

Die WFO-Strategie: Ziele definieren

Wir haben über diese Technik schon ganz am Anfang gesprochen (siehe S. 27) – und sie sollte auch am Anfang jeder Veränderungsarbeit mit NLP stehen.

Hier nur noch einmal kurz die wichtigsten Punkte dieser Technik zum Auffrischen und zur Erinnerung:

1. Das Ziel klar definieren. Ein wohlgeformtes Ziel ist konkret, enthält weder Vergleiche noch negative Aussagen, ist durch eigenes Handeln zu erreichen und hat einen klaren Zeitrahmen.

2. Den Zielzustand klar definieren. Eine deutliche Vorstellung von dem Moment entwickeln, die das Überschreiten der Ziellinie eindeutig bestimmen lässt.

3. Die Veränderung klar definieren. Die Veränderung muss deutlich sein, damit es sich lohnt, ein Ziel mit ganzem Herzen zu verfolgen.

4. Nachteile und Hindernisse berücksichtigen. Mindestens zwei Hindernisse oder Nachteile finden – das ist wichtig, um die Zielmotivation realistisch aufzubauen.

5. Fehlende Ressourcen ausfindig machen. In der Regel ist noch nicht alles vorhanden, was nötig ist, um das Ziel zu erreichen. Gegebenenfalls kann das, was noch fehlt, als neues Ziel dienen.

Noch einmal: Es ist wirklich sehr sinnvoll, vor jeder „Veränderungsarbeit“ die WFO-Strategie einzusetzen. Erziehung ist immer „Veränderungsarbeit“. Helfen Sie Ihrem Kind, sich daran zu gewöhnen, seine Ziele mit dieser klaren Strategie aufzubauen – dann wird es seine Ziele nicht nur als Kind, sondern auch als Erwachsener viel leichter erreichen.

Drei Gefühlszustände – Wie Sie Ihr Kind „lesen“ können

Wenn Sie mit Ihrem Kind sprechen, ist es sehr hilfreich zu wissen, ob Sie auf der richtigen Spur sind, ob das, was Sie sagen, bei Ihrem Kind überhaupt ankommt – und wie es ankommt. Wenn Sie NLP einsetzen, ist das besonders wichtig beispielsweise wenn Sie einen Anker setzen. Deshalb spielt im NLP das schnelle Erkennen von Gefühlszuständen eine wichtige Rolle. Im NLP spricht man von „Physiologien“. Und das hat seinen guten Grund: Denn tatsächlich ändert sich der gesamte körperlich-seelische Zustand eines Menschen, wenn er die Lösung eines belastenden Problems erkennt, wenn er sich in einer entspannten Situation ein Problem vergegenwärtigt oder wenn ein Glaubenssatz ins Wanken gerät.

Manche dieser Veränderungen sind nicht ohne Weiteres beobachtbar – beispielsweise die Veränderung des Hautwiderstandes. Andere, wie die Veränderung des Muskeltonus, bemerkt nur ein erfahrener Beobachter. Doch es gibt auch eine verhältnismäßig einfache Möglichkeit, einen „Physiologiewechsel“ zu erkennen: nämlich am Gesichtsausdruck und an der Körperhaltung. Bei Kindern ist das noch leichter als bei Erwachsenen.

Man unterscheidet zwischen drei grundlegenden Gefühlszuständen oder „Physiologien“:

1. Die Problem-Physiologie. Wenn Ihr Kind an eine Situation denkt, die unangenehm war, können Sie das an diesen typischen Zeichen sehen:

- Die Mundwinkel fallen nach unten.
- Der Blick geht nach unten, meist nach rechts unten.
- Die Muskelspannung steigt oder wird schwächer.
- Die Atmung wird flacher.
- Die Haut wird blasser (weil die Durchblutung sinkt).

In diesem Zustand ist Ihr Kind nicht in der Lage, eine Lösung für sein Problem zu sehen. Ihre Aufgabe ist, es nun aus diesem Zustand herauszuführen.

2. Die Veränderungs-Physiologie. Wenn Sie mit Ihrem Kind sprechen, es in den Arm nehmen oder ihm eine Geschichte erzählen und dabei auf der richtigen Spur sind, verändert sich der Gefühlszustand und damit die Physiologie:

- Die Mundwinkel heben sich etwas.
- Der Blick hebt sich ein wenig und geht zur anderen Seite (meist nach links).
- Die Körperspannung wird normal.
- Die Atmung wird tiefer.
- Die Hautdurchblutung normalisiert sich.

In diesem Gefühlszustand sieht Ihr Kind noch nicht die Lösung, aber hat das hoffnungsvolle Gefühl, dass es eine Lösung gibt.

3. Die Ziel-Physiologie. Diese Physiologie stellt sich ein, wenn Ihr Kind einen Weg sieht, ein Problem zu lösen. Sie erkennen das an folgenden Signalen:

- Ihr Kind lächelt.
- Sein Blick ist offen, geradeaus gerichtet und die Pupillen erweitern sich.
- Die Körperhaltung ist aufrecht.

In diesem Zustand ist Ihr Kind im „State of Excellence“. Es fühlt sich kraftvoll und motiviert, ein Ziel aktiv anzugehen. An der Ziel-Physiologie erkennen Sie, dass Ihr Vorgehen funktioniert hat.

Diese drei Physiologien auszumachen ist ein sehr hilfreiches Werkzeug. Sie helfen Ihnen dabei, Ihr Vorgehen genau einzuschätzen, und machen es Ihnen leichter, Ihre Vorgehensweise zu verändern, wenn Sie direkt sehen, dass sie nicht funktioniert.

Blickmuster – „Eye Cues“

Die Augen sind der Spiegel der Seele, heißt es. In Wirklichkeit ist es aber oft ziemlich willkürlich, was man in einen Blick hineininterpretiert. NLP-Forscher

haben jedoch eine interessante Entdeckung gemacht: Die Blickrichtung kann ziemlich viel über die gerade stattfindenden Denkvorgänge aussagen. „Mentalisten", also Zauberkünstler, die ohne mechanische Hilfsmittel, sondern mit „psychologischen Tricks" arbeiten, machen oft davon Gebrauch; denn die Blickmuster oder „Eye Cues", wie man im NLP-Slang meist sagt, helfen einem beim „Gedankenlesen".
Die Blickmuster mit allen Feinheiten zu erkennen, braucht viel Übung. Wir wollen Ihnen hier nur die einfachsten vorstellen. Dabei gehen wir davon aus, dass Ihr Kind Ihnen gegenübersitzt; die angegebene Richtung entspricht jeweils der von Ihnen aus gesehenen.

- Rechts oben: Ihr Kind erinnert sich bildhaft an eine Situation.
- Links oben: Ihr Kind stellt sich bildhaft etwas nicht Erlebtes vor.
- Mitte oben: Ihr Kind erinnert sich an einen körperlichen Zustand.
- Links unten: Ihr Kind stellt sich einen körperlichen Zustand vor.
- Rechts (nicht nach oben oder unten): Ihr Kind erinnert sich an Gehörtes.
- Links (nicht nach oben oder unten): Ihr Kind stellt sich etwas Gehörtes vor.

Das klingt ein bisschen kompliziert. Doch es kann Ihnen helfen, die Denkstrategien Ihres Kindes nachzuvollziehen. Probieren Sie es doch einmal spielerisch mit Ihrem Kind oder Ihrem Partner aus. Stellen Sie einfach ein paar Fragen und achten Sie auf die Augenbewegungen:

„Weißt du noch, wo wir gestern waren?" Die Augen sollten sich nach rechts oben bewegen.

„Wie stellst du dir vor, sieht unser Haus von oben aus?" Die Augen gehen nach links oben.

„Wie hat es sich angefühlt, als du das letzte Mal Bauchweh hattest?" Die Augen gehen in der Mitte nach oben.

„Stell dir vor, du klopfst mit der rechten Hand auf deinen Bauch und mit deiner linken Hand aufs Bein." Der Blick geht nach links unten.

„Wie klingt eine Gitarre?" Der Blick geht direkt nach rechts, ohne sich dabei nach oben oder unten zu wenden.

„Wie würden eine Gitarre und eine Glocke zusammen klingen?" Der Blick geht direkt nach links, ohne sich dabei nach oben oder unten zu wenden.

Üben Sie ein bisschen – es macht Spaß, Gedankenlesen zu lernen. Und es hilft Ihnen ein ganzes Stück dabei weiter, die Gedanken Ihres Kindes besser nachzuvollziehen.

Anker auswerfen

Sie kennen Anker wohl eher aus der Schifffahrt. Im NLP ist „Ankern" ein zentraler Begriff; der Anker ist eines der wichtigsten Werkzeuge. Die Analogie zu dem Ihnen bekannten Anker ist sehr direkt: Ein NLP-Anker fixiert einen bestimmten Gefühlszustand und verbindet ihn mit einer Berührung, einem Wort, einem Geräusch oder auch einem Ort. Die Anwendung eines solchen Ankers ist sehr vielseitig. Wenn Sie beispielsweise negative Gefühle bei Ihrem Kind löschen wollen, ist es sehr hilfreich, wenn Sie eine Möglichkeit an der Hand haben, in einem einzigen Augenblick einen positiven Gefühlszustand entstehen zu lassen. Das Prinzip ist ähnlich wie bei sogenannten „bedingten Reflexen". Vielleicht kennen Sie das berühmte Experiment von Pawlow: Er gab einem Hund Futter und ließ gleichzeitig ein Glöckchen erklingen. Nach einer Weile löste allein der Klang des Glöckchens bei dem Hund Speichelfluss aus.

NLP-Anker entstehen oft ganz von selbst. Und das kann man für sich nutzen. Wenn wir beispielsweise unseren Schreibtisch nur zum Arbeiten verwenden, wird uns dort das Arbeiten leichter fallen als auf dem Sofa. Durch das Platznehmen am Arbeitsplatz stellt sich das Gehirn sofort auf Arbeit ein.

Viel wichtiger ist aber, dass Sie ganz gezielt und bewusst bestimmte Gefühlszustände bei Ihrem Kind verankern können. In einer Therapie mit NLP geschieht das in der Regel durch eine Berührung. Das hört sich ein bisschen nach Zauberei an, ist aber ganz einfach. Probieren Sie es doch einmal aus. Dabei versuchen Sie, einen positiven, entspannten Gefühlszustand bei Ihrem Kind zu ankern. Damit Sie nicht lange nach so einem Zustand suchen müssen, erzählen Sie Ihrem Kind einfach ein paar lustige Geschichten oder Witze. Immer dann, wenn Ihr Kind dann aus ganzem Herzen lacht, legen Sie Ihre Hand auf seinen Ellbogen (oder eine andere Stelle). Wiederholen Sie das. Am besten an ein paar Tagen hintereinander.

Wenn Ihr Kind nun einmal mit einer stressbeladenen Situation oder mit Angst zu Ihnen kommt, können Sie diesen Anker aufrufen – einfach, indem Sie Ihre Hand wieder an dieselbe Stelle legen. Die Berührung hat sich mit einem positiven, entspannten Gefühl verbunden, das nun aktiviert wird. Danach können Sie schon viel leichter an dem aktuellen Problem mit Ihrem Kind arbeiten.

Ankern für Fortgeschrittene

Wenn Sie mit diesem ersten Experiment Erfolg hatten, können Sie mit Ankern noch viel mehr machen. Sie können beispielsweise negative Gefühlszustände ankern und diese dann mit positiven Ankern „kollabieren“ lassen.

Aber warum überhaupt negative Gefühle ankern? Nun, das dient dazu, Gefühle „zusammenzufassen“. Es ist ja oft nicht eine einzelne Situation, die negativ aufgeladen ist, sondern ein ganzes Bündel – beispielsweise bei Problemen in der Schule. Wenn Ihr Kind mit solchen Problemen zu Ihnen kommt, ankern Sie diesen Zustand durch eine Berührung (natürlich unbedingt durch eine andere als den positiven Gefühlszustand!). So „sammeln“ sich bei diesem Anker verschiedene Aspekte des negativen Gefühls.

In einer „therapeutischen Sitzung" sprechen Sie mit Ihrem Kind dann über sein Problem und setzen dabei den negativen Anker. Dadurch werden die negativen Gefühle besonders präsent. Wenn Sie merken, dass Ihr Kind die negativen Gefühle deutlich spürt, setzen Sie den (vorher etablierten) positiven Anker und achten darauf, wie sich in Sprache, Haltung und Stimme Ihres Kindes die Gefühle verändern. Lösen Sie dann – aber erst, wenn das positive Gefühl deutlich wird – den positiven Anker und kehren Sie noch einmal zum negativen Anker zurück. Halten Sie diesen Anker und rufen Sie gleichzeitig den positiven Anker auf. Wiederholen Sie das einige Male: Die negativen Gefühle werden auf diese Weise effektiv mit den positiven überlagert und dadurch gelöscht. Das wirkt manchmal wie reine Zauberei! Beim Lesen kommt Ihnen das vielleicht noch etwas seltsam vor. Probieren Sie es aus.

Sehr sinnvoll ist es auch, positive Gefühle zu „sammeln". Immer dann, wenn Ihr Kind etwas geleistet hat und stolz darauf ist, setzen Sie (zusätzlich zu dem verbalen Anker durch Ihr Lob) einen Kontakt-Anker. Im Laufe der Zeit wird dieser Anker immer stärker – und Sie haben die Möglichkeit, in Sekundenschnelle die positiven Selbstwertgefühle Ihres Kindes konzentriert aufzurufen. So können Sie beispielsweise eine Enttäuschung über eine misslungene Schulaufgabe unmittelbar in eine positive, zielgerichtete Haltung verwandeln!

Zuletzt noch eine weitere ganz praktische Anwendung des Ankerns: Achten Sie darauf, dass Ihr Kind unterschiedliche Orte zum Spielen, zum Arbeiten und zum Entspannen hat. Wie oben schon erwähnt, werden Orte automatisch zu kraftvollen Ankern. Lassen Sie nicht zu, dass Ihr Kind seine Hausaufgaben am Küchentisch oder auf dem Bett macht! Allein durch diese kleine Maßnahme machen Sie es ihm deutlich leichter, sich auf seine Hausaufgaben zu konzentrieren.

Reframing – Den Dingen einen neuen Rahmen geben

Gefühle, die wir gegenüber einer Situation haben, stehen immer in einem „Rahmen". Wenn wir beispielsweise einen Vortrag halten sollen, passiert es vielleicht, dass uns sehr davor graut; wir fürchten rot zu werden, nicht mehr weiterzuwissen, kritisiert oder sogar ausgelacht zu werden. Die Situation ist ja,

wenn wir sie bei einem anderen Menschen sehen, ganz neutral: Ein Mensch hält eine gute oder weniger gute Rede. Wenn wir diese Situation jedoch in einen Kontext stellen, bekommt sie einen „Rahmen". Wenn dieser Rahmen Angst ist, erscheint sie unangenehm. Und das, obwohl wir uns die Situation nur vorstellen. Sie existiert also erst einmal nur in der Vorstellung – und die wird durch den Angst-Rahmen unangenehm.
Natürlich können Menschen gar nicht anders, als einer Vorstellung einen Rahmen zu geben. Aber wir können dafür sorgen, dass dieser Rahmen das Bild vorteilhaft erscheinen lässt. Und wir können unseren Kindern dabei helfen, das zu tun. Dieses Vorgehen nennt man im NLP „Reframing". Wir geben einer Situation einen neuen Bezugsrahmen, das heißt, wir verändern die Bewertung der Situation. Damit können wir eine angstvolle Situation in eine lustvolle, eine schmerzhafte in eine angenehme, eine stressige in eine spannende Situation verwandeln. Das geschieht erst einmal auf der rationalen Ebene. Dazu müssen wir nur ein bisschen kreativ werden. Die folgenden Beispiele zeigen, wie wir mit verschiedenen Ängsten und Problemen auf diese Weise umgehen können.

- „Ich habe Angst, bei dem Referat ausgelacht zu werden." Es ist gut, wenn jemand lacht, wenn du das Referat hältst – dann sind die Zuhörer entspannt und es erzeugt eine gute Atmosphäre. Lach einfach mit.
- „Ich werde rot, wenn ich vor der Klasse sprechen muss." Wenn deine Mitschüler sehen, dass du rot wirst, wirkt das sympathisch und insgeheim werden sie froh sein, dass sie jetzt nicht vorne stehen. Dann sind sie schon auf deiner Seite.
- „Ich finde es schlimm, wieder als Letzter beim Auswählen der Mannschaften im Sport ausgewählt zu werden." Wenn du als Letzter gewählt wirst, erwartet niemand von dir eine hervorragende Leistung und du kannst sie leichter überraschen.

Ebenso kann man das Reframing bei Schmerzen oder Krankheiten einsetzen.

- „Mir tut der Bauch weh." Da arbeitet es gerade in dir. Dein Bauch wird gerade von deiner inneren Reparaturmannschaft repariert.

- „Mir ist schlecht." Dein Körper sortiert gerade die schlechten Sachen heraus, damit es dir wieder gut geht.
- „Ich habe Schnupfen." Da ist gerade die Reinigungstruppe in der Nase unterwegs, die alles sauber macht.

Reframing ist sehr vielseitig. Den richtigen Rahmen zu finden, braucht allerdings ein bisschen Experimentierfreude. Wie verwandeln Sie den Eindruck, dass das Glas halb leer ist, in die Überzeugung, dass es halb voll ist? Dabei geht es nicht um „Logik" oder darum, dass Sie Ihr Kind überreden, dass seine Wahrnehmungen und Gefühle nicht stimmen. Ganz im Gegenteil: Ganz wichtig für den Erfolg eines Reframings ist es, dass Sie die Gefühle Ihres Kindes ernst nehmen und seine Wahrnehmung mit einbauen.

1. Schritt: Die Wahrnehmung aufgreifen
2. Schritt: Das Gefühl akzeptieren
3. Schritt: Eine andere Interpretation der Wahrnehmung und des Gefühls anbieten
4. Schritt: Sehen, ob die neue Interpretation stimmig ist und bei Ihrem Kind ankommt (siehe Physiologien, S. 169)
5. Schritt: Den neuen Rahmen genau betrachten – malen Sie gemeinsam mit Ihrem Kind ein inneres Bild der Situation im neuen Rahmen.

Reframing ist mehr als einfach „positives Denken". Es verändert lediglich bestimmte Wahrnehmungsaspekte einer Situation – und dadurch können sich die negativen Gefühle von der Situation lösen.

Trance, Pace und Lead

Ein wenig mysteriös hört sich „Trance" erst einmal an (von „Rapport" und „Pace und Lead" einmal ganz zu schweigen). Doch es ist ein ganz natürlicher Bewusstseinszustand, so wie Schlafen oder Wachsein. Trance ist weitaus häufiger, als allgemein angenommen wird. So sind beispielsweise Kinder beim Spielen, Menschen, die konzentriert, aber entspannt arbeiten oder die vollkommen versunken Musik hören, meditieren oder ein Bild betrachten, in einem Trancezustand. Charakteristisch für eine Trance ist das Ausblenden der Umwelt (wie z. B. bei Kindern, die ganz in ihr Spiel vertieft sind), die intensive Ausrichtung der Konzentration auf einen Vorgang und das Ausschalten der logisch-rationalen Reflexion über das Geschehen. Trance muss keineswegs besonders tief sein, um wirksam zu werden. Der Meister der Hypnotherapie, Milton Erickson, führte seine Klienten meist nur in eine schwache Trance, was seinen Erfolgen nicht im Mindesten abträglich war.

In NLP spielt der Trancezustand eine wichtige Rolle, weil im Trancezustand die Tore zum Unterbewussten weiter geöffnet sind als gewöhnlich. Und das heißt, dass Lösungsprozesse leichter in Gang kommen, weil unterbewusste Ressourcen genutzt werden. Bei allen Methoden, die ein Visualisieren beinhalten, oder auch einfach beim Erzählen von Geschichten tritt ein leichter Trancezustand ganz natürlich ein. Ebenso beim Spielen. Und Sie können auch in einem Gespräch mit Ihrem Kind die Möglichkeiten, die der Trancezustand mit sich bringt, nutzen. Dazu müssen Sie Ihr Kind nicht „hypnotisieren". Trance heißt auch nicht, dass Ihr Kind völlig weggetreten ist. Trance ist nur eine gesteigerte Konzentration. Im Folgenden zeigen wir, wie Sie „Rapport" leichter herstellen können, Ihrem Kind es erleichtern, aufzunehmen, was Sie sagen, und dabei auch unterbewusste Lösungsprozesse in Gang setzen können.

Pace und Lead

Wir haben in diesem Buch schon einmal über das „Spiegeln" gesprochen. Dabei ging es um das verbale Spiegeln, das die Kommunikation erleichtert. „Pace und Lead" beinhaltet dieses Spiegeln; es wird meist mit „Spiegeln und Führen" übersetzt. Es ist die wichtigste Methode, um eine „Ja-Einstellung" herbeizuführen.

Rapport herstellen

„Rapport" ist ein Begriff aus der Hypnose, der den Kontakt von Hypnotiseur und Klient bezeichnet. Ein guter Rapport ist das A und O in der Beziehung zwischen Coach und Klient – oder zwischen Eltern und Kindern. Einen guten Rapport zu haben, heißt nämlich: eine Vertrauensbasis geschaffen zu haben und sich in sein Kind einfühlen zu können.

Ihr Kind wird meist schnell erkennen, ob Sie sich wirklich einfühlen können:

- Sie sprechen „seine Sprache", das heißt auch, dass Sie sein „Hauptrepräsentationssystem" verwenden: Achten Sie darauf, ob es eher visuelle (sich auf das Sehen beziehende), auditive (auf das Hören bezogene) oder kinästetische (gefühls- und tastsinnbetonte) Worte gebraucht.
- Sie können etwas über seine inneren Zustände sagen, dem es völlig zustimmen kann.
- Es fühlt sich in Ihrer Gegenwart angenommen und verstanden.

Man könnte es auch so ausdrücken: Wenn Ihr Kind zu dem, was Sie sagen, durchwegs „Ja" sagen kann, wird es sich wohlfühlen und Vertrauen fassen. Eine solche „Ja-Einstellung" und damit ein guter Rapport kommen dann zustande, wenn eine Übereinstimmung zwischen dem, was Ihr Kind fühlt, und dem, was Sie sagen und tun, besteht.
Wenn erst einmal ein guter Rapport aufgebaut ist, können Sie auch unangenehme oder der gewohnten Sichtweise Ihres Kindes widersprechende Dinge ansprechen und Ihr Kind wird Ihnen dann viel leichter folgen.

Pacing oder Spiegeln beschreibt bereits gut, was gemeint ist: Sie verhalten sich gegenüber Ihrem Kind in gewisser Weise wie ein Spiegel – das kann auf sprachlicher wie auf nonverbaler Ebene geschehen.

- Sprachlich: Repräsentationssystem, Stilebene, Wortwahl, Satzlänge und Ähnliches
- Nonverbal: Bewegungen, Atemfrequenz, Haltung und Ähnliches

Die Wirkungen der Spiegeltechnik sind mitunter wirklich erstaunlich. Das Spiegeln ist nicht Nachäfferei oder Karikatur. Beobachten Sie einmal Menschen, die besonders leicht mit anderen ins Gespräch kommen können und schnell Vertrauen gewinnen: Solche Menschen gebrauchen die Spiegeltechnik ganz unwillkürlich – und mit großem Erfolg. Durch das Spiegeln wird die „Ja-Einstellung" gefördert. Wenn diese Einstellung erst einmal etabliert ist, wird es

möglich, das Spiegeln in ein Führen (Leading) umzulenken. Ihr Kind, das Sie spiegeln, wird nun leichter mit einer „Ja-Einstellung" auf Ihre Vorschläge und Anregungen reagieren.
Pace und Lead sind grundlegende NLP-Werkzeuge. Sie erleichtern es dadurch Ihrem Kind enorm, neue Perspektiven zu gewinnen und Veränderungen schnell zu erreichen. Denken Sie daran: „Spiegeln und Führen" ist keine „Manipulationstechnik". Das Spiegeln ist nämlich keine „Einbahnstraße": Dadurch, dass Sie Ihr Kind spiegeln, gewinnen Sie an echtem Einfühlungsvermögen in Ihr Kind und nicht etwa an „Macht".

Tranceinduktion

Durch das Pacen (Spiegeln) wird es für Ihr Kind leichter, sich intensiv auf das zu konzentrieren, was Sie sagen – es kommt zu einer leichten Trance. Sie können Ihr Kind tiefer in die Trance führen – beispielsweise als Einleitung zu Gutenachtgeschichten, für Entspannungs- oder Visualisierungsübungen. Am einfachsten ist es, wenn Sie zunächst eine Entspannung einleiten und Ihrem Kind dabei helfen, sich auf Ihre Stimme zu fokussieren. Bestimmte Formulierungen erleichtern diesen Vorgang. Hier ein paar Beispiele:

- **Scheinbare Alternativen anbieten**: „Ob du deine Augen jetzt schließt oder irgendwann später, spielt gar keine Rolle ..." Indirekt beinhaltet die Aussage jedoch, dass sich die Augen auf jeden Fall schließen werden.

- **Offen lassen**: „Ich weiß nicht, ob du schon ganz entspannt bist ..." , „Achte einmal darauf, ob du spürst, wie angenehm sich die Entspannung in deinem Körper ausbreitet ..." Sie sprechen keinen Befehl aus, aber Sie wecken durch das, was Sie sagen, die Vorstellung der Entspannung und im Unterbewusstsein Ihres Kindes wird die Tendenz entstehen, diese Vorstellung zu verwirklichen.

- **Verwirrung**: „Und so bist du nun entspannt oder nicht entspannt, und wie es ist, ist es ganz in Ordnung ... das fühlt sich gut an ..." Das, was Sie sagen, hat keine streng logische Ordnung und führt dazu, dass rationale Strategien des Verstehens außer Kraft gesetzt und unterbewusste Suchmechanismen angeregt werden.

Eine Tranceeinleitung vor einer Gutenachtgeschichte könnte beispielsweise so aussehen:
„Du kannst die Augen schließen oder auflassen, wenn du magst, und allmählich ruhig werden und dich entspannen ... Du hörst meine Stimme, die dich begleitet ... Du hörst ein paar Geräusche und du nimmst vielleicht deine Gedanken wahr, und jedes Geräusch, jeder Gedanke macht dich ruhiger und lockerer ...
Vielleicht fühlen sich deine Arme ganz angenehm warm und schwer an und du darfst dich ganz sinken lassen ... Auch deine Beine dürfen sich immer weiter entspannen und ganz locker werden ... Deine Arme können ausruhen, deine Beine können ausruhen, dein Bauch darf sich ausruhen, dein Gesicht kann ganz locker und frei sein ...
Meine Stimme ist immer bei dir und mit jedem Wort kannst du immer weiter entspannen, immer ruhiger werden ...
Dein Bauch hebt sich beim Einatmen ... und senkt sich beim Ausatmen ... und mit jedem Atemzug kannst du dich noch wohler fühlen und noch tiefer sinken. Jeder Gedanke, der auftaucht, zieht langsam vor deinem inneren Auge vorbei und dabei fühlst du dich immer wärmer und entspannter ...
Vielleicht wirst du müde, vielleicht wirst du wach sein, vielleicht denkst du deine Gedanken und fühlst deine Gefühle ... vielleicht fühlst du dich leicht oder schwer ... und wie du dich auch fühlst, ist es gut so. Du musst nichts tun ... musst dich nicht entspannen, musst nicht zuhören, musst nicht wach sein, musst nicht schlafen – manchmal dies, manchmal das ... Und während du meine Stimme hörst, kannst du dich ganz wohlfühlen ...
Und was du auch tun willst, so hörst du doch alles Wichtige ganz von selbst und verstehst es, ohne dich zu bemühen, und wenn du es brauchst, wird es ganz für dich da sein ... Und das fühlt sich gut an, nicht wahr? ... Und während du dich ganz wohl und warm und ruhig und entspannt fühlen darfst, kannst du zuhören oder auch einfach nur deine Ohren zuhören lassen ..."
Im Anschluss an die Tranceeinleitung geben Sie dem Unterbewusstsein Ihres Kindes Anregungen und Hinweise und unterstützen unterbewusste Suchpro-

zesse. Die vielleicht beste Methode, neue Ideen zu säen und Suchprozesse im Unterbewussten auszulösen, sind Geschichten, Metaphern, Anekdoten und Erzählungen.

Die wichtigsten Vorteile dabei sind:
- Die Fähigkeiten Ihres Kindes werden optimal genutzt.
- Das Ergebnis der Suchprozesse ist flexibel und offen.
- Die Aufmerksamkeit bleibt besser aufrechterhalten.
- Es entsteht weder Widerstand noch Angst.

Beispiele für Metaphern:
- Berg: Hindernis, Herausforderung
- Gipfel: Überblick, Freude, Weitsicht, über den Dingen stehen
- Meer: Unterbewusstsein, Tiefe und Weite, Rhythmus
- Schatzsuche: Motivation, verborgene Fähigkeiten usw. aufspüren
- Sonnenaufgang: Neubeginn, beginnende Klarheit
- Tunnel: momentane Dunkelheit, aber in der Ferne ist die Hoffnung sichtbar

Scheuen Sie sich nicht, einfach draufloszuerzählen, und achten Sie nur darauf, dass Sie eine Metapher oder mehrere Metaphern einbauen. Die Geschichte muss keinen Höhepunkt und kein richtiges Ende haben. Höchstwahrscheinlich wird Ihr Kind, wenn es während der Tranceeinleitung noch nicht eingeschlafen ist, während der Geschichte einschlafen. Das macht aber nichts, denn in dieser Schlafphase hört das Unterbewusstsein immer noch weiter zu und nimmt die wichtigen Teile dessen, was Sie sagen, auf und setzt schließlich Lösungsprozesse in Gang.

Modelling

Wer so erfolgreich sein will wie ein wirklich erfolgreicher Mensch, muss nur tun, was dieser Mensch tut. Das hört sich vielleicht erst einmal etwas banal an, ist es aber gar nicht. Warum ist jemand erfolgreich? Weil er die Dinge so tut, wie er es eben tut!

Nun ist das äußere Handeln natürlich nur ein winziger Teil des Menschen. Was in dem betreffenden erfolgreichen Menschen vor sich geht, wissen wir nicht. Das weiß niemand und kann auch niemand wissen – aber ist es denn überhaupt nötig? Niemand kann daher aufgrund seines Innenlebens bewundert, geschätzt oder als erfolgreich (auf welchem Gebiet auch immer) angesehen werden!
Denken Sie ein wenig darüber nach: Könnten Sie von jemandem, der beispielsweise immer sehr ängstlich handelt, annehmen, er sei das nur äußerlich, aber „eigentlich" wäre er sehr mutig? Oder können Sie sich vorstellen, dass jemand, der immer grausam und lieblos handelt, „in Wirklichkeit" ein liebevoller Mensch ist? Das klappt nicht! Sie müssten einen Anhaltspunkt dafür haben – und den können Sie nicht in seinem Inneren finden, weil Sie da niemals hineinsehen können.

Bringen Sie also Ihren Kindern nahe, sich ein Modell zum Vorbild zu nehmen und sein Handeln nachzuahmen! Das ist äußerst sinnvoll. Natürlich ist es wichtig, ein richtiges, wirklich nachahmens*wertes* Modell zu finden. Ein „Superstar" einer Castingshow oder ein gerade beliebter Schauspieler ist wohl eher nicht ideal. Doch Nachahmen ist die Grundlage des Lernens: Kleine Kinder lernen dadurch, dass sie versuchen, ihre Eltern nachzuahmen – deshalb ist es auch ideal, wenn Sie selbst ein gutes Modell für Ihre Kinder sind, denn dieses Modell ahmen die Kinder, zumindest anfangs, ganz automatisch nach. Später suchen sie sich andere Modelle. Noch später folgen sie auch Modellen, die sie sich selbst schaffen. Erfolg zu modellieren, ist also eine ganz vernünftige Sache!
Nun wissen Sie eventuell gar nicht, was denn genau an dem Verhalten eines Menschen, den Sie als erfolgreich bewerten, den Erfolg ausmacht. Es gibt ja so viele Verhaltensweisen. Ist es seine Art und Weise zu sprechen, seine körperliche Haltung, seine Art sich zu kleiden ...? Logik hilft hier nicht weiter. Lassen Sie Ihr Kind das einfach ausprobieren – lassen Sie es spielen. Albert Einstein, Bill Gates, Marie Curie, Coco Chanel oder auch die Kinderärztin, der erfolgreiche junge Künstler von nebenan ... Indem Ihr Kind einen erfolgreichen Menschen spielt, modelliert es in seinem Unterbewusstsein das, was Erfolg, ganz gleich in welchem Bereich, ausmacht. Und damit wird es ihm viel leichter fallen, selbst erfolgreich zu sein mit dem, was es tut.

Body Mnemonics

Body Mnemonics bedeutet ungefähr Körpererinnerungen. Die Methode beruht darauf, dass Körperhaltungen starke kinästhetische Anker (siehe S. 172) sind. Die Haltungen des Körpers rufen also bestimmte Gefühlserinnerungen wach.

Die in Haltungen eingeprägten Gefühlsmuster liegen meist auf einer tieferen und dem Bewusstsein weniger zugänglichen Ebene. Mit Body Mnemonics können Sie Ihrem Kind helfen, auch tief sitzende einschränkende Gefühle aufzulösen, über deren Herkunft Sie nichts wissen. Die Auswirkungen der Übung können mitunter sehr überraschend sein.

Die „positive Haltung"

Es gibt zahlreiche Haltungen, die mit negativen Gefühlen assoziiert werden. Manche haben sogar Eingang in die Sprache gefunden: „Den Kopf hängen lassen" beschreibt gut eine Haltung, die ein Mensch einnimmt, wenn er resigniert; „eine Last auf den Schultern tragen" heißt, eine emotionale Last tragen; „verkniffen sein" heißt, etwas nicht an sich heranzulassen und seine Emotionen zurückzuhalten.

Demgegenüber gibt es aber nur eine einzige positive Haltung (natürlich mit Variationen): aufrecht, aber entspannt stehen, mit beiden Füßen fest auf der Erde, das Kinn ein wenig angehoben, die Schultern leicht nach unten und hinten gezogen und entspannt, der Mund ist ein winziges Stück geöffnet und die Mundwinkel sind leicht gehoben, der Atem fließt ruhig, tief und gleichmäßig.

Probieren Sie einmal aus, diese Haltung einzunehmen und dabei negative Gefühle wachzurufen – Sie werden feststellen, dass das kaum möglich ist! Bei Ihrem Kind, bei jedem Menschen ist das genauso.

Der erste Schritt besteht darin, dass Sie mit Ihrem Kind diese positive Haltung einüben. Das fühlt sich gut an, aber es ist noch keine Veränderungsarbeit. Bei negativen Gefühlszuständen nimmt der Körper automatisch eine andere Haltung ein. Spielen Sie ab und zu einmal „Body Mnemonics" mit Ihrem Kind. Am besten nicht mit diesem technischen Namen; nennen Sie die Übung vielleicht „Einen glücklichen Baum wachsen lassen".

Einen glücklichen Baum wachsen lassen

Aber erst einmal ist dieser glückliche Baum nicht da, sondern irgendeine Art negatives Gefühl. Ermutigen Sie Ihr Kind, das Gefühl mit dem Körper darzustellen, und zwar möglichst übertrieben. Wenn Ihr Kind beispielsweise wenig Selbstvertrauen hat, könnte es sich ganz klein machen, den Kopf in den Händen verstecken und sich hinhocken. Bei unangenehmen Gefühlen entsteht meist der Drang, sich klein zu machen, sich zusammenzurollen, sich zu schützen. Sie können Vorschläge machen, am besten machen Sie sogar mit – aber lassen Sie Ihr Kind seine negative Haltung selbst finden.

Und nun kommt der wichtige Schritt: Leiten Sie Ihr Kind an, ganz allmählich diese Haltung in die „Glücklicher Baum"-Stellung, in die positive Haltung zu verändern. Gehen Sie ganz langsam vor und ermutigen Sie Ihr Kind zu erzählen, wie und wann sich Gefühle verändern – und auf welche Art und Weise sie sich verändern. Schließlich steht Ihr Kind in der positiven Haltung. Nun lassen Sie es noch die Arme weit über den Kopf strecken. Sehen Sie Ihr Kind an: Es zeigt jetzt die Ziel-Physiologie (siehe S. 170). In diesem Moment fühlt es sich wohl.

Die Übung ist damit aber noch nicht beendet. Es sollte sich ja eine innere Gewohnheit und ein Bewusstsein für die Möglichkeit, negative Gefühle zu verändern, bilden. Wiederholen Sie das Ganze also. Und zwar erst einmal, indem Sie die Übung nun rückwärts machen – lassen Sie Ihr Kind von der positiven Haltung wieder in die Problemhaltung gehen und erinnern Sie es dabei daran, auf seine Gefühle zu achten. Und dann wieder zurück zur positiven Haltung. Wiederholen Sie das in unterschiedlichen Geschwindigkeiten. Auch ohne dass Sie es besonders betonen, erwirbt Ihr Kind dadurch eine Möglichkeit, negative Gefühle selbstständig in den Griff zu bekommen. Beenden Sie die Übung immer mit der positiven Haltung.

Intentional Blend

Auch diese NLP-Methode können Sie mit Ihrem Kind als eine Art Spiel durchführen. Dabei geht es darum, im Idealfall zwei unterschiedliche Absichten zu vereinen. Zumindest aber werden diese Absichten einander nähergebracht und im Unterbewusstsein werden Suchprozesse in Gang gesetzt, die eine Lö-

sung zum Ziel haben, die die positiven Absichten beider Motivationen berücksichtigt.
Die Methode ist immer dann hilfreich, wenn Ihr Kind zwei Dinge will, die nicht oder nicht ohne Weiteres miteinander vereinbar scheinen. Beispielsweise wenn es Angst hat, aber mutig sein will. Oder wenn es besser in der Schule sein möchte, aber sein „innerer Schweinehund" immer wieder dazwischenfunkt.

Prinzipiell läuft der „Intentional Blend" so ab:

1. Ein positives Ziel setzen (siehe WFO, S. 168).
2. Zwei unterschiedliche Persönlichkeitsteile benennen, die gegeneinander arbeiten und es schwierig machen, das Ziel zu erreichen.
3. Diese Persönlichkeitsteile in den Händen ankern (siehe Ankern, S. 172).
4. Die Hände zusammenführen und die beiden Persönlichkeitsteile damit verbinden.

Nehmen wir als Beispiel eine Situation, in der Jakob mutig sein möchte, aber gleichzeitig seiner Angst eher nachgibt.
„Stell dir vor, in dieser Hand sitzt der mutige Jakob." Der Vater berührt die linke Handfläche des Sohnes. „Stell dir vor, wie mutig der ist!" Er lässt dem Kind Zeit, sich ganz in den mutigen Teil seiner Persönlichkeit hineinzuversetzen, vielleicht lässt er ihn auch eine kleine Geschichte dazu erzählen. Zum Schluss lässt er den Sohn die Hand schließen. „Dort wohnt also der mutige Jakob."
Dann wendet er sich der anderen Hand zu. „Und in dieser Hand wohnt der Beschützer-Jakob, der aufpasst, dass dir nichts passiert." Der Vater berührt Jakobs rechte Handfläche. Wichtig ist, dass die positive Absicht des anderen Persönlichkeitsanteils angesprochen wird, also nicht etwa „der feige Jakob" oder „der Angsthasen-Jakob"! Nun lässt der Vater dem Kind Zeit, sich in die positiven Eigenschaften dieses Persönlichkeitsteils hineinzuversetzen. Dann lässt er Jakob auch die rechte Hand schließen. „Hier wohnt der Beschützer-Jakob."
„Und jetzt wollen wir doch mal sehen, dass die beiden gute Freunde werden!" Der Vater ermutigt Jakob, nun die beiden Hände zusammenzuführen, dann die Hände zu öffnen und die Handflächen aneinanderzulegen.

„Und jetzt lassen wir die beiden mal allein. Bestimmt werden sie gute Freunde und finden einen guten Weg!“
Jakob hält die Hände noch eine Weile zusammen. Der Vater achtet dabei auf die Physiologie (siehe S. 169f.) Jakobs. Wenn sich die Ziel-Physiologie oder zumindest die Veränderungs-Physiologie zeigt, ist die Übung beendet – und am besten geht es dann erst einmal um etwas ganz anderes. Die Lösungsstrategien müssen im Unterbewusstsein ein wenig arbeiten.
Es kommt vor, dass eine unmittelbare Veränderung sofort spürbar ist. Doch in der Regel dauert es ein bisschen; das Bewusstsein, das an der eigentlichen Veränderungsarbeit wenig mitarbeitet, bezweifelt, dass sich etwas ändern könnte. Es ist ja nichts passiert. Doch dann, ein paar Tage später, tritt die gewünschte Veränderung plötzlich unvermutet wie von selbst ein – die Persönlichkeitsteile haben zur Zusammenarbeit gefunden!

Swish

Die Swish-Technik macht sich die Tatsache zunutze, dass im Bewusstsein nicht zwei gegensätzliche Dinge gleichzeitig sein können. Ein inneres „Problembild“, das die negativen Erfahrungen darstellt, und ein „Erfolgsbild“, das die positiven Ressourcen abbildet, schließen einander absolut aus. Dabei werden die negativen Erfahrungen nicht etwa unterdrückt, sondern in das positive Bild integriert und es eröffnen sich neue Handlungsmöglichkeiten, die vorher so nicht möglich waren.

Der Ablauf dieser Methode sieht folgendermaßen aus:

1. Sie ermutigen Ihr Kind, sich einen „Ressource-Zustand“ zu vergegenwärtigen – einen Zustand, in dem es sich besonders wohl –, als Herr der Lage und kraftvoll fühlte.

2. Lassen Sie Ihr Kind dieses positive Bild mit allen positiven Ressourcen ankern (siehe S. 172). Leiten Sie es an, sich vorzustellen, wie das positive Bild zu einer „Energiekugel“ schrumpft, die es in der Hand hält und dann die Finger darum schließt. Am besten, Sie wiederholen dies ein paarmal.

3. Dann üben Sie mit Ihrem Kind, diesen komprimierten Ressourcenzustand wieder zu expandieren. Und dabei kommt der Swish zum Einsatz: Ihr Kind hält die „konzentrierte Energiekugel" in der geschlossenen Hand – und nun soll es versuchen, das positive Bild blitzartig wieder zu expandieren und ins Bewusstsein zurückzuholen. Beim Öffnen der Hand wird das Expandieren, die „Explosion des Energieballes" durch ein lautmalerisches „Sssswischsch!" unterstützt. Das klingt etwas albern, aber es hat eine wichtige Funktion. Das Swish-Geräusch ist nämlich ein sehr effektiver auditiver Anker für das Expandieren!
Der Swish sollte in Sekundenschnelle die neue Reaktion (den Ressourcenzustand) im Bewusstsein Ihres Kindes aktivieren. Ob das der Fall ist, können Sie sehen. Achten Sie auf die Physiologie (siehe S. 169f.), die Ihr Kind zeigt.
Wiederholen Sie das so lange, bis Sie sicher sind, dass der Swish reibungslos funktioniert. In der Regel braucht man dafür etwa fünf Durchgänge. Helfen Sie Ihrem Kind, bei der Sache zu bleiben, indem Sie jeden Schritt mit möglichst bildhaften Worten begleiten.

4. Lassen Sie jetzt Ihr Kind den Problemzustand visualisieren. Achten Sie auf die Physiologie: Ihr Kind ist dann im Problemzustand, wenn sich die Problem-Physiologie zeigt.

5. Und dann kommt der Swish zum Einsatz. Sie haben das ja mit Ihrem Kind geübt – nun sehen Sie, wie es wirkt. Lassen Sie Ihr Kind den „Energieball" mit den positiven Ressourcen expandieren: „Sssswischschsch!"

Wenn alles glattgegangen ist, werden Sie sehen, wie sich die Problem-Physiologie in die Ziel-Physiologie verwandelt.

Es klappt natürlich nicht immer beim ersten Mal. Aber selbst wenn es gleich funktioniert:
Wiederholen Sie die Übung mindestens dreimal. Mit jeder Wiederholung sollte das Problembild unwirklicher erscheinen und weniger relevant für das Leben Ihres Kindes sein. Möglicherweise wird Ihr Kind sogar Schwierigkeiten haben, sich den Problemzustand überhaupt noch vorzustellen!

Das „innere Team“

Menschen, die mit sich selbst sprechen, haben keinen guten Ruf. Aber ganz zu Unrecht: Denn jeder Mensch führt innere Dialoge. Und das aus gutem Grund. Wir haben ganz andere innere Bilder, Gedanken, Motive, Erinnerungen und sogar Körperhaltungen und Stimmen, wenn wir wütend, fröhlich, im Kreis von Freunden oder bei einer Geschäftsbesprechung sind. Jedes dieser Bündel von inneren Bildern, Gedanken, Motiven und Erinnerungen könnte man als „innere Persönlichkeit“ bezeichnen.

Immer dann, wenn wir das Gefühl haben, das eine, aber auch das Gegenteil zu wollen, beispielsweise „rauchen“ und „das Rauchen aufgeben“, stehen zwei innere Persönlichkeiten miteinander im Konflikt. Diese Sichtweise eines „inneren Teams“ ist lösungsorientiert. Sie gibt einen Anhaltspunkt, an dem man ansetzen kann: Die inneren Persönlichkeiten müssen miteinander in einen konstruktiven Dialog treten, bei dem beide positive Absichten verwirklicht werden, denn jede innere Persönlichkeit hat eine positive Absicht – wenn auch manchmal die Art und Weise, wie diese Absicht verwirklicht wird, nicht angemessen ist.

Auch in Ihrem Kind wohnt ein „inneres Team“. Im Laufe des Lebens kommen immer mehr Motive, Erinnerungen, Erfahrungen und Weltsichten hinzu – die innere Welt bevölkert sich. Um Ihr Kind besser zu verstehen, ist die Sicht auf das „innere Team“ sehr hilfreich. Damit begreifen Sie, dass hinter jeder Handlung Ihres Kindes eine positive Absicht steht, die vielleicht nicht auf angemessene Art und Weise zum Ausdruck kommt. Sie können Ihrem Kind helfen, seine positiven Absichten, gerade auch wenn sie miteinander in Konflikt stehen, auf lösungsorientierte Weise zu verwirklichen.

In der Regel sind wir es nicht gewohnt, unser Ich als den Koordinator eines Teams innerer Persönlichkeiten zu sehen. Deswegen fällt es uns schwerer als nötig, innere Konflikte zu lösen. Und deswegen vermitteln wir diese Sicht auf das Ich auch unseren Kindern nicht, obwohl diese Perspektive so vieles einfacher macht. Und trotzdem sprechen wir mit uns selbst und unsere Kinder mit sich selbst. Allerdings ohne dass uns das so richtig bewusst wird. Wenn wir mit uns selbst sprechen, spricht immer das Ich zum Ich. Leider oft auf eine nicht sehr freundschaftliche Art und Weise.

Vielleicht kennen Sie es, wenn Sie von Ihrem „inneren Schweinehund" sprechen? Oder vielleicht beschimpfen Sie sich manchmal: „Was hast du da wieder für einen Quatsch gemacht!", „Verdammt – das hätte ich doch viel besser machen können!", „Warum bin ich nur so blöd und strenge mich nicht etwas mehr an?" usw. Unseren Kindern geht es genauso.
Mit anderen Leuten würden Sie nicht ohne Weiteres so sprechen – auch weil Ihnen durchaus klar ist, dass Vorwürfe oder gar Beschimpfungen überhaupt nichts bringen, sondern eher die Motivation abtöten. Seltsamerweise wenden aber viele Menschen diese Einsicht nicht auf sich selbst an! Zeigen Sie Ihrem Kind, dass es außer Ihnen noch jemanden gibt, der ihm immer positiv gegenübersteht, der immer Verständnis hat und hundertprozentig zu ihm steht: Sein „innerer Freund".

Mit dem „inneren Freund" sprechen

In der folgenden Technik zeigen wir Ihnen, wie Sie Ihrem Kind zeigen können, wie es seinen „inneren Freund" entdeckt und wie es ein sinnvolles und oft äußerst produktives „Selbstgespräch", einen inneren Dialog, führen kann.

1. Wecken Sie das Bewusstsein für innere Stimmen. Am besten anhand eines Beispiels von einer Situation, in der Ihr Kind „mit sich selbst" in einem inneren Konflikt steht. Beispielsweise wenn es einerseits die Hausaufgaben fertig machen und gut in der Schule sein will, andererseits aber viel lieber allen Schulkram hinwerfen und mit seinen Freunden spielen würde.
„Wenn du in dich hineinhörst, Stefan, sagt der ‚Schlaue Stefan': ‚Jetzt mache ich die Hausaufgaben, das ist wichtig' – aber bestimmt kommt dann der ‚Lustige Stefan', der sagt: ‚Ach, das kann ich später machen, jetzt möchte ich spielen!' Kannst du hören, wie die beiden streiten?"

2. Zeigen Sie Ihrem Kind, wie es die beiden Stimmen besser unterscheiden kann.
Fragen Sie Ihr Kind: „Wo in deinem Körper sitzt denn der ‚Schlaue Stefan'?" Wahrscheinlich kann Ihr Kind einen Ort zeigen; wenn nicht, dann helfen Sie ihm – beispielsweise kann der „Schlaue Stefan" im Kopf wohnen. Lassen Sie

Ihr Kind seine rechte Hand dorthin legen. Dann soll es ein bisschen mit dem „Schlauen Stefan" sprechen: Was ist seine Lieblingsfarbe, sein Lieblingsessen und was will er erreichen?
Dann machen Sie das Gleiche mit dem „Lustigen Stefan". Auch hier lassen Sie Ihr Kind eine Körperstelle zeigen oder wählen selbst eine – natürlich eine andere als für den „Schlauen Stefan". Lassen Sie Ihr Kind nun seine Hand dorthin legen und mit dieser inneren Persönlichkeit sprechen.
Ihr Kind lernt dadurch, zwischen den zwei Stimmen zu unterscheiden. Erklären Sie ihm, dass die beiden Freunde werden können, wenn es ihnen dabei hilft. Das ist schon einmal eine gute Möglichkeit, mit inneren Konflikten umzugehen.

3. Stellen Sie Ihrem Kind den „inneren Freund" vor. Ihr Kind kennt nun schon das Konzept der inneren Persönlichkeiten; nun lernt es „Stefans besten inneren Freund" kennen – den Teil in sich, der immer verständnisvoll ist, der Fehler akzeptiert, tröstet und immer das Gute in Ihrem Kind findet. Diese innere Persönlichkeit ist schwieriger aufzuspüren, da sie nicht so „laut" ist wie andere Persönlichkeitsteile, die ihre Ziele durchsetzen wollen. Der „innere Freund" hat nur das Ziel, dass sich Ihr Kind wohlfühlt.
Sagen Sie ein paar Dinge, die der „innere Freund" sagen könnte: „Du bist völlig in Ordnung!", „Zusammen schaffen wir das schon!", „Ich verstehe dich vollkommen!" Erklären Sie Ihrem Kind auch, dass der innere Freund vielleicht gar keine großen Worte macht, sondern vielleicht nur bei Ihrem Kind ist und es umarmt.
Lassen Sie Ihr Kind in sich hineinhorchen. Und wenn es glaubt, die Stimme oder die Nähe seines „inneren Freundes" zu hören oder zu spüren, lassen Sie ihr Kind einen starken Anker (siehe S. 172) setzen: Vielleicht indem es die rechte Hand auf die linke Schulter legt – das ist ja fast wie eine kleine Umarmung, die dem Charakter des inneren Freundes sehr gut angemessen ist.
Beobachten Sie Ihr Kind: Wenn es seinen „inneren Freund" aufgespürt hat, sollte es die „Ziel-Physiologie" (siehe S. 170) zeigen. Dieser innere Freund ist ein emotionales Auffangnetz für alle schwierigen Situationen, in denen Sie als Eltern nicht da sind. Er ist die „Wesensmitte", die auch das Ziel von Meditation ist.
Vielleicht hat Sie das Reden über „innere Persönlichkeiten" irritiert. Kein Wunder, denn es ist keine gewohnte Sichtweise. Doch es ist auch keine, die irgend-

wie „krankhaft" wäre. Wie gesagt: Jeder Mensch führt innere Dialoge. Wenn Sie Ihr Kind lehren, bewusst auf die unterschiedlichen Regungen in sich selbst zu hören, erziehen Sie es zu einem Menschen mit hoher Selbsterkenntnis. Und das beinhaltet auch, bessere Lösungen für innere und äußere Konflikte finden zu können, sich besser in andere Menschen einfühlen zu können und sich über die Vielschichtigkeit seiner Ziele im Klaren zu sein. Es ist ein Weg, eine Methode, seinen Weg erfolgreich zu gehen.

Strategien verändern

Eine Strategie ist ein Handlungsablauf, der zu einem bestimmten Ziel führen soll. Sie kennen den Begriff wahrscheinlich vom Militär oder auch vom Fußball. Und es gibt natürlich auch Erziehungsstrategien. Wir wollen hier aber von Verhaltensstrategien Ihres Kindes sprechen. Und zwar vor allem von solchen, die nicht hilfreich sind – und davon, wie Sie Ihrem Kind helfen können, seine Strategien zu verbessern.

Nun wird Ihnen vielleicht als Erstes das einfallen, was wir ziemlich am Anfang dieses Buches besprochen haben, weil es so wichtig ist: die Zielstrategie. Die WFO-Strategie, die ein „wohlgeformtes Ziel" Schritt für Schritt entwickelt, ist tatsächlich eine sehr sinnvolle Strategie. Aber die haben wir ja bereits vorgestellt und wir müssen das nicht wiederholen.

Hier werden wir uns einmal Strategien ansehen, die Ihr Kind unterbewusst entwickelt. Um eine Strategie aufzudecken, stellen Sie am besten die Frage: „Wie machst du das eigentlich?" Diese Frage kann ganz überraschende Einsichten vermitteln. Vor allem dann, wenn Sie sie auf Verhaltensweisen anwenden, bei denen diese Frage nicht unbedingt naheliegt. Solche Fragen können sein: „Wie machst du es, Angst zu haben?" Oder: „Wie machst du das genau, wenn du wütend wirst und die Beherrschung verlierst?" Oder: „Wie schaffst du das, eine Gewohnheit, die du eigentlich nicht gut findest, aufrechtzuerhalten?"

Machen Sie deutlich, dass Sie wirklich daran interessiert sind, wie Ihr Kind das macht. Das sind keine rhetorischen oder gar ironischen Fragen. Denn tatsächlich läuft jedes Verhalten – Angst, Wut, eine schlechte Gewohnheit – nicht in einem Schritt ab. Es sind immer mehrere Schritte, es handelt sich also immer um eine „Strategie". Und meist laufen diese Schritte völlig unbewusst ab, sodass das Ergebnis – Angst, Wut, eine schlechte Gewohnheit – ganz unvermittelt aufzutauchen scheint. Fragen Sie also nach. Erforschen Sie gemeinsam mit Ihrem Kind Verhaltensstrategien.

Das Aufdecken einer Strategie ist natürlich nur der erste Schritt – es geht Ihnen ja darum, Ihrem Kind zu helfen, etwas zu verändern. Einsicht allein hilft wenig. Es kommt zwar vor, dass mit der Einsicht in die ineffektive Strategie eine plötzliche Verhaltensänderung eintritt – aber das ist eher selten. Um etwas zu verändern, müssen wir die alte Strategie durch eine neue ersetzen. Und zwar durch eine, die attraktiver ist.

Das Aufdecken einer Strategie

Lassen Sie uns das einmal am Beispiel Angst verdeutlichen. „Wie machst du das, Angst zu haben?" Diese Frage geht das Problem von einer ganz neuen Seite an. Die Perspektive verändert sich radikal. Das ist erst einmal sehr verwirrend. Für Sie und auch für Ihr Kind. Es heißt also, genau hinzusehen.

Dafür gibt es übrigens auch wieder eine Methode im NLP: den „inneren Film". Lassen Sie Ihr Kind die Situation beschreiben, so, als ob es einen Film ansieht, den es Ihnen beschreibt. Erklären Sie Ihrem Kind, dass es den Film jederzeit anhalten, rückwärts oder in Zeitlupe laufen lassen kann. Was passiert nun in dem „Angstfilm"?

Schon bevor die Angst auftaucht, passiert ja etwas. Es gibt einen Auslöser. Ist das ein Gedanke? Eine visuelle Wahrnehmung? Oder führt ein Geräusch dazu, dass es ihm kalt den Rücken herunterläuft? Vielleicht ist es auch ein Geruch oder eine Bewegung? Achten Sie auf die Sinnesmodalität.

Was geschieht dann? Beispielsweise stellt sich Ihr Kind bildlich etwas Schlimmes vor. Erlebt es das in seiner Vorstellung „assoziiert" (es ist selbst in der Situation) oder „dissoziiert" (es betrachtet die Situation von außen)?

Und dann? Was tut Ihr Kind? Was spürt es körperlich? Und wie reagiert es darauf?

Verfolgen Sie die Strategie in so vielen Einzelschritten wie möglich. Schreiben Sie das auf – oder noch besser, zeichnen Sie gemeinsam mit Ihrem Kind ein Bild, ein Schritt nach dem anderen, wie in einem Comicheft.

Und dann entwickeln Sie gemeinsam mit Ihrem Kind eine neue Strategie. Überlegen Sie, wo sich am einfachsten etwas verändern lässt. Das ist zunächst einmal eine reine Konstruktion. Um diese Konstruktion im Unterbewusstsein zu verankern, drehen Sie einen neuen „inneren Film". Entwickeln Sie zusammen mit Ihrem Kind eine neue Geschichte – lassen Sie sich diese Geschichte immer wieder erzählen und erzählen Sie sie Ihrem Kind. Achten Sie darauf, ob die Geschichte für Ihr Kind stimmig ist und ob die neue Strategie auch angewendet werden kann. Dazu lassen Sie Ihr Kind den „inneren Film" in der Zukunft spielen: Funktioniert auch dabei alles reibungslos, ist die Chance, dass die neue Strategie erfolgreich ist, ziemlich groß.

Dreimal Motivation

Motivation ist das, was in Bewegung versetzt. Das Wort kommt von dem lateinischen „movere", zu Deutsch „bewegen". Wenn Sie Ihr Kind dazu bewegen wollen, etwas zu tun, müssen Sie es dazu motivieren – ohne Motiv tut kein Mensch etwas. Es geht gar nicht: Versuchen Sie sich vorzustellen, etwas zu tun, ohne irgendeinen Anlass dazu zu haben. Sie merken schnell, dass das ein Widerspruch in sich ist.

Es gibt zwei grundlegende Arten von Motivation. Beide sind Ihnen sicher aus eigener Erfahrung vertraut. Die erste ist die „weg von ..."-Motivation. Schmerzen sind so eine Motivation. Wenn etwas Schmerzen bereitet, möchte der ganze Organismus weg davon. Das passiert fast automatisch. Diese Art von Motivation ist jedem Lebewesen „eingebaut" – selbst die primitivsten Lebensformen können zu schnellen Fluchtreaktionen „motiviert" werden, wenn sie verletzt werden. Die Fluchtmotivation ist aber auch im psychologischen Bereich die häufigste Motivationsform. Die meisten Menschen beginnen erst dann mit Veränderungen, wenn der augenblickliche Zustand zu unangenehm wird. Das ist bei Kindern nicht anders. Diese Fluchtmotivation ist biologisch ungeheuer sinnvoll. Ohne Fluchtreaktion bei Schmerzen kann ein Organismus nicht überleben. In der Erziehung wird die „weg von ..."-Motivation durch Strafen bewirkt. Nicht nur körperliche, sondern auch andere Strafen, wirken erst einmal – und zwar schnell.

Doch die Fluchtmotivation hat ein paar schwerwiegende Nachteile. Der wichtigste Nachteil besteht darin, dass die Fluchtmotivation ungerichtet wirkt. Wenn Sie Ihr Kind für eine Handlung bestrafen (dass körperliche Strafen überhaupt nicht infrage kommen, müssen wir hoffentlich nicht groß erläutern), wird es reagieren. Es wird versuchen, die Strafe zu vermeiden. Die Fluchtmotivation ist eine starke Motivation, sich von dem Auslöser des Unangenehmen fortzubewegen – doch wohin? Die Handlung, die eine Fluchtmotivation auslöst, führt oft in Situationen, die noch unangenehmer sind als die Ausgangssituation. Das Paradebeispiel ist die Flucht in Drogen: Die Flucht aus dem unerträglichen grauen Alltag ist dann zwar gelungen, doch von einer Verbesserung kann wohl kaum die Rede sein.

Ein weiteres Problem mit der Fluchtmotivation ist darin zu sehen, dass die Aufmerksamkeit auf das gelenkt wird, was unangenehm ist. Die Energie, die diese Aufmerksamkeit benötigt, fehlt dann natürlich für positive Ziele.

Der zweite Motivationstyp ist die „hin zu ...“-Motivation, die Zielmotivation: Ein Ziel verspricht die Verwirklichung von Werten und einen angenehmen Zustand. Das wirkt wie ein Magnet. Ist dieser „Magnet“ stark genug, zieht er einen unaufhaltsam an. Ist er nicht ganz so stark, erleichtert er immerhin die Bewegung und gibt Orientierung. Erinnern Sie sich noch daran, wie wir darüber gesprochen haben, wie Sie Ihrem Kind beibringen, wie es eine effektive Zielstrategie entwickelt? Das lässt sich auf jedes positive Verhalten anwenden.

Die Zielmotivation setzt einen gewissen Grad an Bewusstsein und Voraussicht voraus – man muss ja eine Vorstellung von den Vorzügen eines Zieles haben, um es als Ziel zu erkennen und anzuerkennen. Das heißt, Ihr Kind wird erst ab einer gewissen Entwicklungsstufe dazu in der Lage sein. Doch längerfristig ist eine Zielmotivation weitaus erfolgreicher als eine Fluchtmotivation.

Dass das wirklich so ist, können Sie mit einem Spiel herausfinden. Verstecken Sie etwas im Zimmer und spielen Sie zwei Variationen von „warm oder kalt“. Bei der ersten benutzen Sie die „weg von ...“-Motivation. Wenn Ihr Kind (Sie können das Experiment aber auch mit Ihrem Partner durchführen) sich in die falsche Richtung bewegt, sagen Sie „kalt“, „nein“ oder „falsch“. Das reicht in diesem Spiel schon als Fluchtmotivation. Bei der zweiten Variante probieren Sie es mit der „hin zu ...“-Motivation. Immer dann, wenn die richtige Richtung eingeschlagen wird, sagen Sie „warm", „ja" oder „richtig". Probieren Sie das mal aus. Es wird Sie mehr als alle Worte davon überzeugen, wie viel sinnvoller in der Regel die Zielmotivation ist.

Nun lässt sich eine „weg von ..."-Motivation nicht immer vermeiden. Vor allem bei kleineren Kindern ist es mitunter wichtig, eine Fluchtmotivation zu geben. Beispielsweise wenn Ihr Kind auf die Straße laufen will – da ist eine schnelle Reaktion nötig. Ein klares „Nein!" reicht dann aber in aller Regel aus. Langes Schimpfen und anschließendes Belehren haben keinen zusätzlichen Nutzen. Im Gegenteil: Um das falsche Verhalten klar von anderem Verhalten trennen zu können, ist es wichtig, dass das falsche Verhalten (auf die Straße zu rennen) sofort eine negative Konsequenz (ein scharfes „Nein!") zur Folge hat – und das richtige Verhalten (stehen zu bleiben) sofort eine positive Konsequenz (in den Arm nehmen, über den Kopf streicheln, „gut" sagen).

Statt abstrakter Belehrungen, die ein Kind in dem Alter nicht nachvollziehen kann, ist es sinnvoller, mit dem Kind ein Spiel zu spielen, das die Konsequenzen und die Gefahr thematisiert.

Die ideale Form der Motivation ist eine „Gummiband"-Motivation, bei der Sie die Vorteile der Fluchtmotivation mit der Zielmotivation verbinden.

1. Schritt: Ein positives Ziel finden: Suchen Sie mit Ihrem Kind ein positives Fernziel – eines, das als „Leuchtturm" dienen kann und Orientierung gibt.

2. Schritt: Ankern Sie dieses positive Ziel: Zeigen Sie Ihrem Kind, wie es die motivierenden Gefühle des positiven Ziels augenblicklich abrufen kann. (siehe dazu „Ankern", S. 172)

Üben Sie mit Ihrem Kind, jede unangenehme Situation und jedes Hindernis, alles, was als Auslöser für eine Fluchtmotivation dienen kann, mit dem Positiven-Ziel-Anker zu verbinden – so, dass die Fluchtmotivation wirkt, aber nicht mehr ungerichtet ist! Das „Gummiband", das der Anker darstellt, gibt dann sofort Orientierung und zielorientierte Energie. Bei negativen Erfahrungen wie

Schulstress, Langeweile oder Wut sorgt dann die Fluchtmotivation, die „weg von ...“-Motivation, für eine schnelle Reaktion, die nun auf ein positives Ziel ausgerichtet ist.
So eine Gummiband-Motivation, die universell einsetzbar ist, kann nicht in ein paar Minuten entstehen. Sie braucht Übung, bis sie zur Gewohnheit wird. Sie können das mit dem Schwimmenlernen vergleichen. Es dauert ein wenig doch dann stellt sich der Schwimmreflex automatisch ein.
Die Fähigkeit, sich mit so einer flexiblen Motivation aus vielen Schwierigkeiten zu befreien, ist etwas Wertvolles und wird das Leben Ihres Kindes bereichern.

Phobia Cure: Die Angst heilen

In der Standardversion für Erwachsene spielt sich alles Folgende in der Vorstellung ab. Wenn Sie mit Ihrem Kind die „Phobia Cure“ versuchen wollen, ist es aber besser, das Vorgehen sinnlich zu unterstützen. Das Ganze läuft in einem „Kino“ ab, in dem die Situation gezeigt wird, in der die Angst „stattfindet“. Bauen Sie ein kleines „Kino“: Ein Blatt Papier als Kinoleinwand, eine Puppe als Zuschauer und noch eine Puppe im Vorführraum, die weiter hinten steht und die Zuschauer-Puppe beobachtet.

1. Besprechen Sie mit Ihrem Kind die Situation, in der die Angst auftrat. Und dann überlegen Sie mit Hilfe Ihres Kindes, wann, möglichst nahe vor dieser Situation, es sich ganz sicher fühlte. Und wann es sich nach der Angstsituation wieder vollkommen sicher fühlte. Der „Film“ läuft zwischen den beiden Wohlfühlsituationen.

2. Der erste Durchgang: Ihr Kind beobachtet die Vorführer-Puppe, wie sie die Zuschauer-Puppe beobachtet, die sich den Angst-Film ansieht. In der Regel sollte da noch keine Angst bei Ihrem Kind auftreten. Wenn doch: Halten Sie den Film an, spulen ihn zurück und lassen ihn noch einmal laufen. Das alles spielen Sie in der Vorstellung ab, Sie erzählen Ihrem Kind also, was passiert – nicht was im Film geschieht, sondern dass der Film läuft usw. Das wiederholen Sie, bis der Film ganz durchlaufen kann und Ihr Kind keine Angstreaktion zeigt.

3. Der zweite Durchgang: Ihr Kind beobachtet nun direkt die Zuschauer-Puppe. Der Vorgang entspricht ansonsten genau dem ersten Durchlauf.

4. Der dritte Durchgang: Nun betrachtet Ihr Kind den Film selbst, das heißt, es stellt sich die Situation vom ersten Wohlfühlzustand über das Auftreten der Angst bis zum Wohlfühlzustand danach vor. Auch hier halten Sie immer dann an, wenn Ihr Kind Angst spürt. Dann wird der Film zurückgespult.

5. Wenn Angst auftritt und nicht durch Wiederholung vergeht, egal in welchem der Durchläufe, können Sie den Film verändern: Lassen Sie ihn im Zeitraffer ablaufen, mit lustiger Musik oder in Schwarz-Weiß.

6. Wenn Ihr Kind schließlich den Angst-Film ganz angstfrei sehen kann, dann ist die Angst mit großer Wahrscheinlichkeit bereits verschwunden. Machen Sie nun noch einen letzten Durchlauf: Aber nun nicht mit demselben Film, der die Angst in der Vergangenheit zeigt, sondern mit der Vorstellung einer ähnlichen Situation in der Zukunft. Wenn Ihrem Kind auch dies angstfrei gelingt, dann wird es höchstwahrscheinlich diese Angst auch in der Realität in Zukunft nicht mehr haben.

Ganz schön kompliziert, zugegeben. Aber es ist eigentlich ein Spiel. Versuchen Sie, es mit Ihrem Kind zu spielen und es spielerisch von seiner Angst zu befreien. Wenn es Sie oder Ihr Kind überfordert, seien Sie nicht frustriert. Dann probieren Sie eben anderes. Beispielsweise ABC, den „Auditive Belief Change".

Das ABC für Negative Glaubenssätze – Auditive Belief Change

Erinnern Sie sich noch, wie wir über Glaubenssätze gesprochen haben? Dabei ging es vor allem darum, dass Sie Ihrem Kind helfen, positive Glaubenssätze zu verinnerlichen, und dass Sie negative Glaubenssätze in der Erziehung möglichst vermeiden. Nun wird es darum gehen, wie Sie Ihrem Kind helfen können, negative Glaubenssätze loszuwerden.

Selbstabwertungen sind negative Glaubenssätze. Dazu gehören Aussagen wie die folgenden:

- „Ich kann das nicht."
- „Ich bin zu dumm."
- „Ich bin faul."

Ängste resultieren oft aus solchen negativen Glaubenssätzen wie diesen hier:

- „Die Spinne könnte mich beißen!"
- „Bestimmt ist der Lehrer wieder gemein zu mir!"
- „Ein Gewitter ist ganz schlimm!"
- „Vielleicht sind Monster unter meinem Bett!"

Im NLP gibt es eine Methode, die natürlich wieder einmal einen englischen, ganz wichtig klingenden Namen hat: „Auditive Belief Change". Oder kurz ABC. Was so wissenschaftlich klingt, ist aber in Wirklichkeit nicht nur kinderleicht, sondern auch sehr kindgerecht – und es kann tatsächlich Spaß machen, diese Methode einzusetzen.

Ganz kurz zur Theorie und warum das Ganze funktioniert: Wir werden bestimmte Merkmale, die sogenannten „auditiven Submodalitäten", des Glaubenssatzes verändern, wodurch der Glaubenssatz seine Verbindung mit negativen Gefühlen verliert.

Aber nun zur wesentlich unterhaltsameren Praxis. Als Erstes müssen Sie natürlich einen negativen Glaubenssatz haben, mit dem Sie arbeiten können. Wir nehmen mal als Beispiel: „Unter meinem Bett sind Monster!" Sie werden vermutlich versuchen, Ihrem Kind das auszureden. Aber wenn es das fest glaubt, wird es sehr schwierig, auf rationaler Ebene etwas dagegen zu machen. Und das gilt natürlich nicht nur für Monster unter dem Bett, sondern ebenso für Spinnen im Keller oder gemeine Lehrer in der Schule.

Lassen Sie Ihr Kind seinen Glaubenssatz aussprechen.

Und nun kommt das ABC.

Fragen Sie Ihr Kind: „Und wie würde das der Bär sagen?" Sie können das vormachen – sprechen Sie mit tiefer, langsamer Stimme den Glaubenssatz aus und lassen Sie das dann Ihr Kind tun. Der „Bär" soll den Satz dreimal sagen.

Dann fragen Sie: „Und wie würde die Maus das sagen?" Machen Sie Ihrem Kind das vor; sprechen Sie mit hoher, schneller Stimme. Dann ist Ihr Kind wieder dran.

Als Nächstes ist der Riese dran. Sprechen Sie ganz tief und langsam. Und dann lassen Sie Ihr Kind das machen.

Und zum Schluss noch die Biene: Die spricht mit ganz hoher, ganz piepsiger und ganz schneller Stimme. Lassen Sie Ihr Kind das nachmachen.

In der Regel werden Sie schon bei der Maus ins Lachen kommen. Gut so. Machen Sie dennoch das ganze Programm durch. Und dann? Was ist mit dem „Monster unter dem Bett" passiert? In 90 Prozent aller Fälle wird es sich aufgelöst haben. Auf jeden Fall aber wird die Verbindung der Vorstellung des Monsters mit Angstgefühlen deutlich geringer geworden sein.

Haben Sie selbst einschränkende Glaubenssätze, die Sie daran hindern, das zu verwirklichen, was in Ihnen steckt? Dann probieren Sie die Übung doch gleich einmal an sich selbst aus! Sie funktioniert genauso bei Erwachsenen.

Niemand ist vollkommen – Ein Wort zum Schluss

Wir hoffen, dass Sie ein paar Anregungen aus dem Buch mitnehmen konnten. Nicht alle. Dafür sind es zu viele. Doch jeder Mensch ist anders, jeder fühlt sich von anderen Dingen angezogen und angesprochen. Das, was für Sie wichtig war, ist Ihnen wahrscheinlich sofort ins Auge gesprungen, während die Dinge, die Ihrer Persönlichkeit weniger entsprechen, Ihnen langweiliger, komplizierter oder unrealistischer vorkamen.

Zwei Dinge halten wir jedoch für alle Eltern für wichtig.

Erstens: Bleiben Sie entspannt. Das meiste von dem, was Sie für Erziehung halten, ist ohnehin unnötig – es findet in Ihren Kindern keinen Widerhall, es bleibt nicht haften, es geht zum einen Ohr hinein und sofort wieder zum anderen hinaus. Das ist ganz normal. Also stressen Sie sich nicht – denn Ihr Stress stresst auch Ihre Kinder und das bringt sie nicht weiter. Sie haben mit dem Großwerden genug zu tun. Da der größte Teil der Erziehungsbemühungen verpufft, ist es umso wichtiger, einige wirklich hilfreiche „Zaubertricks", wie wir sie in diesem Buch gezeigt haben, mit Freude einzusetzen.

Zweitens: Sie sind immer Vorbild – und das macht gar nichts. Auch von schlechten Vorbildern kann man lernen! Sie haben also nicht die Pflicht, vollkommen zu sein. Kindern macht es nichts aus, wenn Sie Schwächen und Fehler zeigen, wenn Sie auch einmal überfordert und verwirrt sind. Nur eines ist wirklich wichtig: Stehen Sie dazu. Übernehmen Sie die Verantwortung für Schwächen, Fehler, Überforderung und Verwirrung. Denn wenn Sie das nicht tun, laden Sie sie automatisch auf Ihre Kinder ab. Seien Sie einfach Sie selbst und ehrlich zu sich selbst und Ihren Kindern. Dann ist Ihnen der wichtigste Teil der Erziehung schon gelungen.

Literatur

Bueb, Bernhard: Lob der Disziplin. Eine Streitschrift. List, München 2006

Chua, Amy: Die Mutter des Erfolgs. Wie ich meinen Kindern das Siegen beibrachte. Nagel & Kimche, Zürich 2011

Grasberger, Delia; Schweppe, Ronald: Richtig Atmen. Spannungen lösen – Energie tanken. BLV, München 2010

Huizinga, Johan: Homo ludens. Vom Ursprung der Kultur im Spiel. Rowohlt, Reinbek 2004

Juul, Jasper: Vom Gehorsam zur Verantwortung. Für eine neue Erziehungskultur. Beltz, Weinheim 2009

derselbe: Elterncoaching: Gelassen erziehen. Beltz, Weinheim 2011

Klein, Stefan: Die Glücksformel. Oder: Wie die guten Gefühle entstehen. Rowohlt, Reinbek 2003

Kohlberg, Lawrence: Die Psychologie der Moralentwicklung. Suhrkamp, Frankfurt 1996

Küstenmacher, Marion; Küstenmacher, Werner Tiki: Simplify your life: Mit Kindern einfacher und glücklicher leben. Campus, München 2004

Long, Aljoscha: Gib alles, was du hast – und du bekommst alles, was du willst. GABAL, Offenbach 2011

Long, Aljoscha; Schweppe, Ronald: Suki meditiert. BoD, Norderstedt 2010

Piaget, Jean: Meine Theorien der geistigen Entwicklung. Beltz, Weinheim, 2010

Schwarz, Aljoscha: Mein Seelentherapeut. Gütersloher, Gütersloh 2006

Schwarz, Aljoscha; Schweppe, Ronald: NLP Praxis: Neurolinguistisches Programmieren – die besten Techniken und Übungen für die optimale Kommunikation. Südwest, München 2009

dieselben: Der Träumer, der Weise, das Innere Kind. Personale Integration. Kösel, München 2006

dieselben: Yogaschule für Kinder. BLV, München 1995

Schwarz, Aljoscha; von Witzleben, Ines: Endlich frei von Angst. Gräfe & Unzer, München 2004

Schwarz, Anja; Schwarz, Aljoscha: Progressive Muskelentspannung. BLV, München 2007

Autorenkontakt

www.long-schweppe.de

Register

Impressum

Hinweis
Die Ratschläge/Informationen in diesem Buch sind von Autoren und Verlag sorgfältig erwogen und geprüft, dennoch kann eine Garantie nicht übernommen werden. Eine Haftung der Autoren bzw. des Verlags und seiner Beauftragten für Personen-, Sach- und Vermögensschäden ist ausgeschlossen.

Bildnachweis/Illustrationen
Fotos: Gettyimages: U1 (Cultura/Floresco Productions);
Shutterstock: 4/5 (Elena Yakusheva), 10/11 (Montenegro), 62/63 (beltsazar), 84/85 (fotohunter), 166/167 (goldsaint)
Grafiken/Illustrationen: Alle Grafiken stammen von Jürgen Kiermeier nach Vorlagen von Schweppe/Long

Projektleitung
Sabine Gnan
Layout und Gesamtproducing
JKK grafikkreativkonzeption, Jürgen Kiermeier, München
Redaktion
Susanne Schneider, München
Bildredaktion
Tanja Nerger
Umschlaggestaltung und Konzeption
R.M.E. Eschlbeck / Kreuzer / Botzenhardt
Herstellung
Reinhard Soll
Druck und Verarbeitung
Plenk KG, Berchtesgaden

Printed in Germany

Verlagsgruppe Randomhouse FSC®-DEU-0100
Das FSC®-zertifierte Papier *Profibulk*
für dieses Buch liefert Sappi, Alfeld

FSC
www.fsc.org
MIX
From responsible sources
FSC® C005370

ISBN 978-3-517-08756-6
9817 2635 4453 6271

Ebenfalls im Südwest Verlag erschienen:

€ 16,95

ISBN 978-3-517-06238-9

€ 17,95

ISBN 978-3-517-08218-9

€ 9,95

ISBN 978-3-517-08473-2

€ 16,99

ISBN 978-3-517-08617-0